D1870997

Cynthia Curnan

Einfach Perfekt!

Cynthia Curnan

EINFACH PERFEKT!

Perfektionismus. Fluch oder Segen

Aus dem Amerikanischen von Ulrike Ziegra

ARISTON

Die amerikanische Originalausgabe erschien 1999 unter dem Titel
The Care and Feeding of Perfectionists
bei North Star Publications, Georgetown/Massachusetts/USA

Die Deutsche Bibliothek – CIP-Einheitsaufnahme
Curnan, Cynthia:
Einfach perfekt! : Perfektionismus – Fluch oder Segen / Cynthia Curnan.
Aus dem Amerikan. von Ulrike Ziegra. – Kreuzlingen ; München :
Hugendubel, 2000 (Ariston)
Einheitssacht.: The care and feeding of perfectionists <dt.>
ISBN 3-7205-2109-5

© by Cynthia Curnan, Ph.D., 1999
© der deutschsprachigen Ausgabe Heinrich Hugendubel Verlag,
Kreuzlingen/München 2000
Alle Rechte vorbehalten

Umschlaggestaltung: Zembsch' Werkstatt, München, unter Verwendung
eines Fotos von Premium, Düsseldorf
Produktion: Maximiliane Seidl
Satz: Verlagsservice G. Pfeifer / EDV-Fotosatz Huber, Germering
Druck und Bindung: Huber, Dießen
Printed in Germany

ISBN 3-7205-2109-5

Inhalt

Vorwort

Cynthia Curnan ist eine Psychotherapeutin mit Klarsicht und Kreativität. Darüber hinaus ist sie eine außergewöhnliche Frau, gleichermaßen bewandert in Psychologie wie Psychotherapie. Es sind ihre Erfahrungen als suchender und wachsender Mensch, die diesem Buch sein Potential verleihen. Cynthia Curnan hat uns ein Buch über die tiefe innere Sehnsucht der Menschen nach Sinn und Aufgabe in ihrem Leben sowie nach geistig-seelischer Gesundheit an die Hand gegeben. Als ich *Einfach perfekt!* las, wurde mir klar, daß ich noch nie ein Buch wie dieses in den Händen gehalten hatte.

Dieses Buch hält vielen von uns, die auf der Suche nach dem Sinn des eigenen Lebens sind, einen Spiegel vor. Die Autorin schreibt ganz offen über ihre eigenen Stärken und Schwächen und zeigt auf diese Weise den Mut, sich mit sich selbst auseinanderzusetzen. Das Buch vermittelt wichtige neue Einsichten darüber, wie wir fühlen und funktionieren, hoffen und wachsen, stolpern und fallen, nach den Sternen greifen und gesunden.

Als Direktor eines Colleges für Psychotherapeuten und Psychologen hatte ich das Privileg, mit vielen Hundert Männern und Frauen in Kontakt zu kommen und zu interagieren. Sie studieren und streben nach Wissen und Fähigkeiten in der Psychologie, um dann hinauszugehen und andere Menschen zu heilen. Viele bringen schwere Wunden mit, die geheilt werden müssen, und in ihren Kursen und Arbeitsgruppen entwickeln sie sich zu ganzen Menschen. Ich beobachte, wie die Passiven mehr Anteil nehmen, wie die Aggressiven sanfter werden und wie die Perfektionisten ihr Tempo drosseln und lernen, Risiken einzugehen.

In ihrem Bemühen, ihr Studienziel zu erreichen, beeindruckte Cynthia Curnan alle mit ihrer Bewußtheit, daß sie das, was bei ihr im argen lag, lösen und ihre eigenen Wunden heilen mußte, ehe sie darauf hoffen konnte, andern helfen zu können, ein Gleichgewicht in ihrem Leben zu finden. Sie wurde eine gute Therapeutin, weil sie die bekannten Informationen über die Menschen und die Menschheit auf psychologischem Gebiet verinnerlichte. Sie überwand ihre eigenen Dämonen und wagte es, sowohl eine studierte Psychologin als auch eine einzigartige Frau zu werden. Sie hat ihren Weg gefunden, der zur Ganzheit von Körper und Geist führte.

In ihrem Buch zeigt sie, was wirklich im menschlichen Geist stattfindet, wenn wir nach Wachstum, Gleichgewicht und psychischer Gesundheit streben. Die größte Tugend dieses sehr eingängigen Buches liegt in der Tatsache, daß die Autorin nicht versucht, uns mit den traditionellen Sichtweisen und Lehrmeinungen der Psychologie zu überhäufen. Vielmehr wendet sie die besten Konzepte der Psychologie anschaulich in Verbindung mit jahrhundertealter Weisheit an, um dem Leser eine Anleitung zur inneren Heilung geben zu können.

Einfach perfekt! verdient es, mit einer aufmerksamen und nachdenklichen Haltung gelesen zu werden. Jeder, der danach strebt, Gleichgewicht in seinem Leben zu finden, wird dabei redlich belohnt werden.

Alvin P. Ross, Ph.D.
Vorsitzender des Direktoriums
Ryokan College

Einleitung

Im Mai 1994 machte ich mit sechs anderen Frauen eine Selbsterfahrungsreise in den afrikanischen Busch. Jeden Tag unternahmen wir gemeinsam schweigend eine Wanderung. Jeden Abend saßen wir am Lagerfeuer und meditierten über den zu Ende gehenden Tag. Die Reise hatte für jede von uns eine andere Bedeutung. Mir bot sie die Gelegenheit, über meine Erfahrungen mit der Wildheit der Natur und meinen Kontakt mit den anderen Frauen meine Beziehung zu mir selbst zu erforschen.

Ich hatte ein Erlebnis, bei dem mir plötzlich klar wurde, welche Bedeutung diese Reise für mich haben sollte. Wir saßen an einem der letzten Abende unserer Reise am Lagerfeuer, sprachen über unsere Erfahrungen und neckten einander. Wir witzelten über diejenigen, die darauf beharrt hatten, den Hyänen ein verführerisches nächtliches Buffet darzubieten, indem wir aufgereiht im Freien schliefen. Eine der Frauen in unserer Gruppe entdeckte an einer denkbar ungünstigen Körperstelle eine Zecke, und dennoch stürzten wir uns alle auf sie, um die Zecke zu entfernen. Eine andere Frau tanzte um das Feuer herum, zog sich den BH aus, der ihre Mastektomienarbe verdeckte, und warf ihn in die Flammen, während wir ihre Selbstzelebration mit Jubel unterstützten.

Wir sprachen darüber, wie nahe wir uns der Natur fühlten. Wir hatten auf unserer Reise sehr einfach und primitiv gelebt, hatten Wasser aus Wasserlöchern getrunken und waren nackt in Flüssen und Seen geschwommen. Wir waren gerade dabei zu erörtern, welch gutes Gefühl es war, unser überzivilisiertes Selbst loszulassen, als eine Frau unvermittelt ausrief: »Nimm Cynthia bloß nicht ihren Lippenstift und ihre Wimperntusche weg.«

Ich brach in ein kindliches, hysterisches Lachen aus, das mich ungeheuer befreite. Während ich lachte, hatte ich blitzartig eine

Einsicht. Ich erkannte, daß mich diese Bemerkung früher gekränkt hätte. Ich hätte mich ertappt und in meiner Eitelkeit bloßgestellt gefühlt. Jetzt fühlte ich mich jedoch durch Selbstakzeptanz gestärkt, und mir traten die Tränen in die Augen. Ich lachte und weinte zugleich und hielt mir vor Lachen den Bauch. Ganze Lachsalven schüttelten mich. Ich fühlte mich so, als sei ein dicker Panzer aufgebrochen und als sei ich weich, nackt, rosa und nagelneu darunter hervorgekommen.

Mein ganzes Leben lang war ich eine Perfektionistin gewesen, extrem eitel und selbstkritisch. Während dieses Lach- und Weinanfalls befreite ich mich von den schmerzlichen, zerstörerischen Aspekten meines Perfektionismus und akzeptierte alles andere. Ich dachte: *Jetzt kann ich eitel sein und brauche mich nicht schlecht dabei zu fühlen*. Ich lächelte darüber, wie albern es von mir war, mich mitten in der Kalahari-Wüste, umgeben von sechs anderen Frauen, an Lippenstift und Wimperntusche zu klammern. Und dann dachte ich: *Aber ich schminke mich, weil ich es mag. Ich tue es für mich, weil ich mich dadurch gut fühle*.

In diesem Buch geht es nicht darum, dem Perfektionismus den Garaus zu machen. Es geht vielmehr darum, daß wir uns anschauen, welche Aspekte des Perfektionismus uns guttun und welche nicht. Denn wenn wir uns von den Aspekten befreien, die schmerzlich für uns sind, werden sie wie durch ein Wunder durch etwas ersetzt, das viel besser für uns ist. In dieses Buch sind meine persönlichen Erfahrungen und die meiner Klienten bei unserer Arbeit in meiner Psychotherapiepraxis eingeflossen. Wir sind froh, unsere Erfahrungen – unsere Kämpfe wie auch unsere Erfolge – mit Ihnen teilen zu können.

In meinem Leben hatte (und habe) ich ein langfristiges Ziel: Ich wollte weniger perfektionistisch und ein ganzer Mensch werden. Ich glaube, daß wir auch dann, wenn wir in ungünstige Umstände hineingeboren werden, grenzenlose Möglichkeiten haben. Wir können damit beginnen, unsere innere Stimme – jene, die uns sagt, daß wir nicht gut genug sind – in ein Werkzeug zur Selbstverwirklichung zu verwandeln.

Es ist Erntedankfest, und ich bin nachdenklich. Wenn ich auf die lange Entwicklung zurückblicke, die mich bis zu diesem Punkt geführt hat, durchströmen mich Wellen der Dankbarkeit für meinen eigenen, inneren Perfektionisten. Zu Anfang dachte ich, daß mein Perfektionist das Beste von mir sei, und dann machte ich eine Phase durch, in der ich ihn für meinen Feind hielt. Heute akzeptiere ich ihn als denjenigen, der mich gelehrt hat, wie ich kämpfen, gewinnen, loslassen und Erfolg haben kann. Meine ständigen Kämpfe mit meinem Perfektionisten haben mir die geistige, visuelle und körperliche Klarheit gebracht, die nur aus dem Gefühl heraus, unter seinem Einfluß zu stehen, wachsen kann. Dank des Perfektionisten in mir weiß ich heute, daß ich jede Herausforderung, die das Leben an mich stellt, meistern kann.

Perfektionismus hat seinen Zweck. Er läßt uns leiden, bis wir lernen, ihn anzunehmen, und hilft uns, wichtige Fähigkeiten zu entwickeln. Und wenn wir alle Jubeljahre einmal alles bis aufs letzte i-Tüpfelchen perfekt gemacht haben, dann fühlen wir uns sicher gut.

1
Der Perfektionist in uns allen

Die Zukunft ist da. Wir haben enorme technische Fortschritte gemacht und entwickeln die neuen Technologien mit rasender Geschwindigkeit weiter. Das Wissen der Welt liegt uns zu Füßen. Die Menschen können heute so viel wissen, haben und tun wie nie zuvor. Es ist heute aber auch so klar wie nie zuvor, daß das Leben entweder ein Wunder oder ein Alptraum sein kann und daß es ganz bei uns liegt, welches dieser beiden Extreme wir wählen.

»Mögest du in interessanten Zeiten leben.«

Das obige Zitat ist eine alte chinesische Weisheit, die man manchmal in Glückskeksen finden kann. In ihr klingen Möglichkeiten an, die sowohl Begeisterung als auch eine gewisse Furcht in uns auslösen. Die Begeisterung entstammt unseren wildesten Phantasien und tiefsten Sehnsüchten. Die Angst rührt von den Verlusten her, die wir erlitten und bei anderen miterlebt haben, und von schmerzlichen Erinnerungen an frühere unglückliche Erlebnisse. Wenn wir uns auf die Seite der Begeisterung schlagen, verbleibt da das kleine Fünkchen Furcht, das weiter in uns nagt. Geben wir uns unserer Angst hin, dann ziehen wir uns in unser Schneckenhaus zurück. Und wenn wir uns gar nicht bewegen, sind wir zwischen unseren Hoffnungen und Ängsten gefangen, während das Leben uns aus den Fingern gleitet.

Sicherlich leben wir in interessanten Zeiten. Dieses Buch ist für die Menschen gedacht, die die Begeisterung in sich verspüren und ihr folgen wollen, wohin auch immer sie sie führen mag, aber von ihrer Angst hier und da daran gehindert werden. Es ist für jene, die das Gefühl der Begeisterung verloren haben, weil sie vollauf damit beschäftigt sind, vor ihrer Angst davonzurennen, und wieder Begeisterung empfinden wollen. Es ist für die Hungrigen, die Ehrgeizigen – die Träumer und Idealisten, die sich unrettbar in dem Stoff, aus dem die Träume sind, zu verlieren drohen. Falls Sie mehr Druck als Vergnügen in Ihrem Leben empfinden ... falls die Bedürfnisse und Wünsche von anderen schwer auf Ihren Schultern lasten und Sie sich von dieser Last befreien wollen, um Ihre eigenen Bedürfnisse und Wünsche zu erfüllen ... dann lesen Sie weiter. Dieses Buch ist für Sie.

Eine Definition von Perfektionismus

Wenn eine Saite auf einer Geige zu fest gespannt ist, reißt sie. Ist sie dagegen zu locker, kann man nicht auf ihr spielen. Für mich ist diese Metapher von einem Saiteninstrument eine gute Beschreibung für die beiden koexistierenden Teile der menschlichen Psyche. Jedem Teil wohnen Gedanken, Gefühle, Motive und eine Identität inne. Der zu fest gespannte Teil und der zu lockere Teil sind Gegensätze, aber sie sind so untrennbar miteinander verbunden wie die beiden Seiten einer Münze. Zusammen ergeben sie ein falsches Selbst, das in jedem von uns existiert. Der lockere Teil fühlt sich machtlos und übernimmt deshalb die Rolle des Hilflosen. Der gespannte Teil will allmächtig sein und versucht, die Rolle des »Übermenschen« einzunehmen. Letzterer ist der Perfektionist in uns. Kommen wir noch einmal auf die Metapher mit der Geige zurück: Der Perfektionist reagiert auf den »Schlappschwanz« in unserer Psyche und ist deshalb »zu angespannt«. Beide Seiten unserer Psyche machen unser falsches Selbst aus, weil wir in Wirklichkeit weder hilflos noch allmächtig sind.

In der Psychologie wird Perfektionismus als narzißtische Störung eingestuft, aber ich finde diese Klassifikation abwertend und unpassend. Mit Narzißmus assoziieren wir vor allem das grenzenlose In-Sich-Selbst-Verliebt-Sein, und dabei entgeht uns das Gesamtbild dieser Störung, die insbesondere mit einem zu geringen Selbstwertgefühl zu tun hat. Wenn wir Perfektionismus mit Narzißmus gleichsetzen, lassen wir auch außer acht, daß alles Menschliche gänzlich von einer Tendenz zum Perfektionismus durchdrungen ist.

Der psychologische Begriff für die Spaltung der Psyche in einen hilflosen Teil, der ständig darauf hofft, gerettet zu werden und einen perfektionistischen Teil, ist *Borderline-Persönlichkeitsstörung*, aber auch hier kann der Begriff nicht wiedergeben, was das wirklich für uns bedeutet und welche Ausmaße diese Störung annehmen kann.

Perfektionismus hat seine Ursprünge im Ich (aus psychoanalytischer Sicht eigentlich im Über-Ich). Das Ich hat verschiedene Bedeutungen in verschiedenen wissenschaftlichen Modellen. Die Definition des Ich variiert je nach der Theorie, auf der sie gründet. Sagen wir für unsere Zwecke, daß das Ich wie der Körper ein nützlicher Teil unserer Ausstattung für unser Erdenleben ist und daß der Perfektionist eine Komponente des Ich ist, die *denkt*, daß sie fähig sei, die Wirklichkeit zu unserem Vorteil zu verändern.

Der Perfektionist treibt sein Unwesen in jenem Teil des Bewußtseins, der Angst hat und die Schotten dichtmachen will. Sich dagegen zu sträuben, ihn anzuerkennen, ist ganz natürlich. Es ist keine leichte Aufgabe, den Perfektionisten zu erkennen und ihm auf die Spur zu kommen, denn er will nicht erwischt werden. Und warum sollte man Perfektionismus in Frage stellen, wenn man noch nicht weiß, daß es etwas Besseres gibt?

So wird man ein Perfektionist

In meiner Kindheit brauchte meine Mutter mich, um sich besser zu fühlen. Sie hatte viele Ängste und machte depressive Phasen durch. Sie war ihren Stimmungsschwankungen hilflos ausgeliefert und versuchte deshalb, sie in den Griff zu bekommen, indem sie mein Verhalten kontrollierte. Mein Verhalten war somit nicht mehr natürlich, sondern nur noch von einer Frage geprägt: *Ist Mommy in guter oder in schlechter Stimmung?*

Hilflosigkeit wird Kindern eingeimpft, wenn sich ihre Persönlichkeit nicht in Harmonie mit dem inneren Selbst entwickeln kann. Dies ist besonders wahrscheinlich, wenn eine der engsten Bezugspersonen dem Kind aufgrund von Alkoholismus oder einer anderen Sucht oder aber wegen einer chronischen Erkrankung nicht das geben kann, was es braucht. Eine weitere Ursache für erlernte Hilflosigkeit ist extreme Kontrolle, die überängstliche Eltern ausüben. Dadurch hindern sie ihre Kinder daran, sich von ihnen zu lösen und in die Welt hinauszugehen, um zu lernen, auf eigenen Füßen zu stehen. Die wiederholten Bemühungen des Kindes, eine individuelle Identität zu entwickeln, werden von einem oder beiden Elternteilen boykottiert. Statt dessen wird es gelobt, wenn es sich von seinen Eltern abhängig macht oder sich gefügig zeigt. Letzten Endes wird der Wunsch nach Autonomie durch ein Gefühl der Nutzlosigkeit und Abhängigkeit ersetzt. Das Kind gibt im wesentlichen alle Versuche auf, erwachsen zu werden.

Überdies geben Eltern unweigerlich ihre eigenen Probleme mit ihrem Perfektionismus und ihrer Hilflosigkeit an ihre Kinder weiter. Kinder imitieren das Verhalten der Erwachsenen, von denen sie erzogen werden, und übersteigern es oft. Somit ist der resultierende Perfektionist das Abbild eines ängstlichen Elternteils. Bei uns allen sind Hilflosigkeit und Perfektionismus irgendwo auf einer Intensitätsskala angesiedelt, die von einer leichten Einschränkung, wie zum Beispiel sporadischer Hilflosigkeit in speziellen Bereichen, in denen wir vorgeschädigt sind, bis zu einer schweren Persönlichkeitsstörung mit dauerhafter Lebensunfähigkeit reicht.

In einem Zustand von Hilflosigkeit fühlen wir uns verwirrt und verletzlich. Unfähig, uns den Herausforderungen des Lebens zu stellen, brechen wir wie ein Kind, das sich verlaufen hat, zusammen. Unsere einzige Hoffnung ist die Rettung. Wir wollen irgendwie aus unserer heiklen Lage befreit werden. Als Retter naht unser allmächtiger Perfektionist, der uns den Rettungsring zuwirft – so scheint es zumindest. Doch jede Rettung hat ihren Preis. Wer uns zu retten versucht, ist der Blinde (ein aufgeblähtes Selbstkonzept), der den Blinden führt (ein geschrumpftes Selbstkonzept). Was wie eine Rettung erscheint, wird an sich zum Problem, weil die Erlösung, die wir uns erhofft haben, sich als eingefleischte Hörigkeit entpuppt.

Unfähig, erwachsen zu werden und Verantwortung zu übernehmen, sind wir in einer Endlosschleife mit traumhaften Starts (der Schub des Perfektionisten) und Gegenreaktionen (Zusammenbrüchen mit Regression in die Hilflosigkeit) gefangen. Diese Zusammenbrüche führt der Perfektionist auf Schwäche oder Charakterfehler zurück. Nach jedem Zusammenbruch verachtet der Perfektionist unsere Hilflosigkeit noch mehr, und wir fühlen uns noch hoffnungsloser. Unser innerer Dialog kann etwa so lauten: *Ganz gleich, wie kraftvoll ich beginne oder wie sehr ich mich anstrenge, ich versage immer, weil ich einfach nicht durchhalten kann.*

Genauer betrachtet, führen die Rettungsversuche des Perfektionisten also in Wirklichkeit dazu, daß der Zustand, den er beheben will – das Gefühl von Hilflosigkeit –, zum Dauerzustand wird. Wir geben uns zuviel zu tun, in zu wenig Zeit und ohne Unterstützung, und unter diesen Bedingungen können wir es nicht schaffen. Zu allen Erfolgserlebnissen, die wir haben, kommt es gewöhnlich trotz des Perfektionisten und nicht dank seiner. Der Perfektionist hilft uns also nicht nur nicht auf den Berg hinauf, sondern wir müssen ihn letzten Endes auch noch auf dem Rücken mitschleppen. Um den Berggipfel erreichen zu können – und, vor allem, um die Bergbesteigung genießen zu können –, müssen wir anderswo nach Führung Ausschau halten.

Haben Sie Ihren eigenen Perfektionisten kennengelernt?

Fast jeder ist bis zu einem gewissen Grad von Perfektionismus betroffen, doch es ist einfacher, ihn bei anderen zu erkennen. Die Herausforderung besteht darin, ihn bei uns selbst wahrzunehmen. Wer immer Sie sind, Sie können sicher sein, daß ein Perfektionist in Ihnen schlummert. Im Laufe Ihres Lebens hat dieser Perfektionist Sie vielleicht bisher mehrmals enttäuscht, und Sie haben ihn womöglich auch enttäuscht. Vielleicht mögen Sie ihn oder hassen ihn, aber er ist da und wartet auf eine Begegnung mit Ihnen. Natürlich möchte er sich nicht mit Ihnen anfreunden, er will nur, daß Sie nach seiner Pfeife tanzen. Doch wenn Sie dieses Buch einmal gelesen haben, werden Sie und Ihr Perfektionist enge Freunde sein.

Die meisten von uns haben einen selektiven Perfektionismus, der von speziellen Verletzungen, die wir erlitten haben, herrührt. Bei dieser Form des Problems versuchen wir ständig, in einem bestimmten Bereich Unsicherheit zu kompensieren, scheitern jedoch dabei. Wenn Sie Ihren eigenen Perfektionisten sehen wollen, dann schauen Sie sich Ihre Beziehungen an. Wie gehen Sie mit anderen Menschen um? Wie gehen die anderen mit Ihnen um? Da wir Menschen und Situationen anziehen, die uns spiegeln, spiegeln unsere Beziehungen mit anderen auch die Beziehung wider, die wir mit uns selbst haben. Wenn wir lernen, aus dieser Perspektive auf die Herausforderungen des Lebens zu reagieren, werden wir in der Lage sein, zu bemerken, wie unsere Beziehungen zu anderen Menschen die Veränderungen widerspiegeln, die sich bei uns vollziehen, wenn wir wachsen. Letzten Endes wird der Perfektionist handhabbarer und kooperativer werden als zuvor, und unsere Beziehungen zu anderen Menschen werden sich dementsprechend verändern.

»Wenn die Saite zu fest gespannt ist, reißt sie. Ist sie zu locker, kann man nicht auf ihr spielen.«

Siddharta, der spätere Buddha, hörte diese Worte und erlangte dadurch die Weisheit, den mittleren Weg zu gehen. Gleichgewicht und Mäßigung bilden den mittleren Weg, das beste Heilmittel gegen Perfektionismus und genau das, wovor sich der Perfektionist fürchtet. Der mittlere Weg ist eine Integration, eine Verschmelzung zweier Extreme. Der Perfektionist hat einen Horror vor dem mittleren Weg, weil er glaubt, Gleichgewicht und Mäßigung würden Mittelmäßigkeit bedeuten.

Obwohl es zunächst schwer zu akzeptieren ist, müssen wir alle einen Weg finden, um unsere Schwächen mit einzubeziehen, anstatt sie auszuklammern – sie anzunehmen und nicht zu verleugnen. Sie können die Extreme von Stärke und Schwäche in Ihrem eigenen Leben überbrücken, indem Sie in sich gehen. Finden Sie heraus, in welchen Bereichen Sie sich zu sehr verausgaben und in welchen Sie sich nicht genug anstrengen. Finden Sie den Mittelweg, indem Sie Fragen stellen, die Ihre innere Weisheit auf den Plan rufen. Fragen Sie sich: *Wo bin ich zu verkrampft? Wo bin ich zu lasch? Wo ist der Mittelweg für mich?*

Der Hilflose

Wenn wir uns tief genug in unseren Perfektionisten hineinversetzen, finden wir die Teilpersönlichkeit, die ich den Hilflosen nenne und die wie ein großes schwarzes Loch unter der Oberfläche lauert. Jeder hat einen einzigartigen Hilflosen, denn in ihm steckt der Kern der speziellen Verletzung, durch die der Perfektionist überhaupt entstanden ist. Mein Hilfloser ist ein deprimiertes, verwundetes Selbst, das ich schon früh in meinem Leben unbewußt abgeschrieben habe, weil ich es als zu geschädigt empfand, als daß es sich heilen ließe. Ich bin dem hilflosen Anteil meines Selbst viele Jahre lang nicht mehr begegnet. Ich habe nie wirklich Zugang zu ihm gefunden, weil mein Perfektionist ihn »verbarrikadierte«.

Jetzt, da ich meine Hilflosigkeit erforscht habe, kann ich berichten, daß sie für mich mit Gefühlen verbunden ist, die an einen deprimierten, verlorenen, toten Bereich erinnern. Meine Hilflosigkeit ist die Last, die ich trage, oder die Schwerkraft, die ich mich zwinge zu überwinden, ehe ich etwas tun kann. Sie ist das kleine Stimmchen, das sich in meinem Hinterkopf meldet und sagt, ganz gleich, worin die anstehende Aufgabe auch bestehen mag: *Mir ist nicht danach. Und es ist doch sowieso alles egal.*

Vor dem schwarzen Loch des Hilflosen zu stehen, kann emotional überwältigend sein und uns in Versuchung führen, wieder einmal nach dem Perfektionisten zu schreien, damit er uns Starthilfe gibt. Doch wenn wir dies tun, werden wir für immer in dem Teufelskreis gefangen sein, in dem sich erbitterte Wettläufe mit der Zeit mit Rückfällen in unsere spezielle Form von Hilflosigkeit abwechseln. Wenn wir diesen Teufelskreis durchbrechen wollen, müssen wir uns des hilflosen Teils unseres Selbst annehmen – nicht auf einmal, aber immer wieder ein bißchen.

Hilflos beim Arzt

Jedesmal, wenn ich früher zum Arzt mußte, überkam mich ein Gefühl von Hilflosigkeit. Ich beugte mich der Autorität des Arztes und wurde ein Kind im Körper eines Erwachsenen. Ich fühlte mich machtlos. Ich war seinem Können ausgeliefert. Ich wurde nervös, wenn der Arzt ungeduldig oder eilig wirkte – eine Folge beängstigender Kindheitserfahrungen mit Ärzten und der Ungeduld, mit der mir meine Mutter begegnete, wann immer ich ihre Zeit beanspruchte.

Nach einem Arztbesuch fühlte ich mich immer desorientiert. Manchmal verfuhr ich mich auf dem Nachhauseweg. Mein Perfektionist kritisierte mich dafür, daß ich mich von einer ärztlichen Untersuchung so unterkriegen ließ und mich wie ein Kind benahm. Ich war so selbstkritisch, daß ich mich unweigerlich wie eine Versagerin fühlte. Jeder Arzttermin war ein Desaster für mich, bis ich lernte, den hilflosen Teil meines Selbst anzunehmen – anstatt ihn zu bestrafen.

Letzten Endes brachte mich meine Genesung vom Perfektionismus zu einer direkten Konfrontation mit meiner hilflosen Teilpersönlichkeit. Meine erste bewußte Begegnung mit diesem Teil meines Selbst hatte ich in einem Traum, in dem sich eine Katze mit zerschmetterten Hinterbeinen vor meine Tür schleppte. Sie sah so aus, als sei sie von einem Auto überfahren worden. Ich wollte weg von ihr und konnte es nicht ertragen, sie anzuschauen, weil ich wußte, daß ich sie nicht retten konnte. Sie fixierte mich mit ihrem Blick, so als wollte sie sagen: »Ich will nicht, daß du mich rettest. Ich will, daß du mich siehst.«

Die Katze repräsentierte den Teil von mir, den ich abgelehnt hatte, weil ich ihn für zu geschädigt hielt ... hoffnungslos geschädigt ... schon tot. Durch Introspektion erkannte ich, daß es nicht meine Aufgabe war, die Katze zu retten. Ich mußte nur lange genug in ihrer Gegenwart bleiben, um ihr Leid zu erkennen und mitzuempfinden – mein Leid. Mit der Zeit lernte ich, daß ich mich meinen Depressionen, Ängsten und Schmerzen stellen muß, wann immer sie auftauchen, um sie als das, was sie sind, zu erkennen und sie zu durchleben. Früher habe ich auf meine unschönen Gefühle immer mit »Oh, nicht schon wieder!« reagiert, was sie natürlich nur noch verstärkte. Heute versuche ich, sie willkommen zu heißen (aber nicht, um in ihnen zu versinken). Ich versuche, sie nicht herauszufordern, aber sie anzunehmen, wenn sie von selbst kommen.

Was ist Ihr schwarzes Loch?

Um in Erfahrung bringen zu können, was der Hilflose braucht, müssen wir ihn kennenlernen. Legen Sie am Tisch für Ihre eigene Form von Hilflosigkeit ein anderes Gedeck auf. Dem am meisten verletzten und machtlosen Teil von sich Gesellschaft zu leisten ist sehr wichtig und kann eine wundersame Heilung bewirken. Das ist zugegebenermaßen nicht leicht, aber es ist noch schwerer, wenn Sie meinen, etwas dabei tun zu müssen. Tun Sie nichts ... seien Sie einfach da, und halten Sie stand. Sehen wir unserer Machtlosigkeit ins Gesicht, fühlen wir uns so, als würden wir uns freiwillig anbieten, wieder machtlos zu werden. Der Depression nahe genug zu kommen, um wirklich erkennen zu können, wie sie aussieht, ist eine Mutprobe. Wenn Sie es wagen, Ihren Rettungsphantasien direkt ins Gesicht zu sehen, ist deren Macht über Sie für immer gebrochen. Dies ist ein wichtiger Schritt über eine Schwelle – einer, zu dem man sich überwinden muß. Wenn Sie dazu bereit sind, werden Mitgefühl und Selbstakzeptanz die alten Verletzungen heilen, so daß Sie ein ganzer Mensch werden können.

Wieviel Macht hat Ihr Perfektionist?

Unser Perfektionist kann ein milder Kritiker sein oder aber zu einem inneren Zerstörer werden, dem man es nie recht machen kann. Wir müssen ihm genauso viel Macht entgegensetzen, wie er über uns hat. Wenn unsere Bemühungen nicht dem Schweregrad der Störung entsprechen, wird der Perfektionist weiterhin über uns dominieren. Wir müssen uns fragen: *Wie verzerrt ist das Bild, das sich mein Perfektionist von mir gemacht hat? Wie stark hat er mich im Griff? Wie schwer bestraft er mich?*

Stellen Sie sich eine Intensitätsskala von eins bis zehn vor. Ein Mensch, der nicht unter Perfektionismus leidet, der mit Fehlern und Mängeln realistisch umgehen und seine Korrekturen genau auf die jeweilige Situation abstimmen kann, ist auf der Skala bei eins einzustufen. Jemand, der auf der Perfektionismus-Skala bei zwei liegt, hat eine etwas übersteigerte Wahrnehmung sowohl seiner »Vergehen« als auch der entsprechenden »Strafen«, und so weiter und so fort auf der Intensitätsskala. Wenn wir einmal wissen, wie hart oder nachsichtig unser Perfektionist mit uns ist, haben wir genug Selbsterkenntnis, um mit einiger Genauigkeit effektive Interventionen planen zu können. Übung und genug Spielraum für Versuch und Irrtum sind die Voraussetzung dafür, herausfinden zu können, wie ausgeprägt unser Perfektionismus ist.

Meine Klientin Samantha lag auf der Skala bei acht oder neun. Es dauerte ein Jahr, bis sich herauskristallisierte, daß ihr Perfektionist der Meinung war, sie müsse für ihre Unzulänglichkeiten sterben. Meine Versuche, sie zu spiegeln, scheiterten, weil ich nicht begriff, wie groß ihr Selbsthaß war. Ich konnte ihre Depressionen durch meine Interventionen nicht lindern, sondern ihr nur das Gefühl vermitteln, daß ich mich um sie sorgte.

Samanthas Perfektionismus brach schließlich hervor, als sie eines Tages, nachdem sie einige Sitzungen verpaßt hatte, erklärte: »Ich habe beschlossen, daß es in Ordnung ist, wenn ich wie ein Monster lebe.« Ich war fassungslos, weil mir erst in diesem Moment klar wurde, wie sehr ich ihren Perfektionismus unterschätzt hatte. Meine Klientin sah nicht wie ein Monster aus. Sie hatte nie monströse Taten begangen. Ihr Perfektionismus war jedoch so extrem, daß er sich nicht in den Griff bekommen ließ ... zumindest nicht, ehe sie ihn genau identifizierte.

Bei Samantha wurde Krebs diagnostiziert, und man machte ihr wenig Hoffnung. Durch Meditation und Visualisierungstechniken fand sie sich mit der Unvermeidlichkeit ihres Todes ab. Doch bei einem erneuten Check-up konnten die Ärzte keine Anzeichen für einen Krebsbefall mehr feststellen. Sie hatte eine sogenannte Spontanremission durchgemacht, und man ging jetzt davon aus, daß sie weiterleben würde.

Samantha hatte mit der Therapie begonnen, weil ihre Todessehnsucht so stark war, daß sie am Leben nicht mehr Anteil nehmen konnte. Und dennoch wäre es mir nie in den Sinn gekommen, daß ihr Perfektionist so hart mit ihr sein könnte, sie glauben zu machen, sie hätte den Tod verdient. Sie sprang dem Perfektionisten von der Schippe und machte den ersten Schritt zur Selbstakzeptanz, als sie sich erlaubte, wie ein Monster zu leben. Da sie so fest davon überzeugt war, ein Monster zu sein, sah sie keine Möglichkeit, daran etwas zu ändern, und deshalb sah Samantha sich gezwungen, so, wie sie war, wieder ins Leben zu treten. Später, als sie durch diesen Akt etwas Kraft gewonnen hatte, konnte sie daran arbeiten, ihre Überzeugung zu ändern – was sie tatsächlich tat. Ihr Körper zeigte ihr, daß ihre Lebenskraft stärker war als ihre Todessehnsucht, und dadurch wurde sie wachgerüttelt. Selbst ihr wurde dadurch klar, daß der Teil von ihr, der leben wollte, stärker war als der Teil, der sich den Tod herbeiwünschte.

Selbst der extremste Perfektionismus hat in der Regel eine positive Seite. Wir müssen jedoch stets ermitteln, welche Ausmaße unser Perfektionismus angenommen hat, ehe wir uns seine gesunde Komponente zunutze machen können.

Der Nutzen von Kämpfen

Der Grund für die tiefe Überzeugung des Hilflosen, er müsse gerettet werden, liegt darin, daß er nie gelernt hat zu kämpfen. Während der Perfektionist denkt: *Wenn das Leben leicht ist, kann etwas nicht stimmen*, denkt der Hilflose: *Wenn das Leben nicht leicht ist, kann etwas nicht stimmen*. Somit müssen wir, ehe wir den Perfektionisten ändern können, einen Weg finden, um den Kämpfer, der in unserem Hilflosen schlummert, wachzurütteln.

Mein Lehrer sagte einmal: »Der Kämpfer ist der beste Teil eines Menschen. Er ist wie der Held in der Heldensage, der den Drachen besiegt, das Schloß bewacht und die Prinzessin erobert.«

Wir müssen unsere Frustration, die uns am meisten daran hindert zu kämpfen, in den Griff bekommen, damit sie unsere Bemühungen nicht boykottiert. Diejenigen meiner Klienten, die am meisten Schwierigkeiten haben, kontinuierliche Fortschritte zu machen, sind jene, die keine Frustration ertragen können. Sie interpretieren Rückschläge als Zeichen dafür, daß sie das Handtuch werfen sollten. Wenn wir mit Frustration konfrontiert sind, müssen wir tief in uns gehen, um unterscheiden zu können, ob der Perfektionist Druck ausübt oder der Hilflose sich sträubt. Wenn wir nicht aufgeben und unser höheres Selbst weiter um Rat fragen, wird die natürliche Weisheit, die uns innewohnt, an die Oberfläche kommen.

Eines Nachts hatte ich einen weiteren Katzentraum, der mir Einsichten in meine Tendenz, mich unnötigerweise abzumühen, vermittelte. In dem Traum sprang ein roter Kater auf mein Bett und sang in einem kräftigen Bariton: »Es ist so leicht.« Eine Wand in meinem Zimmer öffnete sich und offenbarte das Land der Leichtigkeit. Die Menschen tanzten und sangen im ganzen Land: »Es ist so leicht.« Als ich mich zu ihnen gesellte und mit ihnen tanzte und sang, verspürte ich, wie leicht das Leben ist, wenn ich es fließen lasse und zulasse, daß es einfach so ist, wie es ist. Ich empfand keine Schwerkraft, nichts, was mich blockierte. Als ich mich bewegte, war die Luft wie Seide.

Und dann begann ich, Druck und Kontrolle auszuüben. Mein Perfektionist hatte sich in meine Wahrnehmung geschlichen und sorgte dafür, daß ich die unerträgliche Schwere des Seins wieder empfand. Das Lied wurde so langsam, als wäre die Batterie verbraucht. Die Luft wurde dicker, bis sie wie eine undurchdringliche Wand war. Ich erkannte, was ich getan hatte, und hörte auf, Druck auszuüben. Sofort kehrte die Leichtigkeit in meinen Bewegungen wieder, und das Land der Leichtigkeit war wieder da.

Ich erlebte diesen Traum so körperlich – und ich habe ihn immer noch so lebhaft vor Augen –, daß ich ihn als Erinnerungshilfe benutze, wann immer ich anfange, mich übermäßig abzumühen. Der Traum hat mich gelehrt, den Unterschied zwischen freudiger Aktivität und krampfhaftem Bemühen zu erkennen. Wenn wir um Führung bitten und offen für guten Rat bleiben, gibt uns unsere innere Weisheit Richtungsanweisungen in einer Form, die genau richtig für uns ist.

Sie können Ihr Leben und Ihre Karriere neu erfinden

Seien Sie auf Überraschungen gefaßt. Auf vielen Ebenen, auf denen Sie sich von anderen mißverstanden gefühlt haben, haben Sie sich selbst mißverstanden. Sie und Ihr Perfektionist haben sich mißverstanden. Bereiten Sie sich darauf vor, sich in einem neuen Licht zu sehen, sich genauer zu sehen als je zuvor. Wenn Sie sich wünschen, frei zu sein, jenseits der Regeln und Grenzen, die Sie jetzt einengen, dann müssen Sie das Kleingedruckte der Regeln, die Sie beherrschen, kennen, um zu wissen, wo Ihre Grenzen derzeit gesteckt sind. Dies sind Beschränkungen, die Ihnen Ihr Geist auferlegt. Sie existieren nicht in der realen Welt.

Wenn Sie vor dem Leben, das Sie sich eigentlich wünschen, zurückschrecken, dann kann ich nur sagen: Willkommen im Club. Die meisten Menschen empfinden es so, aber in dem Bestreben, dem Bild, das sich unser Perfektionist von uns gemacht hat, gerecht zu werden, geben wir es gewöhnlich nicht zu. Ich werde Ihnen ein Geheimnis anvertrauen, das ich im Laufe der Jahre gelüftet habe: Die meisten Menschen, die nach Höherem streben, fühlen sich so, als würden sie »bis über beide Ohren in der Scheiße stecken«. Fast alle Menschen, die Hochleistungen erbringen, halten sich für Scharlatane.

Deshalb ermutige ich Sie, Ihr Zittern und Zagen abzulegen und statt dessen an die Karrieremöglichkeiten zu denken, die da draußen auf Sie warten. Viele von ihnen lassen sich nicht in den Stellenanzeigen finden und auch nicht durch Einstufungstests oder am schwarzen Brett der Arbeitsämter, weil viele von diesen Berufschancen noch im Entstehen begriffen sind. Sie reifen in jemandes Phantasie (vielleicht in Ihrer) heran und warten darauf, Form annehmen zu können. Viele der Menschen, die sich in neue Arbeitsgebiete begeben, gestalten ihre weitere Karriere bei der Arbeit – selbst wenn sie noch nicht genau wissen, was sie tun. Und wenn sie es einmal herausgefunden haben, ist es vielleicht an der Zeit, es mit etwas Neuem zu versuchen.

Ein wichtiger Unterschied zwischen Menschen, die erfolgreich neue Karrieremöglichkeiten anpeilen, und jenen, die hinterherhinken, ist die Fähigkeit, die unvermeidliche Lernkurve durchzustehen. Wie Buckminster Fuller einmal gesagt hat: »Zum Erlernen einer neuen Fähigkeit sind mindestens 20 Prozent Fehler erforderlich, und das Optimum beträgt 38 Prozent.« Um das Risiko, diese notwendigen Fehler zu machen, eingehen zu können, müssen wir unseren Perfektionisten überlisten.

Für Sie mag es an der Zeit sein, eine neue Karriere in Angriff zu nehmen, oder nicht. Vielleicht ist es an der Zeit, Ihren derzeitigen Wirkungskreis auszudehnen. Immer mehr Firmen regen ihre Angestellten dazu an, mit neuen Ideen auf den Plan zu treten. Denken Sie doch mal an all die Ideen, von denen Sie wußten, daß sie gut waren. Und doch hinderte Sie etwas daran, die Stimme zu erheben oder sich damit durchzusetzen. Gehen Sie positiv mit Ihren Ideen um. Finden Sie heraus, was Sie blockiert hat. Wenn Sie eine Vision oder ein Gefühl für Ihren Weg haben oder haben wollen, müssen Sie zunächst herausfinden, auf welche Weise Sie persönlich blockiert sind. So werden Sie nicht eines Tages aufwachen und sich fragen: *Wo ist mein Leben hin?*

Ein Anfang

Fangen Sie damit an, sich an all das zu erinnern, was Sie immer sein, tun und haben wollten – was Sie geben, teilen und bekommen wollten. Lassen Sie diese Erinnerungen in einer bestimmten Form oder formlos wiedererwachen. Lassen Sie sie als Gefühle, als Bilder, als neu entdeckte, aufgegebene Träume hochkommen. Holen Sie tief aus Ihrem Inneren jedes vergessene oder beiseite geschobene ehrgeizige Vorhaben wieder hervor. Sammeln Sie alles, ohne es als »zu groß« oder »zu klein« zu bewerten.

Wenn die diffuse Angst wieder hochkommt, dann lassen Sie dies zu. Sie muß sich bemerkbar machen, ehe Sie ihrer Herr werden können. Lassen Sie sie an die Oberfläche kommen, selbst wenn Sie sie in Verbindung mit Erinnerungen an all die Enttäuschungen, die Sie erlebt haben, verspüren, und schieben Sie sie vor Ihrem geistigen Auge beiseite, während Sie sich weiter alle Punkte auf Ihrer Wunschliste in Erinnerung rufen.

Stellen Sie sich vor, Sie würden Ihren Kleiderschrank, Ihre Wohnung, Ihr Büro oder Ihre Arbeit neu organisieren. Nennen Sie es Frühjahrsputz, Neugestaltung – was immer Ihnen als die beste Metapher dafür erscheint, das Überholte zu eliminieren, das Neue willkommen zu heißen und neue Strategien für den Rest Ihres Lebens zu entwickeln. Rufen Sie sich ins Gedächtnis, daß es bei allen Umstrukturierungen, die Sie in Ihrem bisherigen Leben vorgenommen haben, auch so war, daß zu Anfang alles noch chaotischer erschien, und lassen Sie sich gesagt sein, daß im Herzen des Chaos die Ordnung liegt. Ein Maler beginnt mit einem neuen Bild, indem er die Fläche abmißt, auf der er das Bild malen will. Wollen Sie aus Ihrem Leben ein einzigartiges Kunstwerk machen, dann müssen Sie ein bißchen aufräumen, um diesen Platz zu schaffen.

Ihre Entdeckungsreise

Wenn Sie dieses Buch weiterlesen, begeben Sie sich auf eine Entdeckungsreise. Auf dieser Reise werden Sie tiefer als je zuvor in Ihr Inneres eintauchen, um zu entdecken, was Ihre Lebensziele sind. Ihnen wird klar werden, welche Ressourcen Sie schon zur Verfügung haben und von welchen Sie noch nichts wissen. Sie werden auf die wirklichen (nicht die imaginären) Hindernisse stoßen, die Ihnen im Weg stehen. Wenn Sie sie erst einmal kennen, werden sie nicht mehr unüberwindbar sein. Die Ureinwohner Amerikas hielten die echten Namen ihrer Stämme geheim, weil sie glaubten, daß ihre Feinde mit dem Wissen um die Namen Macht über sie gewinnen könnten. Falls es Ihnen gelingt, die Faktoren, die Ihren Bemühungen im Weg stehen, beim Namen zu nennen und ihnen ins Auge zu blicken, werden Sie in der Lage sein, ihnen ihre Macht über Sie zu nehmen; Sie werden sie sich zunutze machen können, um das neue Leben, das Sie sich aufbauen, zu untermauern.

Was immer es sein mag, das Sie sich erträumen: Findet sich ein kleiner Teil von Ihnen dazu bereit, danach zu streben, ist bereits die einzige Voraussetzung dafür erfüllt, dieses Buch als Werkzeug, Inspirationsquelle und Hilfesystem nutzen zu können – um gerade so weit zu gehen, wie Sie es wagen. Das einzige, was Sie an der Erfüllung Ihrer Träume hindert, sind die Beschränkungen, die Sie sich selbst auferlegen.

2
Gegenreaktionen, innerer Widerstand und andere Probleme

Ganz gleich, wie sich Perfektionismus manifestiert – er hat immer seinen Preis und seine Folgen. In diesem Kapitel schauen wir uns einige unerwünschte Begleiterscheinungen von Perfektionismus an und befassen uns auch mit der großen Bedeutung von Selbstakzeptanz, wenn es darum geht, den Perfektionisten in seine Schranken zu verweisen.

Negative Persönlichkeitszüge

Ich habe durch meine Klienten genauso viel über Perfektionismus gelernt wie durch meine eigene Entwicklung. Wenn Menschen zu mir zur Therapie kommen, agiert ihr Perfektionist in der Regel als der Hüter der Schwelle zu ihrem wahren Selbst. Sie sind typischerweise sehr befangen, und man merkt ihnen an, daß sie in der Therapie »gut« sein wollen. Natürlich kommt ihnen ihr Wunsch, es »richtig zu machen«, nur in die Quere. Ironischerweise können sie ihren Perfektionisten in dem Moment, in dem sie meine Praxis betreten und denken, daß sie ihn am meisten brauchen, am allerwenigsten gebrauchen. Doch der Perfektionist beherrscht sie gewöhnlich und offenbart sich durch ihre Körpersprache, ihre Mimik und die Worte, die sie wählen.

Die Klienten haben womöglich einen angespannten Zug um den Mund, setzen ein nichtssagendes Lächeln auf oder blicken bewußt »freundlich« drein. Es steht ihnen ins Gesicht geschrieben, daß sie sich zusammenreißen oder sich Mühe geben, sich richtig zu verhalten. Sie vermeiden vielleicht den Blickkontakt mit mir, oder, falls sie ihn doch aufnehmen, dann sehen sie mich nicht deshalb an, weil sie mit mir Kontakt aufnehmen wollen, sondern, weil sie wissen wollen, wie ich auf sie reagiere. Manchmal hat ihr Blick etwas Flehendes, so als würden sie mich stumm, aber inständig darum bitten, sie zu mögen.

Ihre Körperhaltung kann wie eine Pose oder verkrampft sein oder nicht mit ihren Aussagen und ihrem Gesichtsausdruck übereinstimmen – Hände und Füße können zum Beispiel aus Nervosität ständig in Bewegung sein. Sie sprechen oft in einem bestimmten Rhythmus oder mit einer verstärkten Betonung auf einzelnen Silben oder rattern womöglich alles herunter, um keine Zeit zu verlieren oder sich nicht von ihren tieferen Gefühlen überwältigen zu lassen. Sie gebrauchen häufig Wörter wie »nie«, »immer« und »sollte«. Der allgemeine Eindruck, den sie vermitteln, hat etwas von versuchter Kontrolle und Unsicherheit; sie wirken unnatürlich.

Diejenigen meiner Klienten, die unter dem akutesten Perfektionismus leiden, halten sich für Bummler, die alles vor sich her schieben, oder für faule, niedere Wesen. »Tun« ist das, was sie am meisten wertschätzen, und doch ist ihr Perfektionismus so stark, daß sie gar nichts tun können. Ihr Perfektionist steht schon mit gezückten Waffen bereit, damit er in dem Augenblick, in dem sie sich aus ihrem Versteck hervorwagen, zuschlagen kann. Sie können keinen Schritt tun, denn genau dieser erste Schritt würde nicht gut genug sein. Sie können nichts Neues lernen, weil sie nicht in der Lage sind, einen perfekten Start hinzulegen. Sie können weder mit etwas beginnen noch etwas abschließen, und so ziehen sie sich in ihr Schneckenhaus zurück und geben sich der Depression hin.

Ich hatte einmal eine Fitneßtrainerin, die mir sagte, ich investiere in eine Fünf-Kilo-Übung so viel Kraft, als sei es eine Fünfunddreißig-Kilo-Übung. Als mir die Bedeutung ihrer Worte klar wurde, war ich sehr erleichtert zu erfahren, daß ich es lockerer angehen lassen konnte. Meine Klienten verspüren diese Erleichterung auch, sobald sie einmal gelernt haben, ihren Perfektionismus zu erkennen. Wir überwinden nach und nach die dicken Mauern, die sie errichtet haben, bis der Perfektionist sich sicher genug fühlt, uns den Menschen dahinter sehen zu lassen.

Blinde Flecken

Eine Möglichkeit, unseren Perfektionismus zu erkennen, besteht darin, das Ausmaß unserer Unsicherheit wahrzunehmen. Ein Kind ist von Natur aus nicht unsicher. Es ist einfach. Wenn unser »Sosein« jedoch von unseren Eltern nicht akzeptiert wird, passen wir unser Verhalten dahingehend an, daß wir so werden, wie es ihren Vorstellungen entspricht. Wir tun dies, um Liebe zu bekommen und Ablehnung und Schmerz zu vermeiden. Wir tun, was immer notwendig ist, um das zu sein, was unsere Eltern sich von uns erhofft haben. Wir entfernen uns von unserem ursprünglichen Selbst und gelangen zu der Überzeugung, daß unser falsches Selbst, das wir uns angeeignet haben, unser wahres Selbst sei. Einige Menschen werden in dem vergeblichen Versuch, sich gegen diese Konditionierung zu wehren, zu einem späteren Zeitpunkt in ihrem Leben das, was ihre Eltern *nicht* wollten – ein weiterer Abweg von unserem wahren Selbst.

Eltern wollen nur das Beste für ihre Kinder, und es ist ihnen selten bewußt, daß sie sie auf Abwege bringen. Meine Mutter hat bei meiner Erziehung sicherlich mehr richtig gemacht als ihre Eltern bei ihrer. Und ich habe versucht, meinem Sohn Chris eine bessere Mutter zu sein als meine Mutter mir. Doch ein Großteil des Verhaltens meiner Mutter und meines Verhaltens war fehlgeleitet, weil wir aus unserer Kindheit so viele Verletzungen und so viel Verwirrung mitgebracht haben.

Die große Mehrheit der Eltern mißhandelt ihre Kinder nicht. Doch wir geben unsere blinden Flecken an sie weiter. Unbewußt wollen wir vielleicht, daß unsere Kinder so denken, fühlen und leben wie wir, ein besseres Verhalten an den Tag legen als wir und nicht die gleichen Fehler machen wie wir.

Bei der Erziehung meines Sohnes habe ich mir sicher meinen Anteil von Fehlern geleistet. Ich wußte wenig darüber, welchen Eindruck ich auf ihn machte, oder daß mein Verhalten seine besondere Form von Perfektionismus prägte. Ich beobachtete, wie sich in sein von Natur aus liebenswertes und offenes Selbst die Unsicherheiten einprägten, die ich unabsichtlich auf ihn übertrug. Ich versuchte, ihm zu geben, was meine Mutter mir nicht gegeben hatte, und ihm nicht die Komplexe weiterzuvermitteln, die ich von meiner Mutter übernommen hatte.

Viele meiner Fehler waren Unterlassungsfehler. Es gelang mir, einige der schädlichen Einflüsse von Chris fernzuhalten, denen ich durch meine Mutter ausgesetzt war, aber ich gab ihm nicht genug von dem, was er brauchte. Mein blinder Fleck war mein Bedürfnis, »nicht wie meine Mutter« zu sein – ein kategorischer Imperativ, der mich daran hinderte, mich meinem Sohn gegenüber natürlich zu verhalten und klar zu erkennen, was seine Bedürfnisse waren.

Als Kind fühlte sich meine Mutter ungeliebt, und folglich war sie nicht in der Lage, mir viel Liebe zu zeigen. Ich wiederum fühlte mich auch ungeliebt und war später nur beschränkt fähig, meinem Sohn meine Liebe zu zeigen. Bei dem Versuch, liebevoll mit Chris umzugehen und ihm zu sagen, daß ich ihn liebe, war ich verkrampft und unnatürlich. Er spürte das und fühlte sich unsicher, was meine Liebe zu ihm anbelangte.

Innerer Konflikt

Viele Menschen durchlaufen infolge der Art, in der sie in ihrer Kindheit gespiegelt wurden, ein Hindernisrennen inneren Konflikts. Die Botschaft, die meine Mutter mir ständig vermittelte, wurde zu meiner Botschaft an meinen Sohn: *Störe mich nicht. Siehst du denn nicht, daß ich mich kaum über Wasser halten kann?* Diese elterlichen Botschaften sind die Spiegel, in denen unsere Kinder »Modelle« dafür vorgeführt bekommen, wer sie sind. Diese Bilder können zu einer Ablehnung ihres wahren Selbst führen, zu Gewohnheiten, Überzeugungen, Haltungen und falschen Vorstellungen, die sie solange behindern, bis es ihnen gelingt, sie zu entlarven.

Um einen inneren Konflikt lösen zu können, müssen wir uns die sich klar unterscheidenden und getrennten Teile unserer Psyche anschauen. Wir finden gewöhnlich eine Teilpersönlichkeit, die hart oder niederträchtig ist. Eine andere ist übermäßig nachgiebig oder tolerant. Wieder eine andere ist freundlich und mitfühlend. Wenn wir unsere Teilpersönlichkeiten einmal gefunden haben, müssen wir sie zunächst voneinander unterscheiden, um dann herausfinden zu können, welchen Teilen unserer Persönlichkeit wir vertrauen und auf welche wir hören können.

Dieser Prozeß führt mit der Zeit zur Wahrnehmung der inneren Führung, der Botschaften unseres höheren Selbst, das selbst dann freundlich und respektvoll ist, wenn es einen Fehler offenbart. Dieses höhere Selbst besitzt Weisheit, Wohlwollen und grenzenlose Geduld. Es gibt viele Methoden, mit deren Hilfe wir Zugang zu unserer inneren Führung finden können. Im dritten Kapitel werde ich Ihnen einige davon vorstellen.

Gegenreaktionen

Um die Regeln und Termine, die uns unser Perfektionist auferlegt, einhalten zu können, arbeiten wir uns nach Kräften ab. Dabei mißachten wir unsere eigenen Bedürfnisse, und früher oder später führt das zu einem Zusammenbruch irgendeiner Art. Solche Zusammenbrüche sind unvermeidliche Gegenreaktionen, zu denen es kommt, wenn der Perfektionist uns über unsere Grenzen hinaus antreibt.

Bei Gegenreaktionen verfallen wir in Hilflosigkeit, in das genaue Gegenstück unseres extremsten Perfektionismus. Gegenreaktionen können in ihrem Ausmaß von Faulheit über maßloses Essen oder chronisches Wehklagen bis hin zu Erschöpfung, Depression oder Krankheit reichen. Der Perfektionist treibt uns so weit aus dem Gleichgewicht, daß wir wie ein zu straff gespanntes Gummiband zurückschnellen, was uns ins andere Extrem katapultiert.

In diesem Zusammenhang kann Suchtverhalten sowohl Teil von Gegenreaktionen sein als auch der Versuch, sie abzuwenden. Ich neige dazu, zuviel Kaffee zu trinken und mir nicht genug Schlaf oder Bewegung zu gönnen, um meinen Terminplan beim Schreiben einzuhalten. Letzten Endes löst das bei mir einen Schub des chronischen Erschöpfungssyndroms aus, so daß ich beim Schreiben erst recht ins Hintertreffen gerate.

Der Perfektionist gibt bei Gegenreaktionen fortwährend einen demoralisierenden Kommentar über unser Versagen ab. Meiner ist ein Spezialist darin, mir in allen Einzelheiten unter die Nase zu reiben, was ich falsch mache. Zuerst treibt er mich in den Zusammenbruch, indem er sagt: *Mach weiter, hör nicht auf, trink mehr Kaffee, arbeite etwas länger, sei stark.* Und wenn mir dann die Kraft ausgeht und ich am nächsten Tag nicht schreiben kann, verurteilt er mich dafür, daß ich zusammengebrochen bin: *Siehst du, du bist schwach.*

Es geht weder darum, gegen Gegenreaktionen anzukämpfen, noch gegen den Perfektionisten. Vielmehr müssen wir daran arbeiten, zu erkennen, in welchen Bereichen und in welchen Situationen wir uns selbst überfordern. Gegenreaktionen nehmen auf natürliche Weise in dem Maß ab, in dem wir lernen, den Perfektionisten in seine Schranken zu verweisen, ehe er zu viel Schaden angerichtet hat. Wie Ram Dass gesagt hat, wird das, was zuerst das lauernde »Monster im Schrank« ist, durch Selbsterkenntnis zum handhabbaren »Quälgeist auf der Schulter«.

Widerstand

Der innere Widerstand ist jene Kraft, die bewußtem Handeln entgegensteht und uns ins Unbewußte zurückzieht, um uns abzulenken und wieder in den Schlaf zu wiegen. Es ist eine Art von Schwerkraft, die auf alle Menschen einwirkt und bewirkt, daß wir in alte, vertraute Verhaltensmuster zurückfallen und unter Gedächtnisschwund leiden, so daß unser Potential eingeschränkt und hart erarbeitetes Wachstum wieder zunichte gemacht wird. So gebe ich etwa eine bestimmte Gewohnheit oder Verhaltensweise auf, weil ich schließlich gelernt habe, daß sie mir nicht guttut. Dann vergesse ich, warum ich beschlossen habe, die Gewohnheit aufzugeben, und beginne, wieder in sie hineinzudriften. Eine innere Stimme sagt: *Warum tust du nicht, was du willst? Du genießt es doch.* Ich denke: *Ja, warum eigentlich nicht?* – und schon falle ich wieder in das alte Verhaltensmuster zurück.

Mit den guten Vorsätzen zu Silvester etwa stoßen wir meist bald nach dem feierlichen Beschluß auf inneren Widerstand, und bald ist von den guten Vorsätzen nichts mehr übrig. Durch Versuche, sich dagegen zu stemmen, verstärkt sich der Widerstand nur. Wie bei der Erstellung eines Flugplans einkalkuliert werden muß, inwieweit der Windwiderstand die Reisegeschwindigkeit beeinflußt, müssen wir beim Wachstumsprozeß einkalkulieren, daß wir auf Widerstand stoßen.

Für die Dynamik des inneren Widerstands gibt es viele mögliche Beschreibungen, etwa: »Wachstum gegenüber dem Status quo« oder »Lebenstrieb gegenüber dem Todestrieb«. Es ist die Spannung zwischen dem Teil von uns, der aufwachen will, und dem Teil, der lieber weiterschlafen möchte.

Hier ein typisches Beispiel: Meine Klientin Alice wollte mit einer gesunden Diät beginnen. Sie sagte, sie sei nun schließlich soweit, daß sie ihren Körper besser behandeln und abnehmen könne. Doch sie wollte es zu schnell und begann mit einer zu strikten Diät. Bald hatte sie Heißhunger auf bestimmte Nahrungsmittel, begann zu vergessen, warum sie die Diät einhalten wollte, und fiel nach und nach wieder in ihre alten Eßgewohnheiten zurück. Als sie erkannte, was passiert war, geriet sie in Wut darüber, versagt zu haben.

Alices Perfektionist hatte sie auf eine zu strenge Diät gesetzt und den psychischen Widerstand nicht berücksichtigt. Der Perfektionist will nicht wahrhaben, daß diese Dynamik zum Leben gehört. Wenn wir auf Widerstand stoßen, schiebt es der Perfektionist darauf, daß wir nicht genug Willenskraft haben, und sagt: *Reiß dich einfach noch mehr zusammen.* Doch hätte sich Alice noch mehr zusammengerissen, dann wäre die Rückfallgefahr nur noch größer gewesen. Der Widerstand äußert sich als ständiges Tauziehen zwischen dem Perfektionisten und dem Hilflosen. Der Perfektionist befahl Alice: *Du mußt abnehmen.* Der Hilflose meinte dagegen: *Das schaffst du sowieso nicht*. Dieser Konflikt nahm soviel von Alices Aufmerksamkeit und Energie in Anspruch, daß sie die Pfunde, die sie verloren hatte, ehe sie sich versah, wieder auf den Hüften hatte.

Wenn wir versuchen, eine Veränderung zum Besseren vorzunehmen, schleichen sich unser Hilfloser und unser Perfektionist in den Prozeß ein. Ihr Zweikampf steht im Widerspruch zu unseren Versuchen zu wachsen und muß mit einkalkuliert werden. In Alices Fall bestand die Lösung ihres Problems darin, tiefer in sich zu gehen, um die Motivation und Unterstützung zu finden, die Voraussetzung für eine bessere Behandlung ihres Körpers war. Sie mußte ihrem Perfektionisten da auf die Spur kommen, wo er versuchte, ihr ihre Diät bis ins kleinste Detail vorzuschreiben und diese folglich zu streng wurde, als daß Alice sie hätte einhalten können. Ihr Problem war nicht mangelnde Willenskraft, sondern mangelnde Einsicht in die Tatsache, daß natürliche Kräfte jede Vorwärtsbewegung bremsen.

Die Herausforderung besteht für uns alle darin, den inneren Widerstand als eine natürliche menschliche Reaktion anzuerkennen und eine respektvolle Haltung gegenüber uns selbst beizubehalten, auch wenn unser Widerstand uns bremst. Niemand wehrt sich gegen die Schwerkraft. Wir müssen uns immer wieder ins Gedächtnis rufen, daß alles in Ordnung ist, selbst wenn unser Widerstand uns scheinbar besiegt hat. Wir müssen nur warten, bis er nachläßt – was letzten Endes der Fall ist –, und uns dann wieder weiterbewegen, ohne Energie darauf zu verschwenden, über verlorenen Boden zu lamentieren.

Der Zusammenhang zwischen Körper und Geist

Angst verursacht Perfektionismus. Wenn der Perfektionist uns führt, ist es unsere Angst, der wir folgen – Angst unter dem Deckmantel des Wunsches, alles richtig zu machen. Es hat lange gedauert, bis ich erkannt habe, zu welchen Zeiten ich von meiner Angst kontrolliert wurde, weil ich selten erkennbare Angst empfand. In diesen Phasen meinte ich eher, das starke Bedürfnis zu verspüren, die tiefere Wahrheit der Dinge zu ergründen, und ich hielt das für eine bewundernswerte Eigenschaft. Letztlich fühlte ich mich jedoch außer Kontrolle und brauchte mehr Sicherheit. Dies sind Angstzustände, die dazu führen, daß der Perfektionist mit (scheinbarer) Überzeugungskraft und Autorität auf den Plan tritt. *Folge mir*, sagt er. *Ich weiß, wo's langgeht*. Doch wenn wir ihm folgen, dann hat das Konsequenzen.

Folgen wir unserer Angst, sehen wir uns selbst und unsere Welt durch die Brille der Angst, und wir denken, was unsere Angst denkt. Wenn sich Angst nach innen richtet, stimmt immer mit einem selbst etwas nicht. Ist die Angst nach außen gerichtet, so stimmt mit allen anderen etwas nicht. Wir alle wollen Liebe, aber wie können wir sie bekommen, wenn immer mit uns selbst oder mit jemand anderem etwas nicht in Ordnung ist? Mein Perfektionist bewirkte bei mir, daß ich stets unter dem Damoklesschwert der Depression lebte. Das Ringen darum, alles richtig zu machen, ist deprimierend, weil man schlicht nicht immer perfekt sein kann. Ein ständiges, triebhaftes Bemühen, unsere Mängel auszugleichen, läßt uns nach Hilfsmitteln greifen, und »Hilfe« kommt in Form von Alkohol und anderen Drogen, Medikamenten und weiteren Suchtmitteln.

Die Angst des Perfektionisten treibt uns in Süchte, weil sie zuviel Druck auf uns ausübt und unsere Grenzen sprengt. Süchte sind, so gesehen, fehlgeleitete Versuche, wieder ein Gefühl von Gleichgewicht und Wohlbefinden herzustellen. Wir brauchen sofortige Erleichterung und Hilfe, um weitermachen zu können. Wir brauchen unsere Süchte, weil wir uns aufgrund der Angst des Perfektionisten so schlecht fühlen.

Wenn unsere Angst uns beherrscht, kommt es zu psychischen und körperlichen Reaktionen: Panikanfälle, flache Atmung, Adrenalinstöße, Herzklopfen, Obsessionen, Magenverstimmung usw. Treten diese Streßreaktionen regelmäßig auf, gefährden sie unsere Gesundheit.

Denkprozesse und Emotionen lassen sich nicht von den körperlichen Funktionen trennen, Geist und Körper sind aufs engste miteinander verbunden. Immer mehr medizinische Studien belegen, daß

Menschen, die sich zu sehr sorgen, krank werden. Ich persönlich habe beobachtet, daß das Immunsystem geschwächt wird, wenn unser Perfektionist uns zu lange in seinen Klauen hält. Der Körper kann dieser Belastung nicht ewig standhalten. Wenn wir uns unserer Angst ausliefern, übertragen wir sie auf den ganzen Körper und machen uns womöglich damit krank.

Psychoneuroimmunologie

Die Psychoneuroimmunologie (PNI) ist ein neuer Forschungsbereich, für den Naturwissenschaftler, Mediziner und Praktizierende von Körper-Geist-Heilmethoden Wegbereiter waren. Dabei geht man davon aus, daß sich unsere Gedanken, Gefühle und Persönlichkeitsstrukturen in unserem Gehirn und unserem Nervensystem manifestieren, wodurch unsere immunologischen Abwehrreaktionen und darüber unser allgemeiner Gesundheitszustand und unser Wohlbefinden beeinflußt werden. Wird innerhalb des Zusammenhangs Körper, Geist und Seele eine dieser Komponenten geschwächt, geraten wir aus dem Gleichgewicht.

Diese Hypothese stellt letztlich eine Neuentdeckung dessen dar, woran die Menschheit aufgrund von Erfahrungswerten schon in der ganzen überlieferten Geschichte geglaubt hat. In der westlichen Welt ist mit der Einführung eines mechanistischen Ansatzes in Wissenschaft und Medizin im 18. Jahrhundert viel von dieser jahrtausendealten Sichtweise verloren gegangen. In übertriebener Ehrerbietung an den logischen Verstand wurde der Wert des körperlichen und seelischen Wohlbefindens in den Hintergrund gedrängt. Diese gesellschaftliche Entwicklung war für das Erstarken des Perfektionisten, der den logischen Verstand über alles andere stellt, der ideale »Nährboden«. Dank wissenschaftlicher Durchbrüche wurden Leben gerettet, aber der Preis dafür war, daß die Mediziner vergaßen, bei ihrer Heiltätigkeit den ganzen Menschen zu sehen.

Die »Dreieinigkeit« von Körper, Geist und Seele ist Voraussetzung für unsere Gesundheit und unser Wohlbefinden. Ein Bruch in dieser Abhängigkeitsbeziehung, selbst zum Zwecke der Heilung, verursacht »Un-Wohlsein«, das in Körper, Geist oder Seele auftreten kann. Wird eine dieser Komponenten unseres Selbst krank, so wirkt sich das auch auf die anderen aus.

Gelingt es uns, nicht von unserer Ängstlichkeit überwältigt zu werden und einen offenen Geist beizubehalten, können wir große Schritte in die Freiheit machen. Der Perfektionist ist der Hüter der Schwelle zu unserem wahren Selbst, und seine Macht über uns läßt nach, sobald wir unsere Aufmerksamkeit über ihn hinaus richten. Wenn wir in unser Inneres blicken, anstatt zum Perfektionisten zu schauen und um Führung zu bitten, nehmen wir Kontakt zu unserem Wesenskern auf, der darauf wartet, von uns bemerkt zu werden. Sind wir einmal mit diesem Wesenskern in Kontakt getreten, dann können wir uns mehr und mehr von unseren Süchten, über die wir uns Erleichterung verschaffen wollen und um Hilfe bitten, befreien.

Die Ineffektivität von Zwang

Im Laufe der Jahre habe ich versucht, vieles an mir zu ändern. Ich habe daran gearbeitet, disziplinierter und organisierter zu werden, mein Auto regelmäßig zu waschen und meinen Körper in Form zu halten. Ich habe mich bemüht, mir die Zähne täglich mit Zahnseide zu reinigen und mehr Gemüse und weniger Fett zu essen. Diese Veränderungen waren immer mit großen Anstrengungen verbunden. Selbst wenn es mir gelang, ein neues Verhalten zu initiieren, konnte ich es nicht durchhalten. Letzten Endes beschloß ich, mich mit meinem inneren Widerstand auseinanderzusetzen und meine Motive zu hinterfragen.

Mein Widerstand ist der Teil von mir, der sagt: *Ich mag nicht. Laß mich in Ruhe*. Meine Motivation sagt mir: *Du bist ein schlechter Mensch, wenn du's nicht tust*. Das Ergebnis ist ein Zweikampf zwischen den beiden Willenskräften: Auf *Du mußt!* folgt: *Nein, ich muß nicht, und du kannst mich auch nicht dazu zwingen!* Die Kraft, die eine Veränderung will, kann stark genug sein, um mich dazu zu bringen, mich wirklich anzustrengen, aber sie ist nicht stark genug, um mich zum Durchhalten zu animieren. Ich kann unmöglich genug Energie aufbringen, um eine Veränderung vorzunehmen und durchzuhalten, nur um zu vermeiden, daß ich mich schlecht fühle – das ist eine zu kleine Belohnung für einen so großen Kampf.

Der Perfektionist sagt mir, daß ich schlecht bin, wenn ich mich nicht ändere. Darüber hinaus bezweifelt er, daß ich mich ändern *kann*, und macht meine Bemühungen lächerlich, anstatt mir Hilfe anzubieten. Die ganze Atmosphäre ist von Selbstablehnung geprägt. Es hat keinen Zweck, mich dieser Art von innerer Tyrannei zu unterwerfen, weil eine Veränderung nicht dauerhaft sein kann, wenn sie erzwungen wird.

Da sich eine dauerhafte Veränderung nicht auf der Basis von Selbstablehnung erzielen läßt, müssen wir lediglich den Kopf aus der Schlinge des »Zwanges« ziehen. Niemand will sich tyrannisieren lassen. Wirkliche Veränderungen müssen aus Selbstakzeptanz heraus geschehen, und der Weg dorthin ist nicht leicht. Starke innere Kräfte stellen sich uns entgegen, und wir müssen uns mit ihnen auseinandersetzen, um den Weg freizumachen.

Ehe wir irgendeine Veränderung vornehmen können, müssen wir uns im Klaren darüber sein, wer diese Veränderung will und warum. Wenn ich mein Auto nur aus Furcht vor der Meinung meiner Mitmenschen sauberhalten will, wird mich dieser Beweggrund nicht dazu bringen, mein Auto regelmäßig zu waschen. Der Teil von mir, der sich von vornherein abgelehnt fühlt, ist mein stummer Widerstand, der eine Retourkutsche formuliert: *Wenn sie mich nicht mögen, dann können sie mich mal!* Der Perfektionist braucht mich, um seine Fassade aufzupolieren und gut auszusehen. Ich ärgere mich über die Tyrannei und weigere mich mitzumachen. Das Auto bleibt dreckig, aber mein Perfektionist hat erreicht, daß ich mich schlecht dabei fühle. Die Geschichte bekommt jedoch eine ganz andere Wendung, wenn ich mein Auto sauberhalten will, weil ich mich darüber freue, wenn es sauber ist. Zeit und Energie für etwas aufzubringen, das mir etwas bringt und mein Leben verschönert, kann als Motivation ausreichen.

Wenn ich das Gemüse aufessen muß, weil ich immer noch im Ohr habe, wie meine Mutter mich anbrüllte, »Du mußt so lange am Tisch sitzen bleiben, bis der Teller leer ist«, meldet sich der Teil von mir, der sich abgelehnt fühlt: *Vergiß es, Mom. Du kannst mich nicht dazu zwingen.* Wenn ich dagegen Gemüse esse, um gesund zu bleiben und für eine gute Verdauung zu sorgen, dann werde ich es wahrscheinlich mit Vergnügen tun. Der Wille, positive Dinge zu tun, zeigt sich, wenn wir innerlich auf eine Weise geführt und unterstützt werden, die aussagt: *Ich mag dich so sehr, daß ich dir helfen will, dich besser zu fühlen.*

Wie Selbstakzeptanz zu positiven Veränderungen führt

Wer möchte schon Leistung erbringen müssen, um sich selbst lieben zu können oder sich nicht ablehnen zu müssen? Weigern Sie sich, auf Einschüchterungstaktiken zu reagieren, selbst wenn sie von Ihnen selbst stammen. Wenn wir etwas Besseres für uns erreichen wollen, müssen wir gut mit uns umgehen.

Unsere innere Weisheit ermöglicht es uns, die Veränderungen, die wir uns wirklich wünschen, zu bewirken, ohne uns dazu zwingen zu müssen. Wir wissen, daß unser wahres Selbst etwas will, wenn wir wirklich glauben, einer Herausforderung gewachsen zu sein – um welche Herausforderung auch immer es sich handeln mag. Wir wissen, daß wir auf echte Führung reagieren, wenn wir von einem Gefühl von Stärke, Willen und Mut durchdrungen sind, während wir uns darauf vorbereiten, etwas zu unternehmen.

Selbstakzeptanz ist nicht Haltlosigkeit. Wenn wir uns eines Dilemmas mit unserer inneren Bewußtheit annehmen, heißt das nicht, daß wir uns fallen lassen. Vielmehr können wir das Problem dann klar beurteilen, und wir werden in einem realistischen Prozeß Schritt für Schritt dahin geführt, eine dauerhafte Veränderung vorzunehmen. Lebendigkeit, Energie, Motivation und Inspiration existieren nur in einer Atmosphäre von Selbstakzeptanz. Unsere

Bemühungen, uns zu ändern, müssen von dem Wunsch, besser für uns selbst zu sorgen, getragen werden. Sie können keine »Schönheitsoperationen« sein, für die Selbstverunglimpfung der Beweggrund ist.

Meine Klienten schaffen mich in diesem Punkt wirklich. Es ist sehr schwer, von dem anscheinend allmächtigen Imperativ, sich ändern zu müssen, loszulassen. Sie haben Angst davor, dicke, häßliche, träge Monster zu werden, wenn sie ihre Selbstkontrolle auch nur einen Augenblick lang aufgeben. Ich hatte früher einmal einen Friseursalon. Meine Kundinnen waren häufig der Meinung, ihr Leben würde sich verbessern, wenn sie nur den richtigen Look hätten. Doch es war ihre Selbstablehnung, nicht ihre Erscheinung, die ihnen das Leben zur Hölle machte.

Ich sage nicht, daß völlige Selbstakzeptanz vorhanden sein muß, ehe man irgendwelche Veränderungen vornimmt. Doch es gibt in jedem von uns einen Teil, der uns so annimmt, wie wir sind, und uns den Weg weisen kann. Wir können Zugang zu diesem Teil finden, ganz gleich, wie klein das Stimmchen ist, mit dem er sich meldet. Wir können ihn nähren und ihm Raum zum Wachsen geben und ihn dann die gewünschten Veränderungen steuern lassen. Neugierde und die Bereitschaft, dem Perfektionisten auf die Spur zu kommen und zu lernen, ihn und die Stimme unseres höheren Selbst auseinanderzuhalten – das macht den Unterschied aus. Und bei diesem Prozeß können wir die Qualitäten des Perfektionisten entdecken, die sich nutzen lassen.

3
Die innere Führung und ihre Personifizierungen

In der ganzen Geschichte der Menschheit haben viele große Lehrmeister postuliert, daß jeder von uns mit einem Wesenskern, einer uns innewohnenden Identität, geschaffen wird. Die Zen-Buddhisten nennen es das Urbild. Es enthält Leerräume, die mit unseren Lebenserfahrungen und jenen Erfahrungen ausgefüllt werden, die das Urbild entweder stärken oder schwächen. Wenn wir unser wahres Selbst wirklich spüren und das Beste aus unserem Leben machen wollen, ist es dieser Wesenskern, das höhere Ich, zu dem wir Kontakt aufnehmen müssen.

Es gibt viele Begriffe für das, was ich als Wesenskern bezeichne. Nennen wir es wahres, inneres Wesen, Seele, höheres Ich, wahres Selbst – wie wir es auch nennen, es macht mehr aus als unsere Persönlichkeit. Die Persönlichkeit kann diesen Wesenskern klar widerspiegeln, oder sie kann ihn fast gänzlich verbergen.

Unsere innere Weisheit anerkennen

Der Kontakt zu unserem Wesenskern und die Empfänglichkeit für die Botschaften, die aus den Tiefen unserer Seele kommen, ist das, was ich innere Führung nenne. Hier spürt man ein tieferes Wissen. Ob wir es nun als Intuition, innere Weisheit oder etwas, das wir »aus dem Bauch heraus« tun, ansehen – die meisten Menschen sind sich des Teils ihrer selbst bewußt, der sie zu ihren weisesten Entscheidungen führt. Die innere Führung ist eine innere Erfahrung, die eine beruhigende und zentrierende Wirkung hat. Da sie aus unserem Wesenskern kommt, ist sie nicht mit Angst verbunden, ganz gleich, was geschieht.

Unser Wesen befindet sich in Dimensionen jenseits von Schmerz, Problemen und einer Verstrickung in die Umstände. Es bringt Klarheit und das Gefühl zu fließen, das hinter Konflikten vorhanden ist. Es kann sich geistig äußern und durch Gedanken oder durch Intuitionen hindurchscheinen und uns blitzartige Einsichten vermitteln, die uns in den Leerräumen zwischen den Gedanken ins Bewußtsein dringen. Sie nehmen sich leichter im Kopf aus als gewöhnliche Gedanken, so als seien sie mit Helium gefüllt. Die Botschaften aus den Tiefen unserer Seele können aber auch emotioneller oder inspirativer Art sein und unsere Aufmerksamkeit über subtile oder starke Gefühlsschwankungen auf sich ziehen. Es ist weise, diese Botschaften nicht zu ignorieren. Wie viele Male haben Sie sich und andere sagen hören: »Ich hab's gewußt, aber ich wollte es nicht hören.«

Die innere Führung kann körperlicher Natur sein – zum Beispiel ein inneres Zittern oder das Gefühl, daß man auf einem anderen Weg zur Arbeit fahren sollte, obwohl man nicht weiß, warum. Sie kann sich auch in Träumen, Visionen und spirituellen Erfahrungen bemerkbar machen. Vielen offenbart sie sich auf visuellem Wege: vor dem geistigen Auge (in Bildern oder kleinen Symbolen), beim Betrachten schöner Dinge oder in der Natur. Jedem wird auf verschiedene Weise die Richtung gewiesen. Berühmte Beispiele sind Siddharta, für den der Fluß der Wegweiser war, oder Gandhi, der von seiner inneren »Stimme der Wahrheit« sprach. In ganz alltäglichen Situationen kann man der inneren Führung gewahr werden. Mir wurde der Weg gewiesen, als ich in einem Restaurant ein Gespräch am Nebentisch mithörte. Ich bekam dadurch den Hinweis für eine Entscheidung, die ich in einer schwierigen Situation treffen mußte.

Je wacher wir für die vielen Varianten werden, in denen sich uns die tiefsten Weisheiten offenbaren können, desto leichter fällt es uns, zwischen wahrer und falscher Führung zu unterscheiden. Ich finde, daß ein neutraler Standpunkt uns am besten einen Zugang zur inneren Führung verschafft. Wenn es uns gutgeht, neigen wir dazu, das Schlechte zu vergessen. *Das liegt jetzt alles hinter mir.* Geht es uns schlecht, so haben wir die Tendenz, das Gute zu vergessen. *Ich dachte, ich hätte es geschafft. Jetzt wird das immer so weitergehen.* In einer (möglichst) neutralen Haltung können wir uns am ehesten daran erinnern, daß weder das gute noch das schlechte Gefühl Bestand haben wird.

Innere Führung im täglichen Leben

Die innere Führung kann als ein uns innewohnendes Hilfesystem bezeichnet werden, das uns jederzeit zugänglich ist. Sie hält Begutachtungen stand, und »sie hält *uns* stand«, wenn wir von den Härten des Lebens herausgefordert werden. Voraussetzung dafür, einen Zugang zu ihr finden zu können oder sie einen Zugang zu uns finden zu lassen, ist, die Störfaktoren – die Kombination aus Perfektionismus und Hilflosigkeit, bei jedem Menschen einzigartig – zu ermitteln und zu deaktivieren.

Der Perfektionist steht bei den ersten Anzeichen für ein Problem mit gezückten Waffen bereit und eilt zu Hilfe. Er versucht nicht, mit der inneren Führung Kontakt aufzunehmen, denn er weiß schon, was zu tun ist. Er versucht, seine vorweggenommene Lösung mit einem stürmischen Eroberungsmanöver durchzusetzen. Der Hilflose ist tendenziell zu haltlos oder nicht ausreichend motiviert, um auf die innere Führung zu hören. Das kleine Teufelchen in uns sagt: *Laß mich in Ruhe. Ich hab keine Lust, mich mit dir auseinanderzusetzen. Ich will, daß jemand kommt und mir hilft.*

Wenn mein Perfektionist meine Gedanken und Gefühle kontrolliert, fühle ich mich schlecht, was mich oder jemand anderen anbelangt. Ich empfinde Angst und ein Gefühl von Zwang. Meine innere Führung löst dagegen eine ganz andere Palette von Empfindungen aus: Ich bin offen, wach und klar im Kopf. Meine Erfahrungen in diesem Zustand können von geistiger Klarheit bis hin zu blitzartigen Einsichten reichen.

Der Perfektionist behandelt kleine Probleme als Notfälle. Unsere Gefühle sagen uns, daß etwas Schreckliches passiert, während wir im Grunde nur kleine Probleme erleben, in denen Elemente von großen Problemen, die es in der Vergangenheit gegeben hat, enthalten sind. Die innere Führung ermöglicht es uns, zwischen kleinen und großen Problemen zu unterscheiden. Wir lernen, die Gegenwart von der Vergangenheit zu trennen, und können uns so unserer Neigung bewußt werden, die Wirklichkeit aufgrund von nicht geheilten emotionalen Wunden, die wir uns in der Vergangenheit zugezogen haben, verzerrt zu sehen. Wir können uns zuerst die leichteren Übungen vornehmen, wenn wir lernen wollen, auf unsere innere Führung zu hören.

Zugang zur inneren Führung finden

Ein wichtiger Teil der Auseinandersetzung mit unserem Perfektionismus besteht darin, die richtigen Fragen zu stellen. Die Frage *Warum bin ich so blöd?* ruft nur den Perfektionisten mit seinen Ansichten auf den Plan. »Warum«-Fragen hemmen die innere Führung im Allgemeinen, weil sie die Befragung auf einen analytischen Prozeß beschränken. Um mit der inneren Führung Kontakt aufnehmen zu können, müssen wir durch offene Fragen unbewußte Prozesse aktivieren: *»Was weiß ich darüber noch nicht? Bitte laß mir Unterstützung zukommen, gib mir Kraft und Mut. Was brauche ich? Bitte zeige mir, was ich nicht sehen kann.«*

Lauschen Sie offen und ganz aufmerksam in sich hinein, nachdem Sie Ihre Frage gestellt haben, so als wollten Sie eine Stecknadel fallen hören. Falls Sie die Antwort innerhalb des Zeitraums, den Sie für das Zuhören festgelegt haben, nicht bekommen, ist dies in Ordnung; behalten Sie die Frage den Rest des Tages im Hinterkopf, und spüren Sie ihr hin und wieder nach, um die Verbindung aufrechtzuhalten. Die Frage darf nicht fordernd oder verzweifelt sein. Forderungen kommen vom Perfektionisten, und Verzweiflung ist die Verkörperung des Hilflosen, der verzweifelt um seine Rettung bittet. Unserer inneren Bewußtheit sollten wir stets mit Entdeckungsgeist und Vorfreude begegnen, dabei aber keine Erwartungshaltung einnehmen.

Kurz vor einem Wutanfall

Hier ein Beispiel dafür, wie ich Botschaften aus den Tiefen meiner Seele empfange: Eines Tages wartete ich in einem Kaufhaus darauf, bedient zu werden. Es waren zwei Verkäuferinnen da, und ich war zunächst die einzige Kundin. Die eine Verkäuferin wandte sich einer Frau zu, die hinzukam. Ich sagte nichts, aber ich fühlte mich übergangen. Dann kehrte mir auch die zweite Verkäuferin den Rücken und kümmerte sich um eine weitere hinzugekommene Person.

Dies fühlte sich wie ein Notfall für mich an. Mein Hilfloser wollte weinen, mein Perfektionist dagegen wollte die Verkäuferinnen wegen ihrer Inkompetenz anbrüllen. Darüber hinaus war ich wütend auf mich, daß mich eine so geringe Angelegenheit aus der Fassung bringen konnte (wieder der Perfektionist). Doch da ich beschlossen hatte, kleine Probleme von Notfällen zu unterscheiden, versuchte ich, diesen Vorfall als »Übungsfeld« dafür zu sehen, meine innere Führung zu nutzen.

Zuerst mußte ich differenzieren, was wichtig für mich war und was nicht. Es tat mir nicht gut, wenn sich die Wut meines Perfektionisten gegen mich oder andere richtete. Was ich brauchte, war Spiegelung und Mitgefühl mir selbst gegenüber für meine verletzten Gefühle. Ich sagte mir: *Dies tut wirklich weh. Was tut mir jetzt gut?* Über meine respektvolle Selbstbefragung aktivierte ich meine innere Führung, die mir dann dabei half, der zweiten Verkäuferin – auf eine der Situation angemessene Weise – zu sagen, daß ich an der Reihe war.

Stärke zwei oder acht auf der Richterskala?

Der Vorfall weckte meine Neugier im Hinblick auf mögliche Gründe für meine Reaktion. *An was erinnert mich das?* fragte ich mich. Mir fiel eine Begebenheit aus meiner Kindheit ein: Ich war neun Jahre alt. Hatte ich eine längere Strecke zurückzulegen, gab mir meine Mutter immer 15 Cent für die Drahtseilbahn, aber ich kaufte mir statt dessen ein Eis davon.

Zu dieser Zeit lernte ich, mich vor der Achtlosigkeit von Verkäufern zu fürchten, weil mich die Verkäufer damals gewöhnlich übersahen und nur die Erwachsenen beachteten, und ich war zu schüchtern, um den Mund aufzumachen. Stumm vor mich hin leidend, wartete ich, bis jemand auf mich aufmerksam wurde – und manchmal ging ich ohne Eis fort und fühlte mich gedemütigt. Schon im zarten Alter von neun Jahren war mein Perfektionist also wütend auf mich wegen meiner »Schwäche«, was mich natürlich noch schwächer machte. Diese Kindheitserfahrungen haben dazu geführt, daß ich bei dem Vorfall im Kaufhaus zunächst mein »Notfallgefühl« verarbeiten mußte, um dann der Situation angemessen reagieren zu können. Ich mußte den Schmerz der Neunjährigen als wirklich anerkennen und ihn dann von dem unterscheiden, was in der Gegenwart passierte.

Ein kleines Problem in der Gegenwart kann eine Erinnerung an eine früher erlittene Verletzung wachrufen, aber wir müssen uns daran erinnern, daß wir die Verletzung nicht derzeit erleiden. Ein Lehrer von mir sagte einmal: »Es ist wirklich ein Erdbeben, aber nur eines mit einer Stärke von zwei auf der Richterskala. Du empfindet es wie Stärke acht, weil ungelöste Konflikte aus deiner Vergangenheit den Rest ausmachen.« Wenn wir frühere Erfahrungen mit gegenwärtigen Umständen vermischen, blockieren wir unsere innere Führung und lösen eine schädliche Streßreaktion im Körper aus.

Der Perfektionist lastet uns schwer auf den Schultern

Ich muß ständig in mich gehen, um den Unterschied zwischen meinem Perfektionismus und meinem Wesenskern zu erkennen – ich muß die verschiedenen Erfahrungen wirklich körperlich spüren. Wenn ich mit meiner inneren Führung, meinem höheren Ich, in Kontakt stehe, ist es, als läge eine mitfühlende Hand auf meiner Schulter. Ich fühle mich innerlich unterstützt. Ich verspüre Tatendrang, wenn ich etwas Neues anfange, und bin offen dafür. Ich bin mit Herz und Verstand ganz bei der Sache.

Wenn dagegen mein Perfektionismus zum Tragen kommt, habe ich das Gefühl, daß etwas schwer auf meinen Schultern lastet. Mein Körper ist angespannt. Ich fürchte mich vor allem Neuen, das ich angehe. Womöglich ist mir nach Schlafen zumute, oder ich möchte etwas essen, das mich tröstet – einfach nur, um meine schlechten Gefühle loszuwerden. Mein Perfektionist sieht mich und die ganze Welt durch eine dunkle Brille an. Seine Haltung ist: *Irgend etwas stimmt irgendwo nicht, und es ist meine Aufgabe, es wieder geradezubiegen.* Wenn ich mit etwas Neuem beginne, sagt mein Perfektionist: *Es wird etwas schiefgehen.* Dabei gehört es zum Lernen dazu, daß man Fehler macht, aber mein Perfektionist erlaubt mir keine Fehler. Er denkt, daß ich schon wissen sollte, was ich tue.

Unser höheres Ich weiß um den Wert von Fehlern im Lernprozeß. Ein Lehrer von mir sagte einmal, als ich mich über einen Fehler, den ich gemacht hatte, ärgerte: »Um etwas zu meistern, muß man tausend Fehler machen. Du hast noch neunhundertneunundneunzig vor dir.« Gerade bevor er das sagte, hatte sich mein Perfektionist wieder zu Wort gemeldet: *Du Idiotin! Ich wußte, daß du es vermasseln würdest. Du hättest es besser wissen müssen.* Es liegt auf der Hand, welche Sichtweise ich bevorzuge, aber es ist schwer, die Stimme, die mich aufgrund eines Fehlers eine Idiotin nennt, richtig »einzuordnen«.

Die Weisheit meines Lehrers war mir eine große Hilfe. Er packte mich nicht in Watte, indem er mir sagte, daß ich keinen Fehler gemacht hatte. Wir wußten beide, daß dies der Fall war. Und doch wußte er, daß ich es nicht verdiente, dafür gelyncht zu werden. Ich wollte diese Weisheit in mir selbst finden, auf daß sie mir helfe, mit Herausforderungen fertig zu werden. Da mein Lehrer und viele andere mich unterstützten und ich mich entschloß, mich so anzunehmen, wie ich bin, fand ich in der Tat innere Weisheit. Und dann verlor ich sie wieder, fand sie wieder, verlor sie, fand sie wieder … und so ist der Lauf der Dinge.

»Ganz und gar nicht gewöhnlich!«

Eine gute Methode, dem Perfektionisten auf die Spur zu kommen, besteht darin, sich zu fragen, wie man sich dabei fühlt, menschlich und nicht übermenschlich zu sein. Erscheint Ihnen Menschlichkeit langweilig und gewöhnlich? Erscheint es wie ein schreckliches Schicksal, sich nur menschlich zu fühlen? Ich habe Menschen kennengelernt, die meinten, lieber Kriminelle sein zu wollen als »Herr oder Frau Müller von nebenan«.

Ich konnte es früher nicht ertragen, gewöhnlich zu sein. Ich wollte etwas Besonderes sein – nicht wie jeder andere. Und doch verbarg ich die Eigenschaften, die mich wirklich einzigartig machten. Ich hatte Angst davor, meine Einzigartigkeit zu zeigen, weil sie nicht gut angekommen war. Ich hatte Angst davor, mich zum Narren zu machen, sollte ich versuchen, eine besondere Seite von mir zu zeigen. Also ging ich auf Nummer sicher und blieb bei der Norm, bei dem, was als akzeptables Verhalten galt. Doch innerlich fühlte ich mich rastlos und leer.

Mein Perfektionist ist der Teil von mir, der befürchtet, nicht »speziell« zu sein. Auch heute noch sagt mir mein innerer Kritiker bei jeder Gelegenheit, die sich bietet: *Wenn du nicht lustig und brillant sein kannst, dann sei vernünftig und halte die Klappe!* Diese Art von Feedback ist wohl kaum förderlich, wenn es um entspannten Selbstausdruck geht!

Ein Meister der Verkleidung

Werfen wir einmal einen Blick auf die verschiedenen Verkleidungen, in denen der Perfektionist zu Werke gehen kann. Da es eine Vielfalt von Möglichkeiten dafür gibt, werden Sie sich in einigen wiedererkennen, aber nicht in allen. Nutzen Sie alle neuen Erkenntnisse, die Sie gewinnen, um mehr darüber herauszufinden, wie Ihr Perfektionismus Sie derzeit hemmt. Rufen Sie sich immer wieder ins Gedächtnis, daß Sie der Kutscher und nicht das Pferd sein werden, wenn Sie Ihrem Perfektionisten erst einmal die Zügel angelegt haben.

Keinesfalls sollten Sie vergessen, daß sich der Perfektionist oft als innere Führung verkleidet. Er wendet dazu viele Tricks an, mißbraucht unsere persönlichen Tugenden und sogar universelle Wahrheiten, um uns dazu zu bewegen, uns seinem Diktat zu unterwerfen. Warum? Weil er einfach zuviel Angst davor hat, das Leben so sein zu lassen, wie es ist. Im Folgenden finden Sie nur ein paar Beispiele für die möglichen Personifikationen des Perfektionisten.

Obsession

Wenn sich Perfektionismus als Obsession manifestiert, können wir von Gedanken geplagt werden, die sich uns immer wieder aufdrängen und uns nicht loslassen. Mitunter gehen die Zwangsvorstellungen mit zwanghaftem Verhalten bzw. dem unwiderstehlichen Drang, eine bestimmte Handlung auszuführen, einher. Dieses Gefühl von Dringlichkeit in Verbindung mit dem »Wettlauf der Gedanken« ist ein Erkennungszeichen des Perfektionisten.

Ich habe die innere Führung noch nie als herrisch erlebt. Ihre Quintessenz ist die Wahrheit, und sie muß uns weder zu etwas drängen noch überreden. In bin jedoch so viele Male von meinen Gedanken verfolgt und von dem Gefühl, etwas unbedingt tun zu müssen, zu Handlungen gezwungen worden, daß ich schließlich ein Muster in diesen Obsessionen erkannte: Bedürftigkeit in Verbindung mit Angst. Hinter einem Bedürfnis steht die Angst, daß ich nicht haben kann, was immer es ist, das ich brauche, weil es mir in der Vergangenheit auf irgendeine Weise versagt wurde. Das Bedürfnis selbst kann völlig legitim sein. Doch weil es blockiert wurde, habe ich das Gefühl, daß ich das Objekt meiner Begierde nicht bekommen werde, wenn ich nicht schleunigst darauf zueile und es ergreife.

Obsessionen können mit vielen Dingen zu tun haben, etwa mit Geld, Macht oder Liebe. Nehmen wir für unsere Zwecke Liebe als Beispiel: Mitunter verwechseln wir Obsession mit Liebe, und manchmal koexistiert sie mit Liebe, wenn wir Angst haben, daß die

Liebe nicht erwidert wird. In diesem Fall wird der natürliche Fluß der Liebe durch Verlustängste blockiert, und wir sind nur noch von einem Gedanken besessen: *Er/Sie könnte mich nicht lieben*. Manchmal wird das dringende Bedürfnis, sich die Liebe des Anderen zu sichern, durch Gedanken wie die folgenden verstärkt: *Ich muß die Liebe dieses Menschen gewinnen. Ohne sie bin ich wertlos. Ich werde nie wieder jemanden finden, der meine Liebe erwidert. Ich werde ohne sie sterben*. Diese Gedanken üben eine so große Macht auf uns aus, daß sie uns wie die absolute Wahrheit erscheinen. Doch gerade dadurch wird offenbar, daß sie nicht der Wahrheit entsprechen. Unser wahres Selbst verspürt keine »Dringlichkeit«, weil es sich weder fürchtet noch abhängig ist. Es ist der stille Weise in uns, der geduldig darauf wartet, von uns wahrgenommen zu werden ... am Ende der Achterbahnfahrt.

Die innere Führung offenbart sich uns auf ganz natürliche Weise, sofern wir offen für sie sind. Wir müssen dazu nichts tun, nicht einmal denken. Beim Denken gebrauchen wir unseren Verstand aktiv, um nach Lösungen zu suchen. Wenn wir unsere innere Führung nutzen, fragt und empfängt der Geist nur. Die Führung kommt aus dem Nichts, wenn wir um sie bitten. Bestimmte Geisteshaltungen erleichtern die Wahrnehmung der inneren Führung, während andere eine Kontrolle durch den Perfektionisten begünstigen. Wir müssen lernen, zwischen diesen verschiedenen Haltungen zu unterscheiden.

Meiner Klientin Carol riet eine innere Stimme, ihrem Freund, der ihr in letzter Zeit die kalte Schulter gezeigt hatte, einen Brief zu schreiben und ihm darin mitzuteilen, daß er sie nie wieder anrufen sollte. Sie wollte nicht, daß er dachte, sie brauche ihn. Sie wollte nicht, daß er schlecht von ihr dachte, und sie hatte vor, mit diesem Brief ihr Image aufzupolieren. Ihr Drang, seine Meinung über sie zu kontrollieren, war so stark, daß sie es nicht erwarten konnte, den Brief abzuschicken. Am nächsten Morgen empfand sie die ganze Geschichte jedoch ganz anders und rief ihn an, um ihm zu sagen, daß er den Brief nicht öffnen solle.

Mit einiger Übung erlangte Carol Selbsterkenntnis. Sie lernte, in Situationen wie der obigen zu unterscheiden, ob sie Botschaften von ihrem wahren Selbst vernimmt oder von Zwangsgedanken beherrscht wird. Ihr unwiderstehlicher Drang, ihren Freund vor vollendete Tatsachen zu stellen, hat ihr die Augen geöffnet. Sie weiß jetzt um ihren Perfektionismus, wenn es darum geht, ihr Gesicht zu wahren, und sie weiß auch, daß das Gefühl, mit etwas nicht warten zu können, nicht ihrem wahren Selbst entspricht.

Falls es Ihnen gelingt, Ihre Gedanken, Impulse oder starken Gefühle auszusitzen, anstatt sie sofort auszuleben, werden Sie auch herausfinden können, wo sie herkommen. Die Botschaften von unserem wahren Selbst können inspirierend, klärend oder zwischen diesen Kategorien angesiedelt sein. Was aber immer damit einhergeht, ist ein Gefühl von Richtigkeit und eines natürlichen Flusses.

Der Schwindler

Wenn der Perfektionist das Ruder übernimmt, nimmt er uns unseren Sinn für Humor und bringt unsere selbstgerechte Seite zum Vorschein. Das macht uns anfällig für den aalglatten Darsteller in unserer Psyche: den Schwindler.

Der Schwindler ist der Scharlatan, der uns das Gehirn vernebelt. Er ist derjenige, der uns zum Narren hält und uns ein X für ein U vormacht. Er schafft eine falsche Wahrheit und kann uns einige unserer peinlichsten Erlebnisse bescheren. Können Sie sich an Zeiten erinnern, in denen Sie sicher waren, daß Sie bei etwas absolut im Recht waren, nur um herauszufinden, daß Sie völlig daneben lagen? Dies ist ein sicheres Zeichen dafür, daß der Schwindler am Werk war! Der Schwindler ist die überzeugende Stimme, die uns ein sicheres Gefühl vermittelt, obwohl wir dabei sind, einen großen Fehler zu begehen. Und wenn uns dann tatsächlich ein Malheur passiert ist, schämen wir uns über alle Maßen, weil wir Fehler – anstatt sie als Teil des Lebens zu akzeptieren – als verboten ansehen. Dieses unmißverständliche Gefühl, im Recht zu sein, sollte uns soviel Anlaß zu Mißtrauen geben wie das unmißverständliche Gefühl, im Unrecht zu sein. Beide Überzeugungen sind Anzeichen dafür, daß der Perfektionist (in seiner Verkleidung als Schwindler) sein Unwesen treibt.

Drei Tage nach dem Zahltag faßte Lois den Mut, Robert, ihren Chef, nach ihrem Gehaltsscheck zu fragen. Robert sagte abwehrend: »Was wollen Sie denn? Sie haben Ihren Gehaltsscheck doch bekommen.« Lois spürte, wie die Angst in ihr hochkroch, als es darum ging, ihrem Chef zu widersprechen, aber sie überwand ihre Angst und sagte: »Nein, ich habe meinen Gehaltsscheck nicht bekommen.« Robert griff wütend nach seinem Scheckbuch, um Lois zu beweisen, daß er recht hatte und sie nicht, aber er konnte den Eintrag nicht finden, weil er vergessen hatte, den Scheck auszustellen. Es war ihm peinlich, und er war wütend auf sich, daß er einen Fehler begangen hatte. Weil sie ihn jedoch dabei ertappt hatte, bestrafte er sie für seinen Fehler, indem er ihr die kalte Schulter zeigte.

Wir können solchen Ereignissen die Schärfe nehmen, wenn wir Spielraum für Fehler lassen und uns und anderen Fehler vergeben. Dann können solche Vorfälle sogar für einen Lacherfolg sorgen.

Bis wir den Schwindler als unvermeidlichen Bestandteil des Lebens erkennen, werden die Fauxpas, die wir wegen ihm begehen, Scham und Verletzungen wie auch erhitzte Wortgefechte verursachen. Es ist unsere Aufgabe, jeden seiner Tricks zu entlarven, ohne darüber wütend zu sein, oder erst gar nicht darauf hereinzufallen. Wir müssen dem Schwindler mit Humor begegnen. Er lehrt uns, uns selbst nicht mehr so wichtig zu nehmen, indem er uns zum Narren macht, bis es uns nichts mehr ausmacht, ein Narr zu sein. Den Schwindler zu entlarven hilft, den Perfektionisten zu entlarven. Die Herausforderung besteht darin, leichten Herzens zu akzeptieren, daß wir uns selbst immer wieder austricksen, wenn wir es am wenigsten erwarten. Wir können dann darangehen, spielerisch ein Auge auf die Auftritte des Schwindlers zu haben.

Die Gabe des Schwindlers besteht darin, uns zu lehren, dem Perfektionisten auf die Schliche zu kommen, damit wir unseren Sinn für Humor wiederfinden können. Haben wir uns erst einmal mit dem Schwindler angefreundet, wissen wir, daß die Voraussetzung für inneres Wachstum ist, die Teile unseres Selbst zu akzeptieren, die wir für unzulänglich halten.

Ehrgeiz

Ehrgeiz ist laut Duden ein »starkes oder übertriebenes Streben nach Erfolg und Ehren«. Ehrgeiz ist ein natürlicher Bestandteil des Menschseins. Wenn es uns gelingt, unserem Ehrgeiz mit Bewußtheit und Vertrauen (in uns und das Leben) zu begegnen, spornt er uns dazu an, unsere Ziele zu erreichen. Mangelt es uns an Bewußtheit und Vertrauen, so führt uns unser Ehrgeiz in die Irre, indem er blinder Ehrgeiz wird. Wenn dies geschieht, hat der Perfektionist die Kontrolle übernommen. Er ignoriert alle Faktoren, die den Zielen, die wir uns gesetzt haben, entgegenstehen. Wenn er sich als blinder Ehrgeiz manifestiert, erkennt er nur die Faktoren an, die unseren Zielen direkt förderlich scheinen.

Der Perfektionist will die Dynamik von Veränderungen nicht akzeptieren. Echte Veränderungen vollziehen sich allmählich. Sie beginnen mit Erkenntnis und der Akzeptanz der Wirklichkeit und nicht mit einem Senkrechtstart. Für echte Veränderungen sind ständige Revisionen unserer Pläne notwendig. Der blinde Ehrgeiz des Perfektionisten ist so fixiert auf das Ziel, daß er alle vermeintlichen Hindernisse, etwa, mehr Zeit, Hilfe, Vorbereitung oder Kurskorrekturen zu brauchen, ablehnt.

Dorothys Eltern waren Holocaust-Überlebende. Sie waren eines Teils ihres Lebens beraubt worden, und viele ihrer Träume und Sehnsüchte waren für immer verloren. So war es eine natürliche Reaktion, daß sie diese Träume auf Dorothy und ihren Bruder übertrugen. Sie hatten Angst um ihre Tochter und ihren Sohn, weil sie die Gefahren des Lebens nur zu gut kannten. Mit den besten Absichten erzeugten sie in ihren Kindern unabsichtlich ein Gefühl von Angst.

Dorothy fühlte sich schuldig, weil sie ein anderes Leben wollte als das, was ihren Eltern vorschwebte. Der Ehrgeiz ihrer Eltern, was sie anbelangte, war so extrem, daß ihnen ihre wahre Natur entging. Als meine Klientin mußte Dorothy ihren Perfektionisten erkennen: die gute Tochter, die ihren Eltern eine weitere Enttäuschung zu ersparen hat. Sie mußte einen Mittelweg zwischen ihrer Loyalität ihr selbst gegenüber und ihrer Loyalität ihren Eltern und ihrer Herkunft gegenüber finden.

Idealismus

Idealismus ist insofern hilfreich, als er uns die Augen für die Vielfalt an Möglichkeiten öffnet. Er kann uns helfen, Brücken zwischen vielen verschiedenen Sichtweisen und sogar einander entgegengesetzten Kräften zu bauen. So können wir bei Blitz und Donner den Silberstreif am Horizont sehen und das Gute in etwas scheinbar Hinderlichem. Idealismus wird allerdings zum Problem, wenn wir den nackten Tatsachen nicht ins Auge blicken wollen. Wenn wir uns weigern, das Schlechte zu sehen, verleugnen wir die Wirklichkeit.

Kommt dieser Abwehrmechanismus zum Tragen, wird aus dem positiven Gefühl für das, was sein könnte, das Gefühl, daß unsere Welt auf eine bestimmte Weise sein »sollte«. In dieser Form ist Idealismus nur eine weitere Verkleidung des Perfektionisten – eine, in der er darauf beharrt, daß alles perfekt sei (oder perfekt sein sollte).

Beverly weigert sich, irgend etwas anderes als Güte und Licht zu sehen. Sie hatte eine Reihe von Beziehungen mit Männern, die sie mißhandelten, aber sie verschließt die Augen davor, weil sie ihre Welt und ihre Männer als gut sehen muß. Ihr ewiger Optimismus schützt sie vor der Enttäuschung und der Verzweiflung, der sie sich stellen müßte, wenn sie sich zu erkennen erlauben würde, daß sie ihr Leben lang eine Opferrolle gespielt hat. Beverly hat ihre spirituellen Überzeugungen nicht in ihr persönliches Leben integriert. Während sie darauf besteht, daß es keine Opfer gibt, erträgt sie, daß sie grün und blau geschlagen wird und Morddrohungen erhält. Ihr Idealismus sorgt dafür, daß sie in ihren Augen immer auf der Sonnenseite des Lebens steht, unabhängig davon, wie schlecht es ihr wirklich geht.

Claudia gibt im Unterschied zu Beverly zu, daß sie ein Opfer ist. Doch anstatt die Situationen und Beziehungen, die ihr schaden, hinter sich zu lassen, widmet sie ihren Idealismus der Rehabilitation ihrer Peiniger. Sie ist in der Vorstellung »Es sollte perfekt sein, und ich werde dafür sorgen, daß es das auch wird« gefangen. Ihr perfektionistischer Idealismus läßt sie an ihrer Überzeugung festhalten, daß sie andere dazu bringen kann, das Licht zu sehen.

Der Rebell

Wenn sich der Perfektionist als Rebell verkleidet, sind Machtkämpfe im Spiel. Der Rebell taucht im Alter von etwa zwei Jahren das erste Mal auf, und erlebt ein erstes befriedigendes Machtgefühl, wenn er »Nein!« sagt. Ein Kind muß die Erlaubnis bekommen, zu Autoritätspersonen nein sagen zu können, um seine eigene Persönlichkeit zu entwickeln. Wenn die Eltern so klug sind, diese kleinere Rebellion zuzulassen, läßt das Kind diese Phase bald hinter sich. Das nächste Mal macht sich der Rebell in der Pubertät bemerkbar, wenn der Teenager im Rahmen des natürlichen Entwicklungsprozesses sein Bedürfnis nach Autonomie und Einzigartigkeit auslebt.

Können die Eltern diese Rebellion als eine weitere notwendige Phase erkennen und sie auf angemessene Weise handhaben, stärkt der Rebell die Identität des Kindes, das dabei ist, erwachsen zu werden. Brechen die Eltern jedoch einen Machtkampf mit dem Rebell vom Zaun und versuchen, die Rebellion zu unterbinden, ermutigen sie ihr Kind unabsichtlich dazu, mit der Identität des Rebellen zu verschmelzen. Nachdem der junge Erwachsene das Elternhaus verlassen hat, wiederholt er den Machtkampf mit anderen Autoritätspersonen. Bis er seine Autonomie erlangt hat, ist er in Kämpfen und Abwehrreaktionen gefangen – selbst was seine eigenen Träume anbelangt.

Leslie war Malerin und hatte mit ihrer Mutter einen langen und erbitterten Kampf um ihre künstlerische Freiheit ausgefochten. Leslies Mutter fand ihre Bilder unanständig und versuchte, sie daran zu hindern, ihre Zeit damit zu vergeuden, die Leute zu schockieren. Als Leslie sich mit ihrer Arbeit einen Namen machte, wechselte ihre Mutter die Seite und begann, öffentliche Ehrungen mit stolzgeschwellter Brust und einer »Meine-Tochter-die-Künstlerin«-Haltung entgegenzunehmen. Das machte Leslies Rebell so wütend, daß sie, um es ihrer Mutter heimzuzahlen, all ihre Bilder zerstörte. Leslie war ein Rebell, der seine Wut gegen sich selbst richtete.

Der Rebell ist unser halbes Ticket in die Freiheit und ein notwendiger Teil unserer Psyche, doch er hat sich selbst nicht im Griff. Rebellion ist eine weitere Form von Perfektionismus, wenn der Rebell auf eine Handlung reagiert, die gegen den Perfektionisten gerichtet ist, und selbstzerstörerische Kräfte entwickelt. Der Rebell muß lernen, ja zum Leben zu sagen.

Verantwortung

Unser Verantwortungsgefühl spiegelt im Erwachsenenalter die Beziehung wider, die wir zu unseren Eltern hatten. Um einen Mittelweg zwischen den beiden Extremen hilflosen und perfektionistischen Verhaltens finden zu können, müssen wir Verantwortung abgeben, wo wir zuviel Verantwortung übernommen haben, damit wir da, wo wir nicht genug Verantwortung übernommen haben, mehr Verantwortung übernehmen können. Bis wir diesbezüglich ein Gleichgewicht herstellen, werden die Beziehungen, die wir als Erwachsene haben, wenig mehr als Echos von denen aus unserer Kindheit sein.

Susan ist darüber frustriert, daß ihr Mann Tim zum Kind wird, wenn sie ihn kritisiert. Ihr ist jedoch nicht klar, daß sie ihn mit Kommentaren wie »Ich muß alles selber machen, weil du nichts auf die Reihe kriegst« und »Du bist ja gar kein richtiger Mann« angreift und lächerlich macht. Tim kann keine weitere Kritik mehr ertragen. Aufgrund seines tiefsitzenden Gefühls, ein Versager zu sein, schafft er es nicht, seinen Teil der Verantwortung zu übernehmen. Susan projiziert ihren Perfektionismus als Selbstgerechtigkeit nach außen. Tims Perfektionismus richtet sich als Selbstverachtung nach innen. In ihrer Beziehung erleben sie ihre Kindheitserfahrungen wieder. Susans Mutter war in bestimmten Bereichen hilflos, so daß Susan eine perfektionistische Mutter wurde. Tim hatte eine perfektionistische Mutter, die ihm nie Selbstvertrauen einflößte, so daß er in bestimmten Bereichen ein hilfloses Kind blieb.

In Susans Unfähigkeit, zu akzeptieren, daß sie von Tim nicht alles bekommt, was sie braucht, spiegeln sich ihre Kindheitserfahrungen wider. Ihr inneres Kind schreit Zeter und Mordio, um sich bemerkbar zu machen, aber es ist Susan, die es nicht hören kann. Bestimmte eigene Bedürfnisse, die sie schon vor langer Zeit abgelehnt hat, sind immer noch vorhanden und warten darauf, daß sie die Verantwortung für sie übernimmt und sie befriedigt. Statt dessen kümmert sie sich, so wie sie es als Kind gelernt hat, um Tim und ist gleichzeitig sauer darüber. Auch Tim durchlebt seine Kindheit wieder – er versucht immer wieder, Susan, die seine Mutter verkörpert, zu gefallen.

Beide haben zuviel Verantwortung füreinander, aber zu wenig Verantwortung für sich selbst übernommen. Die Herausforderung besteht für die beiden nicht darin, sich oder den anderen zu ändern, sondern ihr gestörtes Verhältnis zur Selbstverantwortung zu erkennen und zu ändern. Solange sie die Vergangenheit nicht von der Gegenwart trennen und ihre Kindheitserfahrungen aus der Perspektive eines Erwachsenen sehen können, werden sie weiter daran glauben, daß es ihrer beider Aufgabe sei, an Tim herumzudoktern.

Schuld

Schuldgefühle resultieren aus Schwierigkeiten, die wir damit haben, uns um unsere eigenen Bedürfnisse zu kümmern – Verantwortung für uns selbst zu übernehmen und ja zu uns zu sagen. Der Perfektionist glaubt in seinem Wunsch, uns zu starken, guten Menschen zu machen, daß wir in unserem Bedürfnis, uns um unser Wohl zu kümmern, schwach und zügellos seien. Er glaubt weiterhin, dieses Bedürfnis sei kein zulässiger Grund dafür, zu jemand anderem nein zu sagen. Schuld ist in diesem Sinne ein Hinweis darauf, daß wir innerlich ein Gesetz formuliert haben, das besagt, es sei verboten, nein zu sagen.

Wenn Schuldbewußtsein dazu dient, eine fehlgeleitete Handlung zu verhindern oder zu korrigieren, ist es ein hilfreiches Signal. Doch der listige Perfektionist tut so, als sei er unser Schuldbewußtsein, um uns kontrollieren zu können. Er benutzt Schuld als elektrisch geladenen Zaun, um uns von der Freiheit der Wahl abzuschrecken.

Doris' Schwester Helen bat sie, ihr Geld zu leihen, das sie brauchte, um mit ihrem Mann eine neue Existenz zu gründen. Sie waren schon mit zwei Geschäften in Konkurs gegangen und hatten zwei Darlehen in den Sand gesetzt. Doris wollte ihr das Geld nicht geben, weil sie ziemlich sicher war, daß sie und ihr Mann das Geld verlieren würden, doch ihre Schuldgefühle erlaubten es ihr nicht, nein zu sagen. Sie lieh ihnen das Geld, grollte aber innerlich dabei und machte den beiden und anderen gegenüber bissige Bemerkungen darüber. Helen regte sich darüber auf, daß Doris ihren Schuldkomplex an ihr ausließ, und fühlte sich im Recht, als sie und ihr Mann ihr das Geld nicht wieder zurückzahlen konnten. Doris und Helen redeten fünf Jahre lang kein Wort mehr miteinander.

Indem sie sich dem Diktat ihrer »Schuld« unterwarf, handelte Doris gegen ihre innere Führung. Wäre Doris dazu in der Lage gewesen, ihren Schuldgefühlen zu widerstehen, hätte sie Helen vielleicht enttäuscht und in Wut versetzt, aber Doris hätte ihr Geld noch – und wahrscheinlich auch noch Kontakt zu ihrer Schwester. Es kostete sie mehr, ja zu sagen, als nein zu sagen. Der höchste Preis, den sie für die ganze Geschichte zahlen mußte, ist die Wut, die sie auf sich selbst hat, weil sie ihren eigenen Instinkten nicht traute. Dies ist der Perfektionist, der sie dafür bestraft, daß sie auf ihn gehört hat. Wenn wir uns von unseren Schuldgefühlen leiten lassen, haben wir nicht die Freiheit zu geben, weil wir nicht die Freiheit haben, nichts zu geben. Ein schuldmotiviertes Geschenk löst negative Reaktionen aus, etwa, daß sich der Schenkende beraubt fühlt oder dem Empfänger gegenüber einen Groll hegt und seinen Schuldkomplex auf ihn projiziert.

Wir können unsere Schuldgefühle nicht verdrängen, weil sie zu tief verwurzelt sind. Wir müssen lernen, mit unserer Schuld zu leben und die Stürme, die unser schlechtes Gewissen bei uns verursacht, zu durchschiffen, ohne ihm das Ruder zu überlassen. Anstatt aufgrund unserer Schuldgefühle zu handeln, müssen wir lernen, das Unbehagen, das sie in uns hervorrufen, lange genug zu ertragen, damit wir unser höheres Selbst bitten können, uns eine tiefergehende Botschaft zu vermitteln als den Wunsch, keine Schuld zu empfinden. Wenn wir auf die innere Führung hören, können wir der Selbstbezichtigung ein Ende machen, da wir eine weisere Sichtweise erlangen und dadurch eine andere Beziehung zu unserer Schuld bekommen.

Wenn wir uns weigern, uns von unseren Schuldgefühlen leiten zu lassen, ist zu erwarten, daß wir uns zunächst noch schuldiger fühlen. Uns wird vermutlich ganz flau im Magen, was bei allen Überschreitungen hinsichtlich der Gesetze des Perfektionisten der Fall sein kann. Doch selbst wenn wir uns wie ein Verbrecher fühlen, weil wir ein Gesetz des Perfektionisten gebrochen haben, ist dies ein Gesetz, das wir brechen müssen.

Damit Sie den Perfektionisten in seinen verschiedenen Verkleidungen kennenlernen können, erläutere ich in diesem Buch viele seiner ausgeklügelten Schachzüge – anhand meiner eigenen Geschichte und später anhand der Geschichten einiger meiner Klienten. Doch befassen wir uns zunächst mit den neun grundlegenden Perfektionismustypen, denen ich begegnet bin.

4
Neun Arten von Perfektionismus

Jede Form von Perfektionismus stellt einen Versuch dar, die Kontrolle zu behalten. Da verschiedene Arten von Verletzungen verschiedene Formen von Perfektionismus hervorrufen, ist bei jeder Form eine unterschiedliche Art von Kontrolle im Spiel. Und doch gründen alle Formen von Perfektionismus auf der Angst, die erlittene Verletzung wieder zu erleiden. Die Kontrolle ist ein Versuch, die gefürchtete Verletzung zu vermeiden. Und jeder Perfektionismustyp (jeder spezielle Bereich, in dem eine Verletzung erfolgt ist) ist von unserem Wesenskern, von der Wirklichkeit und von unserem Kontakt mit der Außenwelt abgeschnitten, solange er unsere Persönlichkeit in Schach hält.

Ich glaube, daß wir alle bis zu einem gewissen Grad mindestens unter drei der folgenden neun Arten von Perfektionismus* leiden, wobei ein Typ vorherrscht. Obwohl sie getrennt dargestellt sind, überlappen sie sich in Wirklichkeit gegenseitig und verschmelzen in der entsprechenden Persönlichkeit, wodurch bei jedem von uns eine einzigartige Form von Perfektionismus hervorgerufen wird.

Ich gehe bei den einzelnen Perfektionismustypen auch auf mögliche Ursprünge in der Kindheit ein – darauf, was in den ersten Lebensjahren in der Familie geschehen sein könnte – um Ihnen zu vermitteln, wie die verschiedenen Typen entstehen. Dabei muß angemerkt werden, daß Kinder großzuziehen keine leichte Aufgabe ist und daß es unmöglich ist, in der Elternrolle perfekt zu sein. Wir alle prägen unsere Kinder. Im Nachhinein würden viele von uns

---

* Die Autorin hat diese Perfektionismustypen von den Michael-Lehren gemäß der Darlegungen von Chelsea Quinn Yarbro und den Enneagramm-Persönlichkeitstypen abgeleitet.

einiges anders machen, doch nur der Perfektionist erwartet von uns, schon zu wissen, was wir noch nicht gelernt haben.

Arroganz: Die Angst davor, verletzlich zu sein

Mit der starken Überzeugung behaftet, daß er etwas verbergen muß, das mangelhaft oder sonstwie inakzeptabel ist, verbirgt der Arrogante seine Angst hinter einer Fassade von Unverletzlichkeit. Er versucht, sich zusammenzureißen und nie Schwäche zu zeigen – nicht einmal sich selbst gegenüber. Dieser Perfektionismustyp verwendet viel Energie darauf, in jeder Situation nach außen hin »den Schein zu wahren« und so zu tun, als hätte er große Selbstachtung.

Der Arrogante versucht, seine eingebildete Mangelhaftigkeit zu kompensieren, indem er dem Gefühl »Ich fürchte, mit mir stimmt etwas nicht« Verhaltensweisen entgegensetzt, die zum Ausdruck bringen sollen: »Ich bin besser, stärker, weiser, härter und klüger.« Aus Angst davor, sich eine Blöße zu geben, trägt er die Nase oben, und aus dem Bedürfnis heraus, akzeptiert werden, gibt er sich kühl und distanziert. Der arrogante Typ kann prahlerisch sein, um seine Unsicherheit zu verbergen, lautstark, um extreme Schüchternheit zu kaschieren, oder stolz, um andere nicht merken zu lassen, wie zart besaitet er ist.

Der arrogante Perfektionist findet oft Mittel und Wege, um zu demonstrieren, daß es bereits Perfektion gibt, und er ist sich womöglich überhaupt nicht darüber im Klaren, daß er kontraproduktiv handelt. Menschen, die in der Arroganzfalle stecken, können sich selbst für sicher und souverän halten. Sie können das Gefühl haben, es gäbe keine Beschränkungen für sie oder es sollte keine geben, und verhalten sich dementsprechend. Sie erklären die Tatsache, daß sie keine engen Beziehungen in ihrem Leben haben, oft damit, keinen Menschen finden zu können, der ihnen gut genug, stark genug, klug genug, liebevoll genug usw. wäre.

Arroganz ist meine primäre Form von Perfektionismus. Jene von uns, die mit Arroganz behaftet sind, wollen so gesehen und akzeptiert werden, wie sie sind, aber die arrogante Teilpersönlichkeit sorgt dafür, daß das nie passiert. Wir verpassen Gelegenheiten dafür, Vertrautheit zu entwickeln, weil andere Menschen auf unsere Fassade reagieren und nicht auf den wahren Menschen dahinter. Wir werden rabiat behandelt, weil der Arrogante in uns seine Verletzlichkeit nicht offenbart und statt dessen ein Pokerface macht. Mit unserer Arroganz, unserer abweisenden und unnahbaren Art, halten wir Menschen häufig von uns fern.

Wir schützen uns mit unserer Arroganz häufig davor, abgewiesen zu werden, indem wir uns zuerst abweisend verhalten oder zumindest Desinteresse vorschützen. Wir haben den heimlichen, romantischen Wunsch, daß jemand hinter unsere Maske schaue und es uns erspare, auf dem verhaßten Präsentierteller zu stehen. Das geschieht natürlich nicht, was die Einsamkeit und Deprivation, die die Aufrechterhaltung der Fassade mit sich bringt, noch verstärkt. Arroganz gründet auf der »Überzeugung«, daß die Person, die sich hinter ihr verbirgt, inakzeptabel sei – bis daraus eine sich selbst erfüllende Prophezeiung wird.

Ursprünge in der Kindheit

Als Kinder fühlen sich Menschen, die als Leitsymptom ihres Perfektionismus Arroganz entwickeln, oft fremd in ihrer Familie, Schule und Gemeinde. Sie bekommen nicht die Erlaubnis bzw. werden nicht dabei unterstützt, »anders« zu sein. Statt dessen haben sie ständig das Gefühl, ausgeliefert und verletzlich zu sein. Sie fühlen sich womöglich kritisiert oder angegriffen, und sie haben keine andere Möglichkeit, sich vor den Angriffen zu schützen, als so zu tun, als würde es ihnen nichts ausmachen. Sie haben Angst davor, daß sie, fühlten oder zeigten sie ihre echten Emotionen, von ihnen überwältigt würden oder man sie wieder einmal für sonderbar halten würde. In ihrem ausgeprägten Bedürfnis, sich zu schützen, bauen sie Mauern um sich herum auf und bilden eine maskenhafte Persona heraus, hinter der sie sich verschanzen.

Als ich in der High-School war, nannte mich eine Freundin, die durch meine Maske hindurchzusehen vermochte, süße Cindy. Ich zuckte jedesmal zusammen, wenn sie mich so nannte, und hätte ihr am liebsten den Mund zugehalten. Ich sah Niedlichkeit als Schwäche an. Ich wollte cool und stark sein – auf keinen Fall niedlich, weil ich dadurch Gefahr laufen würde, weitere Verletzungen zu erleiden.

Selbstverachtung: Die Angst davor, minderwertig zu sein

Der sich selbst verachtende Perfektionismustyp fürchtet sich vor Unzulänglichkeit. Er hat Angst davor, nicht gut genug zu sein und den Erwartungen, die an ihn gestellt werden, nicht gerecht werden zu können. Dieser Typ fällt von allen neun Typen am meisten durch Schüchternheit und geringes Selbstwertgefühl auf, obwohl er eigentlich nicht so schüchtern ist wie der arrogante Typ. Bei diesem Typ kommt es im Rahmen eines beständigen Strebens danach, gut genug zu sein, nicht nur von der äußeren Erscheinung, sondern auch von der Substanz her zu Perfektionismus. Er wird oft unterschätzt, weil er sich so deutlich unter Wert verkauft. Auf gebotene Gelegenheiten reagiert er mit: »Wer, ich?«

Menschen, die in der Selbstverachtungsfalle stecken, sind nicht in der Lage, ihre Tugenden wahrzunehmen. Sie bewundern positive Eigenschaften bei anderen Menschen, aber erkennen sie nicht bei sich selbst. Sie können auf ihre eigenen positiven Eigenschaften nicht stolz genug sein, als daß ihr Selbstwertgefühl dadurch gestärkt würde. Da der sich selbst verachtende Perfektionist sich unter seinem Wert verkauft, wird er tendenziell auch von anderen unterschätzt.

Bei Unstimmigkeiten gibt er schnell nach: »Du hast wahrscheinlich recht. Ich habe wahrscheinlich unrecht.« Er traut seinen eigenen Überzeugungen nicht. Perfektionisten, die sich selbst verachten, sehen oft so aus, als ob sie sich in ihrem Körper nicht wohl fühlen. Selbst die anmutigsten von ihnen gehen mit hängenden Schultern oder gesenktem Blick durch die Welt. Bei sozialen Veranstaltungen ziehen es diese Menschen vor, etwas »zu tun« zu haben. Sie bieten an, zu kochen oder nach der Party aufzuräumen. Der sich selbst verachtende Typ ist das Mauerblümchen, das sich danach sehnt, bemerkt zu werden. Und doch leidet er darunter, wenn er Aufmerksamkeit auf sich zieht. Besorgt darum, nicht aus der Rolle zu fallen, ist er das gute Mädchen oder der gute Junge.

Wenn ein sich selbst verachtender Perfektionist versucht, sein Selbstwertgefühl zu steigern, übernimmt er oft Eigenschaften des arroganten Typs. Und wenn ein arroganter Perfektionist versucht, seine Selbstinflation in den Griff zu bekommen, zeigt er oft Merkmale des sich selbst verachtenden Typs. Mit diesen Maßnahmen versuchen diese beiden Perfektionismustypen, sich in eine Form zu pressen, bis sie zu ihrem eigentlichen Wesen finden.

Perfektionisten, die sich selbst verachten, gehen oft vorschnell eine Beziehung ein, weil sie dankbar dafür sind, auserwählt worden zu sein, ohne zu hinterfragen, ob sie sich den Partner auch selbst ausgesucht hätten. Ihr offensichtliches Bedürfnis nach Anerkennung führt häufig dazu, daß andere Menschen sich über sie lustig machen oder sie nicht ernstnehmen.

Ursprünge in der Kindheit

Als Kindern wird sich selbst verachtenden Perfektionisten das Gefühl vermittelt, daß sie die Erwartungen, die an sie gestellt werden, nicht erfüllen können. Sie werden nicht ausreichend gespiegelt. Anstatt für eine Leistung gelobt zu werden, erleben sie, wie ihre Eltern mit dem Finger auf das zeigen, was sie nicht erreicht haben. Wenn sie eine Eins minus bekommen, hätte es eine Eins sein sollen. Wenn sie in die Schulmannschaft aufgenommen wurden, bekommen sie zu hören, daß sie kein Spiel gewonnen haben. Dies mag ein Versuch von Eltern sein, ihre Kinder zu motivieren, aber im Grunde demoralisieren sie sie damit.

Manchmal werden sie gelobt, aber nicht wegen der persönlichen Eigenschaften, die sie selbst an sich schätzen. Susan etwa wollte vielleicht von ihrem Vater für ihre Intelligenz gelobt werden, aber er sagte ihr nur, wie hübsch sie sei.

Image-Perfektionismus: Ein verzerrtes Selbstbild

Der Image-Perfektionist hat ein verzerrtes Selbstbild, was seinen Körper oder seine Person anbelangt. Es handelt sich um eine starke Form von Selbstverunglimpfung. Wie der sich selbst verachtende Perfektionist hat dieser Typ Angst davor, nicht gut genug zu sein, aber er geht anders damit um. Seine Kompensation für die Angst ist eine Fixierung darauf, den Schein zu wahren. Das Streben danach, den richtigen »Look« zu haben oder das Richtige zu tun, ersetzt die Substanz. Der Image-Perfektionist denkt: *Welchen Eindruck will ich machen? Wer sollte ich sein, um die anderen für mich zu gewinnen?* In seiner Persönlichkeit ist eine gewisse Hohlheit. Sein Verhalten erscheint ernsthaft, aber andere Menschen können ihn nicht »spüren«. Image-Perfektionisten werden oft als falsch oder oberflächlich angesehen.

Sie bilden sich ein, andere würden immer über sie nachdenken und das gleiche von ihnen denken, was sie von sich denken. Sie versuchen, an sich zu arbeiten, und reagieren dabei auf die echten oder eingebildeten Meinungen anderer. Doch in Wirklichkeit sind es ihre eigenen perfektionistischen Ansichten, die ihre Probleme verursachen. Wenn unser Perfektionist meint, wir seien inakzeptabel, denken wir, daß auch der Rest der Welt das glaubt.

Image-Perfektionisten können trotz eines fast perfekten Körpers die gleiche Unsicherheit und das gleiche Leid verspüren wie dicke Menschen. Sie sind auf ihr Körperbild fixiert und versuchen es mit Hilfe von Kleidung, Sport, allen möglichen Diäten, Schönheitsoperationen usw. zu korrigieren. Sie verwenden zuviel Zeit und Energie darauf, ihren Körper zu kontrollieren oder zu perfektionieren oder sich Gedanken darüber zu machen, wie sie ihren Körper kontrollieren und perfektionieren könnten.

Oft verachten sie ihren Körper, als könne er ihren Anforderungen nicht gerecht werden, und identifizieren sich zu sehr mit der körperlichen Form (*ich bin mein Körper*). Ganz gleich, ob sie dick oder dünn sind oder ob ihr Körper gute Proportionen hat, er ist nicht gut genug für die Image-Perfektionisten. Bei dieser Form von Perfektionismus entsteht eine falsche Identität, die unter dem Motto stehen könnte: *Wenn mein Körper nicht perfekt ist, dann bin ich nicht liebenswert*.

Viele Image-Perfektionisten haben ein verzerrtes Selbstbild, das sich zum Beispiel dadurch äußert, daß eine Magersüchtige in den Spiegel schaut und Fettpolster sieht, obwohl sie gefährlich untergewichtig ist. Und Eßsüchtige versuchen, ihre Sehnsüchte mit Nahrung zu befriedigen. Essen ist eine Ersatzbefriedigung für das, wonach sie sich wirklich sehnen: die Erfahrung, von ihrem Wesen genährt zu werden.

In unserer Gesellschaft wird uns ständig durch die Werbung suggeriert, ein perfekter Körper sei mit Erfolg gleichzusetzen. Die Werbung gaukelt dem Image-Perfektionisten vor, er befinde sich auf dem richtigen Weg. Seine zwanghafte Beschäftigung mit seinem Körper kann so groß sein, daß sie seine Fähigkeit dazu, wichtigere Ziele zu verfolgen, einschränkt. Menschen verpassen Gelegenheiten, weil sie denken: *Wenn ich abnehme / mir den Busen vergrößern lasse / meine Nase operieren lasse, werde ich glücklich, motiviert, anerkannt und erfolgreich sein*. Sie können die Möglichkeiten zur Selbstverwirklichung direkt vor der Nase haben, aber sie sehen sie nicht, weil sie darauf fixiert sind, zuerst an sich herumzudoktern.

Bei dieser Art von Perfektionismus gehen Selbsttäuschung, Selbstinflation (aufgeblähtes Selbstbild), Selbstdeflation (geschrumpftes Selbstbild) und übertriebene Selbstdarstellung Hand in Hand. Margaret Frings Keyes, Autorin des Buches *Enneagramm und Partnerschaft*, hat es gut formuliert: »Immer dann, wenn unser Selbstwertgefühl auf unserem Selbstbild beruht, sind wir versucht, es auf Kosten der Wahrheit zu schönen.« Es ist schwer, das Glaubenssystem von Image-Perfektionisten zu »durchbrechen«. Es sind wiederholte Anläufe notwendig, um einen tieferen Einblick in ihr wahres Selbst zu erhalten. Nur so können sie ihre Haltung verändern und eine dauerhafte Veränderung erzielen.

Ursprünge in der Kindheit

Kinder, die zu Image-Perfektionisten werden, erleben, daß sie nach ihrem Äußeren oder nach dem, was die Leute von ihnen denken könnten, beurteilt werden. Ihre Eltern stellen Image-Perfektionismus womöglich als ideales Verhalten dar. In einigen Fällen werden Kinder Zeugen davon, wie ein Elternteil gewohnheitsmäßig den anderen dafür kritisiert, daß er nicht gut genug aussieht. Sie bekommen die Botschaft vermittelt, sie seien liebenswert, sofern bzw. solange sie einen perfekten Körper oder ein perfektes Image haben – was für sie die Norm dafür wird, wie sie am meisten Liebe bekommen können. Manchmal fordern Eltern ihr Kind auf, Geheimnisse für sich zu behalten, um den Schein zu wahren. Ihre Botschaft lautet: Der Anschein ist wichtiger als die Wirklichkeit, und dein Aussehen ist wichtiger als deine Identität.

Starrsinnigkeit: Die Angst vor Veränderungen

Das Leben ist einer beständigen Wandlung unterworfen. So sehr wir uns auch anstrengen, wir können es nicht kontrollieren. Oft können wir die gewünschten Veränderungen nicht vornehmen und die unerwünschten nicht verhindern. Für den starrsinnigen Perfektionismustyp ist dies eine ständige Bedrohung. Er reagiert auf Herausforderungen mit willkürlichen und dogmatischen Glaubenssätzen, die ein Festhalten am gegenwärtigen Kurs rechtfertigen. Bei Menschen, die unter dieser Art von Perfektionismus leiden, wird die Fähigkeit zur Verwirklichung von Lebenszielen und die Fähigkeit, das Gesamtbild, den größeren Rahmen des Lebens, zu sehen, durch ein Festhalten an vertrauten Verhaltensmustern vermindert.

Der Starrsinnige meidet neue Situationen, vor denen er Angst hat, indem er mehr Mühe in das steckt, was er schon hat, was er sich in den Kopf gesetzt hat, was schon beschlossene Sache ist, was seinen Erwartungen entspricht usw. Er ist neuen Sichtweisen gegenüber nicht aufgeschlossen. Er weigert sich, geistig offen zu sein, weil Änderungen in seiner Denkweise zu weiteren beängstigenden Veränderungen führen könnten. Da er glaubt, daß Veränderungen und Flexibilität im Desaster enden, ist er womöglich stolz auf seine Beharrlichkeit, obwohl er in Wirklichkeit nur eigensinnig an dem Althergebrachten festhält.

Entwickeln sich die Dinge entgegen seinen Wünschen, Zielen oder Orientierungen, kann der Starrsinnige nicht »akzeptieren«, was passiert. Und doch leidet er unnötig, wenn er gegen den Strom des Lebens anschwimmt. Dieses Leiden könnte ein Hinweis darauf sein, daß es wichtig für ihn wäre, sein Leben zu überdenken und Kurskorrekturen vorzunehmen, aber der Starrsinnige kann viel Leidensdruck aushalten. In all den Jahren, in denen er sich vor der Bedrohung unkontrollierbarer Veränderungen geschützt hat, hat er ein dickes Fell bekommen.

Starrsinnigkeit manifestiert sich in dem Widerwillen, ein gesundes Risiko einzugehen, etwa, einen Job aufzugeben, der einen nicht weiterbringt, oder zum Arzt zu gehen, wenn man krank ist. Diese Haltung kann ein eingeschränktes Selbstwachstum zur Folge haben. Starrsinnige Perfektionisten lassen Menschen, die sich um sie sorgen, nicht an sich heran und verkriechen sich in ihrem Schneckenhaus. Unter Umständen versuchen andere Menschen mit allen Mitteln, an den Starrsinnigen heranzukommen. Doch sie stoßen beim Starrsinnigen auf Abwehr oder taube Ohren, was sie dazu veranlaßt, sich zurückzuziehen und sich letzten Endes von ihm zu distanzieren. Der starrsinnige Typ trägt Scheuklappen, um seine Aufmerksamkeit auf den von ihm gewählten Weg richten zu können und Störungen zu vermeiden. Er wehrt alle Informationen ab, die seinen Zielen widersprechen, und denkt: *Ich muß mir nur noch mehr Mühe geben und mit mehr Entschlossenheit herangehen, dann werde ich schon die gewünschten Ergebnisse erzielen.*

Ursprünge in der Kindheit

Als Kinder werden starrsinnige Perfektionismustypen nicht angemessen darauf vorbereitet, mit Veränderungen in ihrem Leben fertig zu werden, weil sie irgendwie in eine nicht vertraute und somit beängstigende Lage gebracht werden, ohne den nötigen Rückhalt zu haben. Nachdem eine Krise sie dazu gebracht hat, sich an das Vertraute zu klammern, um Sicherheit zu finden, kann es zu einem Machtkampf kommen, wenn ein Elternteil versucht, eine Veränderung zu erzwingen.

Märtyrertum: Die Angst davor, nichts wert zu sein

Der Märtyrer verbirgt seine Angst davor, nichts wert zu sein, indem er eine Situation schafft, in der er das Opfer sein kann. Er kann als aufopferungsvolle Mutter, als ewiger Freiwilliger oder als der Guru, der die Autonomie seiner Anhänger untergräbt, in Erscheinung treten. Er benutzt Selbstlosigkeit zur Steigerung seines Selbstwertgefühls und erlangt Selbstachtung, indem er sich aufopfert. Diese Form von Perfektionismus entsteht aus dem Bedürfnis heraus, Gutes zu tun oder gebraucht zu werden, um ein mangelndes Selbstwertgefühl auszugleichen.

Der Märtyrer baut seine Identität allein auf dem Gefühl auf, daß er für andere Menschen wichtig und unverzichtbar zu sein. Sein Glück hängt somit davon ab, wieviel Kontrolle, Anerkennung und Dankbarkeit er für all das, was er für andere tut, bekommt. Mit seinem Helfersyndrom versucht er, seine Sehnsucht nach Liebe zu befriedigen, die auf der Mißachtung seiner persönlichen Bedürfnisse gründet. Die Wahrheit – daß das wahre Selbst völlig vernachlässigt wird – entgeht ihm in dem zwanghaften Streben danach, etwas wert zu sein.

Der Märtyrer verausgabt sich, indem er sich für Projekte engagiert oder für andere Menschen einsetzt. Er hat den Eindruck, nie genug zu tun, selbst wenn er sich zu Tode schuftet – oder er richtet sich dabei, den Anschein zu erwecken, daß er sich zu Tode schufte,

zu Grunde. Nicht alle Märtyrer tun wirklich Gutes für andere. Oft zerbrechen sie sich auch nur unnötigerweise über alles mögliche den Kopf, sorgen sich in übertriebenem Maße um andere oder erteilen anderen ungebeten Ratschläge.
Um nicht in die Gefahr zu geraten, für ihr eigenes Leben Verantwortung übernehmen zu müssen, beschäftigen sich Märtyrer (zu)viel mit dem Leben von anderen. Sie widmen ihr Leben denen, die geringer sind als sie. Sie wissen nicht, wo ihre Grenzen sind, und denken: *Ich kann die Last der Welt auf meinen Schultern tragen*. Diese Personen ziehen Menschen, die Hilfe brauchen, magisch an, aber ihr Wunsch zu helfen entstammt nicht ihrem wahren Selbst, und deshalb können sie häufig nicht helfen.

Für Märtyrer sind Beziehungen zu anderen Menschen wie Projekte. Sie vermögen keine Beziehungen einzugehen, die auf Gegenseitigkeit beruhen, weil sie ihre eigenen Bedürfnisse nicht anerkennen können. Und doch vermitteln sie mit dem, was sie anderen Menschen geben, häufig unterschwellig die Botschaft: »Du schuldest mir etwas«. Das Ergebnis ist ein Teufelskreis: perfektionistisches Helfen, gefolgt von dem Gefühl von Deprivation, Ausgebranntsein, Verbitterung, Einsamkeit und häufig psychosomatischen Krankheiten.

Ursprünge in der Kindheit

Als Kindern wird Märtyrern das Gefühl vermittelt, daß sie nicht wirklich verdienen, was auch immer sie brauchen. Sie werden dazu aufgefordert, sich um die Bedürfnisse von Familienangehörigen, häufig ihrer Eltern, zu kümmern, und werden dann auf irgendeine Weise für die Opfer, die sie bringen, belohnt.

Wenn sie die Liebe, die sie brauchen, nicht dafür bekommen, der Mensch zu sein, der sie sind, geraten sie in Versuchung, sie sich zu erkaufen: *Liebst du mich nicht genug, um dich um mich zu kümmern, liebst du mich vielleicht mehr, wenn ich mich um dich kümmere*. Sie geraten in die Falle, in der sie etwas Spezielles tun oder sich etwas mehr verausgaben müssen, auf daß ihnen Liebe zuteil werde.

Oft sind die Eltern von Märtyrern selbst auch Märtyrer und fungieren als Rollenmodelle für »ideales Verhalten«. Vielleicht sind sie nicht in der Lage, ihre Elternrolle zu übernehmen, weil sie sich dabei verausgabt haben, andere Kinder großzuziehen. Einige Eltern wiederum benehmen sich selbst wie Kinder und verlangen von ihrem Kind, die Elternrolle zu spielen. Wie auch immer vermitteln sie ihren Kindern unbewußt ein übertriebenes Verantwortungsgefühl in Verbindung mit dem Gefühl, nichts wert zu sein, und das macht sie zu Märtyrern.

Ungeduld: Die Angst davor, etwas zu verpassen

Ungeduld entsteht aus der Angst heraus, daß man etwas Wichtiges verpassen könnte. Menschen, die unter dieser Form von Perfektionismus leiden, setzen alles daran, Enttäuschungen zu vermeiden. Sie erinnern sich an alle Enttäuschungen, die sie je erlebt haben, und versuchen, sich einen »Schutzschild« aus Tyrannei und Intoleranz zu bauen, um sicherzugehen, daß sie nie wieder enttäuscht werden.

Perfektionistische Ungeduld rührt von Verletzungen her, die mit Zeit zu tun haben. Der Ungeduldige muß verlorene Zeit und erlittene Enttäuschungen wiedergutmachen. Er setzt sich selbst unter Druck, beeilt sich, will unbedingt ein ersehntes Ziel erreichen, wodurch ihm in der Tat etwas Wichtiges entgeht: das Leben im Augenblick. Was wiederum zu weiteren Enttäuschungen führt. Durch diese Fixierung auf das Zukünftige ist der Ungeduldige in einem Teufelskreis gefangen, in dem sich übereiltes Handeln und Enttäuschungen abwechseln, so daß er ständig den Wert des Hier und Jetzt übersieht.

Der Ungeduldige lebt in der Zukunft, bedauert die Vergangenheit und verpaßt die Gegenwart – oder »erstickt« sie, weil er sie zu sehr mit zu erledigenden Dingen vollpackt. Er trifft all seine Entscheidungen aus dem Augenblick heraus, auch die Entscheidung, keine Zeit dafür zu haben, sich eingehender mit etwas zu befassen. Wenn genug von diesen spontan getroffenen Entscheidungen zusammenkommen, führt das zu einer nahezu unüberbrückbaren Diskrepanz zwischen seinem Selbstkonzept und seinem Verhalten: *Ich habe so große Pläne. Ich weiß nicht, warum ich sie nicht in die Tat umsetzen kann.* Der Ungeduldige muß erkennen, daß die Entscheidungen, die er trifft, und seine Handlungen ihn nicht näher an seine Ziele heranbringen.

Manchmal hat der Ungeduldige Schwierigkeiten, mit etwas anzufangen, weil ihm der Anfang wie ein Rückschritt erscheint. Er gibt sich selbst die Schuld dafür und sagt: *Ich sollte weiter sein als ich es bin, also darf ich das Tempo nicht drosseln. Ich muß mehr Gas geben.* Der Ungeduldige hat das Gefühl, nicht den ersten Schritt tun zu können, und hat womöglich auch Schwierigkeiten, ein laufendes Projekt abzuschließen, weil er denkt, daß er eigentlich schon längst damit fertig sein müßte. Er hat keine Zeit, das Projekt abzuschließen, weil er weitereilen muß. Es widerstrebt ihm häufig, Verpflichtungen einzugehen, weil ihm ja auch etwas Besseres unterkommen könnte und er sich alle Möglichkeiten offenhalten will.

Menschen, die mit Ungeduld zu kämpfen haben, raucht oft der Kopf. Die Gedanken kreisen bei ihnen oft so schnell im Kopf, daß sie sie nicht fassen können, um sich adäquat auszudrücken. Sie sprechen womöglich sehr schnell, oder aber sie verwenden eine Art von Telegrammstil, wobei sie keine vollständigen Sätze bilden oder Gedanken nicht zu Ende führen. Sie sind häufig wütend und frustriert, wenn sie nicht schnell genug verstanden werden. Mitunter nimmt ihre Aufmerksamkeit schnell ab, weil sie nicht voll bei der Sache sind. Ihre Gedanken wandern zu dem weiter, was sie zu verpassen meinen.

Ungeduldige unterbrechen andere Menschen manchmal und beenden ihre Sätze für sie. Ein früherer Chef von mir war so ungeduldig, daß ich meine Fähigkeit, mich kurz und knapp auszudrücken, vervollkommnete. In Gesprächen mit ihm versuchte ich, mit wenigen Worten soviel wie möglich zu sagen, weil ich wußte, daß ich andernfalls seine Aufmerksamkeit verlieren würde.

Wir erinnern uns: Perfektionismus entsteht in bestimmten Bereichen, in denen wir Verletzungen erlitten haben. Joe leidet unter

Ungeduld-Perfektionismus, und doch hat er eine unendliche Geduld, wenn er mit unbelebten Objekten, etwa mit Puzzles, Computern und Maschinen zu tun hat. Seine Ungeduld macht sich beim Kontakt mit anderen Menschen bemerkbar, wenn er das angestrebte Ziel nicht innerhalb der Zeitspanne, die er sich gesetzt hat, erreicht.

Ursprünge in der Kindheit

In ihrer Kindheit wird den Ungeduldigen von ihren Bezugspersonen nicht genug Zeit gewährt. Sie dürfen sich womöglich nicht in ihrem eigenen Tempo ausdrücken, oder aber ihre Beteiligung an Ereignissen oder Familiendiskussionen wird auf irgendeine Weise eingeschränkt. Vielleicht haben die Eltern zu viele Kinder, oder sie haben andere Prioritäten.

Eventuell erfüllen die Eltern die Wünsche ihrer Kinder zu schnell, anstatt ihnen den Unterschied zwischen ihren Wünschen und ihren Bedürfnissen klarzumachen. Oder die Eltern erwecken aufgrund ihrer eigenen Ungeduld bei ihren Kindern den Eindruck, diese müßten so knapp wie möglich formulieren oder so schnell wie möglich Neues erlernen.

Selbstgerechtigkeit: Die Angst davor, etwas falsch zu machen

Getrieben von der Angst, etwas falsch zu machen, strebt der Selbstgerechte danach, alles richtig zu machen, über jeden Vorwurf erhaben und perfekt zu sein und in einer perfekten Welt zu leben. Er sieht das Leben in Schwarz und Weiß ohne Grautöne dazwischen. Kann der Selbstgerechte die inneren Makel, die er wahrnimmt, nicht beheben, so projiziert er sie auf die Außenwelt. Der in Selbstgerechtigkeit befangene Mensch wird ein selbsternannter Reformator mit der Mission, das Böse zum Guten zu wenden. Je mehr er sich anstrengt, das Verhalten anderer Menschen zu kontrollieren, desto mehr verliert er die Kontrolle über persönliche Widersprüche:

Wenn ich mich selbst nicht verbessern kann, verdoppele ich eben meine Bemühungen, dich zu verbessern.

Der Selbstgerechte gelangt in einen Teufelskreis, in dem Entscheidungsfähigkeit und zielgerichtetes Handeln aufgrund einer morbiden Angst vor eigenen Fehlern durch ständiges »Taxieren« und Dirigieren ersetzt werden. Er sieht Fehler als Sünden an, die eine harte Bestrafung verdienen. Sein Geheimplan lautet: *Ich werde mich besser fühlen, wenn ich dein Verhalten und deine Entscheidungen kritisiere und nicht meine eigenen Fehler.*

Da Fehler Sünden sind, ist der Selbstgerechte möglicherweise auf Ordnung fixiert, was kreative Prozesse im Leben und Freude in menschlichen Beziehungen erstickt. Manche haben einen Horror vor Unordnung oder offengelassenen Situationen. Der Selbstgerechte schenkt den Handlungen von anderen Menschen zuviel Aufmerksamkeit. Er ist intolerant gegenüber Menschen, die sich nicht seinen Regeln entsprechend verhalten.

Wie auch bei anderen Arten von Perfektionismus sind nicht bei jedem Menschen, der in Selbstgerechtigkeit gefangen ist, alle hier beschriebenen Merkmale zu beobachten. Perfektionismus tritt in bestimmten Bereichen zu Tage, in denen Verletzungen vorliegen. Unter Umständen kann ein Selbstgerechter in einem Haus voller Unordnung leben, aber kein Pardon mit einer Person kennen, die seinen Telefonanruf nicht erwidert – wohlgemerkt nicht, weil er sich persönlich angegriffen fühlt, sondern weil ein solches Verhalten in seinen Augen nicht korrekt ist.

Der Selbstgerechte erhebt Ordnung zu einer hohen Tugend, weil man dafür etwas tun muß. Das nimmt ihm etwas von seiner Ängstlichkeit, weil es ihm das Gefühl vermittelt, daß Dinge erledigt werden. Überdies verspricht die Aufrechterhaltung von Ordnung ein perfektes Ergebnis und ermöglicht es ihm, zielgerichtetere Handlungen, bei denen er einen Fehler machen könnte, zu meiden. Leider geht sein Ordnungswahn mit einem verminderten Interesse an neuartigen Lernerfahrungen einher.

Der Selbstgerechte schäumt vor Mißbilligung über, weil das Leben nicht so ist, wie es sein sollte. Wenn diese Form von Perfektionismus stark ausgeprägt ist, hat der Betreffende einen strengen, ernsten Gesichtsausdruck und blickt tadelnd drein. Menschen in Gegenwart eines Selbstgerechten fühlen sich von ihm eingeschüchtert und als unzulänglich abgestempelt. Sie reagieren womöglich mit Unsicherheit oder rebellieren und weigern sich, die Regeln, die der Selbstgerechte für sie aufstellt, zu befolgen. Die unerträgliche Schwere des Seins lastet dem Selbstgerechten auf den Schultern. Sogar wenn das Leben leichter für ihn wird und er bestimmte Ziele erreicht, verschafft ihm das wenig Befriedigung. Anstatt sich über seine Erfolge zu freuen, schraubt er seine Ansprüche mit entsprechenden neuen Zielen höher, um die Meßlatte gerade wieder so hoch anzulegen, daß er sie nicht erreichen kann.

Erfüllung zu finden ist für den Selbstgerechten eine Bedrohung, weil Wut und Unzufriedenheit die Kräfte sind, die ihn auf Trab halten. Dies ist eine Abhängigkeit, aus der er sich aus Angst, seine einzige Motivation zur Perfektion zu verlieren, nicht befreien kann. Wenn der Selbstgerechte entdeckt, daß Perfektion schon existiert – im menschlichen, und nicht im übermenschlichen Sinne –, erlebt er einen Verlust von Sinn und Aufgabe in seinem Leben. Doch genau über diese Schwelle muß der Selbstgerechte gehen, will er aus seiner bitteren, zynischen Einsamkeit ausbrechen.

Ursprünge in der Kindheit

Als Kinder sind Selbstgerechte frühreif und haben eine strenge innere Stimme, die Autorität vermittelt. Sie identifizieren sich entweder mit einem selbstgerechten Elternteil und gehen eine symbiotische Beziehung mit ihm ein, oder sie meinen, selbst die Elternrolle übernehmen zu müssen, um einen Mangel bei ihrer Erziehung auszugleichen. Sie leben in einer Umgebung, in der der Finger auf jede Wunde gelegt wird. Statt gegenseitiger Akzeptanz und Respekt gibt es Schuldzuweisungen und Kritik. Letzten Endes überdeckt ihre Wut ihr wahres, inneres Wesen und wird die motivierende Kraft, die sie dazu zwingt, das, was nicht stimmt, geradezubiegen und die Perfektion zu schaffen, die sie suchen.

Gier-Neid: Die Angst davor, nicht genug zu bekommen

Gier-Neid entspringt der Angst, daß es einem an allem mangelt, was man braucht. Menschen, die unter dieser Form von Perfektionismus leiden, empfinden ein ständiges Verlangen, weil sie, selbst wenn ihre Bedürfnisse befriedigt werden, jederzeit befürchten, alles zu verlieren. Gier-Neid wird von Erinnerungen an frühere Verluste und der Angst vor einem weiteren Verlust geschürt. Der Gier-Neid-Perfektionist glaubt, daß viele seiner dringlichsten Bedürfnisse von anderen befriedigt werden müssen.

Ein Gier-Neid-Perfektionist wirkt auf andere Menschen wie ein bodenloses Faß und überfordert sie oft mit seiner Intensität. Die Perfektionisten, die nur unter Gier leiden, sind viel kühler und distanzierter als die Gier-Neid-Perfektionisten, wodurch sie auf andere Menschen unnahbar und gleichgültig wirken, während die Gier-Neid-Perfektionisten hoffnungsvoller sind. Beide Perfektionismustypen haben ständig das Gefühl, nicht genug zu bekommen. Jeder Typ wählt einen anderen Weg, um diesem Gefühl Herr zu werden, aber keiner von beiden setzt sich mit der Angst auseinander, die dem Gefühl zugrunde liegt. Sie glauben an einen Mangelzustand und verhalten sich dementsprechend.

Der Gier-Typ muß erkennen, daß er die Schotten dicht gemacht hat und Befriedigung gar nicht mehr möglich ist. Der Gier-Neid-Typ muß sich dagegen mit seinem Gefühl von Leere und Mißtrauen, das seine Fähigkeit, Erfüllung zu finden, einschränkt, auseinandersetzen. Wenn die gewünschte Liebe, Wahrheit, Energie oder Ressource sich darbietet, übersieht der Gier-Typ die Gelegenheit einfach und empfindet sie stattdessen als eine Last. Dem Gier-Neid-Typ kommt dieselbe Gelegenheit dagegen wie ein Tropfen auf dem heißen Stein vor. Beide Typen haben eine falsche Wirklichkeit zu ihrer Wirklichkeit gemacht, und keiner von beiden erkennt die Möglichkeiten, die immer noch vorhanden sind.

Bei Gier ohne Neid besteht die Überzeugung, daß das, was man braucht, nicht einmal existiert, wodurch sich die Gier von dem

Wunsch, das Bedürfnis zu befriedigen, »abkapselt«. Der Gier-Typ zieht sich in sein Schneckenhaus zurück und nimmt nicht mehr an der Welt anteil. Er ist geizig und kleinlich, will das Wenige bewahren, das ihm noch geblieben ist, und hat kein Vertrauen darin, daß er mehr bekommen wird.

Beim Gier-Neid-Typ hat eine bestimmte Verletzung nagende Zweifel in bezug auf ein Bedürfnis hervorgerufen: *Ich werde nicht genug Wahrheit, Wissen, Liebe, Erfolg, Freiheit, Sicherheit, Energie, Zeit bekommen*. Obwohl diese Problematik auch mit Zeit zu tun hat, unterscheidet sie sich von der des Ungeduldigen. Der Gierige will Zeit horten, während der Ungeduldige ein solches Horten schlichtweg als Zeitverschwendung ansieht.

Wenn Gier mit Neid verbunden ist, entsteht von Konkurrenzdenken geprägte Gier, was dazu führt, daß Menschen aggressiv nach allem greifen, was sie zu brauchen meinen. Der Gier-Neid-Typ sieht die Welt durch eine »Habenichts«-Brille. Er steht draußen in der Kälte, drückt sich die Nase am Schaufenster platt und schubst und drängelt, um in das Schlaraffenland mit all den Herrlichkeiten hineinzukommen und mehr zu kriegen. Der Gier-Neid-Typ kann es nicht lassen, unabläßlich herumzustochern, zu planen, Besitz zu ergattern, zu konsumieren und Fragen zu stellen, und das mit einer Intensität, die ausreicht, um sich genau das, was er braucht, zu verscherzen.

Der Wissenschaftler (Wissens-Gier-Neid) erkennt nicht, wann die Recherchen abgeschlossen sind. Er kann nicht aufhören, Daten zu sammeln und also auch sein Buch nicht abschließen. Der Ehemann (Liebes-Gier-Neid) hat Angst, daß seine Frau ihm nicht treu bleibt, und nervt sie mit Zweifeln und Fragen, bis er sie in die Flucht jagt. Der olympische Sportler (Sieges-Gier-Neid), der nicht fähig ist, darauf zu vertrauen, daß ehrliches Bemühen zum Erfolg führt, sabotiert andere Wettbewerbsteilnehmer und zerstört dadurch seine eigene Karriere.

Ursprünge in der Kindheit

Als Kinder fühlen sich Gier-Neid-Typen persönlichen Kontakts oder der Art von Liebe und Aufmerksamkeit, derer sie bedürfen, beraubt. In einem Versuch, die Leere auszufüllen, lernen sie, das, was ihnen fehlt, durch Ersatzbefriedigung zu kompensieren.

Der auf Wahrheit fixierte Gier-Neid-Typ ist mein sekundärer Perfektionismustyp. Ich schwanke zwischen Gier-Neid und nur Neid. Neid entstand bei mir, als ich zusah, wie mein jüngerer Bruder die Liebe bekam, die mir verwehrt blieb. Die Gier-Neid-Kombination entwickelte ich aus dem Bedürfnis heraus, die Echtheit meiner Wahrnehmungen zu bestätigen, da mir ständig gesagt wurde, es handle sich nur um Träume, Lügen oder Phantasievorstellungen. Ich mußte mich mit Hilfe der Meinung anderer einer Sache vergewissern, ehe ich mir selbst glauben konnte. Und so ging ich daran, anderen zu beweisen, daß ich die Wahrheit sprach, um für mein erschüttertes Selbstvertrauen zu kompensieren.

Selbstzerstörung: Die Angst davor, die Kontrolle zu verlieren

Der Selbstzerstörerische fürchtet sich davor, die Kontrolle zu verlieren und damit einen Zusammenbruch zu provozieren. In dem Versuch, einen größeren Schaden, vor dem er Angst hat, zu verhindern, fügt er sich selbst Schaden zu. Sein fehlgeleiteter Überlebensmechanismus verselbstständigt sich bei seinem Bemühen, den drohenden Zusammenbruch zu verhindern. Der Selbstzerstörerische mißachtet hierbei seine eigenen Bedürfnisse – oft bis zu dem Punkt, an dem er sein Leben gefährdet.

Menschen mit Eßstörungen leiden unter dieser Form von Perfektionismus. Anorexie (Magersucht) und Bulimie (Eß-Brech-Sucht) sind extreme Versuche, die Kontrolle zu behalten. Beide Formen von Eßstörungen können einen Krankenhausaufenthalt erforderlich machen und sogar tödlich sein. Die Mittel, zu denen ein Selbstzerstörerischer greifen kann, sind Koffein oder Amphetamine, um wach zu bleiben, Alkohol, um sich zu entspannen, und Schlafmittel, um schlafen zu können – alles Mittel, die kurzfristig Linderung verschaffen, aber auf Dauer schädlich sind.

Der Selbstzerstörerische fürchtet ständig, es könnte Schlimmes passieren, wenn er die Kontrolle aufgibt. Es ist jedoch die Weigerung, die Zügel zu lockern, die dazu führt, daß schlimme Dinge passieren. Künstler, die befürchten, ihnen könnte ihre Kreativität verlorengehen, bringen sich zum Beispiel bei ihrer Arbeit bis an den Rand der Erschöpfung: *Wenn ich aufhöre, verliere ich vielleicht meine Muse und kann nie wieder etwas Kreatives schaffen.* Sie mißachten die Signale ihres Körpers, der ihnen sagt, daß sie Ruhe brauchen oder etwas essen sollten, oder sie sehen in diesen Signalen die Aufforderung, sich aufzuputschen, damit sie weitermachen können. Unfähig, darauf zu vertrauen, daß das Leben im Zyklus von Ebbe und Flut verläuft, finden Sie Mittel und Wege, um die Tiefpunkte zu überwinden und die Kontrolle über ihre Kunst zu behalten. Dies kann unter dem Deckmantel des tugendhaften Anspruchs »für die Kunst sterben« zu Selbstzerstörung führen. Selbstzerstörerisch veranlagte Menschen laufen Gefahr, sich in dem Versuch, sich in eine bessere, idealisierte Form zu pressen, zu vernichten.

Ursprünge in der Kindheit

In ihrer Kindheit erleben Menschen, die selbstzerstörerische Verhaltensmuster entwickeln, möglicherweise ein spezielles Trauma, etwa eine lange Krankheit oder eine schwere körperliche oder seelische Verletzung, die den Eindruck bei ihnen hinterläßt, keine Kontrolle über sich zu haben. Vielleicht werden sie auch mißbraucht oder vernachlässigt, was ihnen das Gefühl vermittelt, daß sie zerstört werden und keine Möglichkeit haben, sich zu retten.

Um dieses Gefühl einer drohenden Krise kompensieren zu können, lernen sie, mit Hilfe bestimmter Methoden ein Gefühl von Kontrolle zu simulieren. Diese Form von Kontrolle hat jedoch erst recht die zerstörerische Wirkung, die sie vermeiden wollen. Wenn sich die Eltern auch selbstzerstörerisch verhalten, lernen die Kinder nie, sich um ihr Wohl zu kümmern. Sie verdrängen beim Erwachsenwerden, welche Folgen ihre Form von Kontrolle haben kann. Rauchen etwa kann bekanntlich Krebs verursachen, aber der Selbstzerstörerische sagt: *Mir passiert das nicht.*

Selbstzerstörung ist die dritte Form von Perfektionismus, die ich aufgrund meiner speziellen Verletzungen entwickelt habe. Die drei Perfektionismustypen ergänzen sich. Der Arrogante in mir mit seinem aufgeblähten Selbstbild sagt: *Ich bin stark. Für mich gibt es keine Grenzen.* Der Arrogante mit dem geschrumpften Selbstbild meint dagegen: *Ich bin unzulänglich und muß mich mehr anstrengen.* Der Gier-Neid-Typ sagt: *Ich muß »die Wahrheit« wissen, so wie andere auch*, und mein selbstzerstörerischer Typ fügt hinzu, … *damit ich den Zusammenbruch verhindern kann, der sicher bevorsteht.* Da sich meine Perfektionismustypen in dieser Form summieren, bin ich jedoch in Wirklichkeit verletzlich, ich vertraue nicht auf das, was ich als wahr erlebe, und ich verausgabe mich – manchmal so lange, bis ich zusammenbreche.

Um die Kontrolle über mich zu behalten und die Anforderungen meines Perfektionisten erfüllen zu können, habe ich meine Bedürfnisse mißachtet und mich überarbeitet, bis ich am chronischen Erschöpfungssyndrom erkrankte. Dies ist eine chronische grippeartige Erkrankung, die gewöhnlich durch eine Art von Trauma ausgelöst wird. Ist man einmal am chronischen Erschöpfungssyndrom erkrankt, flammt es wieder auf, wann immer man aus dem Gleichgewicht gerät. Voraussetzung für eine Heilung sind Akzeptanz, Geduld, Flexibilität und Selbstverantwortung und Fürsorge.

Diese Erkrankung, die ich infolge meines Perfektionismus bekam, hat mich wiederholt in die Knie gezwungen. Dennoch betrachte ich sie nicht nur als Fluch, sondern auch als Segen. Denn sie hat mir die Augen geöffnet und einen tieferen Einblick in mein Wesen vermittelt.

5
Mein Leben als gutes Mädchen, böses Mädchen

Ich habe nie ein Foto von meinen Großeltern gesehen, und als Kind kannte ich ihre Namen nicht. Meine Mutter Ruth war das ungewollte Kind zweier Alkoholiker. Sie stellten ihr Kinderbett in den begehbaren Kleiderschrank, wo sie unter den auf der Kleiderstange hängenden Kleidern schlafen mußte. Die Lieblingsmethode ihres Vaters, sie zu bestrafen, bestand darin, sie an den Füßen kopfüber aus dem Fenster ihrer Wohnung im zweiten Stock zu hängen. Während er sie über der darunter liegenden Straße baumeln ließ und drohte, sie fallenzulassen, lachte er über ihre Angst. Sie und ihre Mutter lebten in ständiger Angst vor seiner Verachtung und Gewalttätigkeit und kuschten schweigend, wenn er zu Hause war. Ihre Mutter starb im Alter von 42 Jahren im Delirium tremens. Meine Mutter hat mir nie erzählt, wie sie ihren Tod verarbeitet hat, und schwieg sich auch sonst über meine Großmutter aus.

Als meine Mutter zum ersten Mal wagte, meinem Vater Kontra zu geben, lief sie danach von zu Hause weg, aus Angst davor, daß er sie töten würde. Er hatte ihr befohlen, noch einmal zum Supermarkt zu gehen, um etwas zu holen, was er vergessen hatte, auf die Einkaufsliste zu setzen. Sie verbeugte sich und sagte: »Ja, Gott.« Er kam auf sie zu und fragte: »Was hast du gesagt?« Sie wiederholte: »Ja, Gott ... hol dich der Teufel!« und rannte ins Badezimmer, wo sie aus dem Fenster kletterte, auf dem Sims entlangbalancierte und durch die Wohnung nebenan flüchtete. Sie war 16 Jahre alt.

Mom durfte nie Kind sein und fühlte sich keinen Augenblick lang sicher. In den nächsten zehn Jahren mußte sie ganz allein für sich sorgen und arbeitete abends in Theatern, um tagsüber zur Schule gehen zu können. Sie nähte sich ihre Kleider selbst. Während des Zweiten Weltkriegs arbeitete sie in den Werften.

Eine schwarze Wolke

Das Leben war für meine Mutter immer ein Überlebenskampf. Sie hoffte, daß sich durch die Heirat mit meinem Vater etwas ändern würde. Er war ein Charmeur, und sie hatten viel Spaß bei ihren Tanzabenden, die sie in Nachtclubs verbrachten. Es schien eine Zeit lang so, als ob das Leben leichter für sie werden würde. Doch schon nach kurzer Zeit wurde meine Mutter schwanger mit mir, und eine schwarze Wolke begann die Ehe meiner Eltern zu überschatten. Wie meine Mutter mir später erzählte, bedeutete meine Geburt einen Bruch in ihrem Leben.

Mein Vater traf sich auch noch mit anderen Frauen, und nachdem ich geboren worden war – meine Mutter war zu diesem Zeitpunkt 26 – blieb er öfter die ganze Nacht lang weg; seine Freundinnen riefen zu Hause an. Mom regte sich fürchterlich auf, wenn die anderen Frauen sie behandelten, als sei sie Dads Sekretärin, anstatt aufzulegen. Sie war mit ihren Nerven am Ende und konnte nichts mehr essen. Auf einem Foto, auf dem sie mich kurz nach meiner Geburt in den Armen hält, hat sie nichts mehr von der Lebendigkeit, die auf früheren Aufnahmen zu erkennen ist. Ihre Hände sehen knochig aus, und ihr Blick wirkt abwesend und leer.

Die Geschichten, die meine Mutter über meine Geburt erzählte, hatten nichts mit mir zu tun. Kein Wort über die Freude, die ein Neuankömmling in der Familie normalerweise hervorruft. Meine Geburt war ein Alptraum für sie, obwohl die Wehen problemlos einsetzten: Ich kam so schnell, daß ich beinahe im Fahrstuhl geboren wurde. Ich war zuviel für sie, ich kam zu bald. Sie wehrte sich gegen meine Anwesenheit und gab mir das Gefühl, daß ich ihr Leben ruiniert und ihre Ehe zerstört hatte. »Du bist mir etwas schuldig«, erinnerte sie mich oft. »Ich habe dich in die Welt gesetzt.«

Der Selbsthaß meiner Mutter

Mein Vater verließ uns, als ich etwa sechs Monate alt war. Meine Mutter behauptet, sie habe ihm Geld gegeben, damit er uns verlassen konnte, und sie habe seine Schulden übernommen, nur um ihn loszuwerden. Er gründete eine weitere Familie, die er später auch im Stich ließ. Mom hatte zwei Jobs, um uns über Wasser halten zu können, und war selten zu Hause. Sie hat mir erzählt, daß ich eine ganze Reihe von verrückten, betrunkenen Babysittern hatte. Einmal fand sie mich unter dem Bügelbrett herumkrabbelnd vor, als sie nach Hause kam, während mein Babysitter bewußtlos über dem Bügelbrett lag und das heiße Bügeleisen auf der Seite herunterhing.

Mom neigte zu heftigen Wutanfällen und Nervenzusammenbrüchen. Sie machte dann meine Geburt, meine betrunkenen Babysitter und meinen Vater, den »Hurensohn«, dafür verantwortlich. Mom gab auch ihrer Schwiegermutter die Schuld für ihre gescheiterte Ehe und sagte oft: »Sie hat mich dazu überredet, deinen Vater zu heiraten. Ich hätte es nie tun sollen, ich könnte mich dafür erschießen, auf sie gehört zu haben.«

Mom meint, ich hätte sie dazu gebracht, mich anzuschreien – und daß ich sie aufregte, wann immer ich den Mund aufmachte. Soweit ich mich erinnern kann, war das ein immerwährendes Thema zwischen uns. Meine Mutter verlangte Stillschweigen während der Mahlzeiten und wenn sie las. Sie verbot mir auch den Mund, wenn sie sich im Fernsehen die Nachrichten ansah, aber ich vergaß immer wieder, mich daran zu halten, und erschrak jedesmal über ihre Reaktion. Sie schrie: »Halt die Klappe!«, sobald mir die erste Silbe über die Lippen kam. »Ich hab dir doch schon tausendmal gesagt, daß du nicht reden sollst, wenn ich die Nachrichten gucke! Warum hörst du nicht auf mich?« schimpfte sie immer. Versuchte ich, mich zu verteidigen, gab sie mir eine Ohrfeige und schrie: »Widersprich mir nicht!« Ich war fünf, als sie anfing, mich zu verprügeln oder mit einem Gürtel zu schlagen. Die Wände waren voller Spuren der Schläge, denen ich entwischt war. Schließlich sprang ich schon auf und winselte, wenn sie nur das Zimmer betrat, ein Schutzreflex, den ich tief verinnerlicht habe.

Ich beobachtete, halb verängstigt, halb erstaunt, wie eine innere Stimme sie offenbar zur Weißglut trieb und sie sich in einen Wutanfall hineinsteigerte. Sie zog mich an den Haaren, zerrte mich durchs Haus und schrie dabei: »Du Lügnerin! Du bist böse, böse! Du wirst ein Niemand werden. Du wirst eine Hure werden, die von Männern lebt, eine Hure!« Sogar bei normalen Gesprächen wiederholte sich Mom oft in dem Bestreben, sich Gehör zu verschaffen. Erst viele Jahre später wurde mir klar, daß sie im Grunde Selbstgespräche führte. Mom haßte sich und versuchte, mich davor zu »bewahren«, so wie sie zu werden. Später gestand sie mir, daß in ihrem Kopf ein ständiges, ohrenbetäubendes Tosen herrschte.

Wenn sie nicht wütend war, lag Mom im Bett und las oder schlief, um sich von ihrer Erschöpfung durch Überarbeitung zu erholen und ihre Depression zu überwinden. Ich war entweder das Objekt ihrer Wut oder nicht vorhanden. Ihre Wutanfälle waren unvorhersehbar, und ganz gleich, was ich tat oder nicht tat – ich konnte sie nicht verhindern. Es schien mir unmöglich, ihr nicht in die Quere zu kommen. Ich glaube, mir war ihre Gewalttätigkeit lieber als ihre »Abwesenheit«. Ich brauchte den Kontakt zu ihr.

Laut Mom haben wir nie eine enge Beziehung zueinander entwickelt, weil sie immer arbeitete, immer erschöpft war und mir auf emotionaler Ebene nichts geben konnte – sie konnte mich nicht küssen oder berühren. Sie hat mir erzählt, daß sie vor allem wegen eines Vorfalls große Schuldgefühle hat: Als ich sie einmal bat, mich zu küssen, ehe sie zur Arbeit ging, sagte sie: »Ich hab keine Zeit. Ich bin spät dran.« Ich erwiderte: »Es ist immer Zeit für Liebe.« Meine Antwort traf sie wie ein Schlag, aber sie konnte es immer noch nicht über sich bringen, mich zu küssen.

Perfektionismus als Zufluchtsort

Ich entwickelte mich schon im frühen Kindesalter zur Perfektionistin. Ich sehnte mich so verzweifelt nach Liebe und Anerkennung, daß ich ständig ein Theater machte, um sie zu bekommen. Als ich meine Mutter prahlen hörte, ich habe schon im Alter von drei Jahren ein loses Mundwerk gehabt, beschloß ich, alle mit meiner Brillanz in Erstaunen zu versetzen und ihre Aufmerksamkeit auf mich zu ziehen. Mit vier sagte ich zu einer Frau, die einem Busfahrer die Ohren vollquatschte, daß sie eine fürchterliche Nervensäge sei. Damit brachte ich alle im Bus zum Lachen, und ich bekam einen Vorgeschmack von dem, was ich zu brauchen meinte. Ich fuhr fort, mein Talent einzusetzen, um die Zuneigung der Menschen zu gewinnen.

Mom liebte es, ins Kino zu gehen, und nahm mich während meiner ganzen Kindheit oft mit. Im Alter von vier oder fünf Jahren begann ich Szenen aus den Filmen, die wir gesehen hatten, nachzuspielen, um ihre Aufmerksamkeit zu erheischen. Da sie mich nicht für meine Vorstellungen lobte, belauschte ich ihre Gespräche mit anderen Leuten, um mitzubekommen, was sie anderen über mich erzählte.

Selbst in ihrer tiefsten Verbitterung hatte Mom einen herrlichen Sinn für Humor, und ich liebte es, sie lachen zu hören. Ich erinnere mich sehr gerne daran, wie sie sich über die Show »I love Lucy« amüsierte. Wenn sie lachte, mußte ich auch lachen. Überdies zeigte sie in Krisen Kampfgeist und legte einen erstaunlichen Mut an den Tag – etwas, das sie an mich weitergegeben hat. Eines Morgens, als wir im Golden Gate Park waren, sprang ein Exhibitionist aus den Büschen und baute sich vor uns auf. Unter seinem Trenchcoat war er nackt. Anstatt die Nerven zu verlieren und wegzulaufen, ging Mom auf ihn zu und tat so, als sei sie begeistert. Er rannte vor uns weg. Sie sagte mit unbeweglicher Miene: »Damit kriegt man sie jedesmal.« Ich staunte sehr, weil die Mutter, die ich kannte, auf Knopfdruck in Panik ausbrechen konnte. Sie dabei zu beobachten, wie sie diese Krise wie ein unwichtiges Ereignis behandelte, war die erste einer Reihe von Lektionen, die mich lehrten, wie man auf dieser Welt »stark« sein kann.

Ich verspürte oft eine heftige Unruhe in mir und hatte ständig das Gefühl, ein Bedürfnis befriedigen zu müssen, das ich nicht beim Namen nennen konnte. In der Endlosschleife gefangen, mich trotz immer größerer Anstrengungen immer weiter von dem zu entfernen, was ich am meisten brauchte, kam ich zu der Überzeugung, daß etwas ganz und gar nicht mit mir stimmte. Glücklicherweise hatte ich einen liebevollen Menschen, an den ich mich wenden konnte und der mir das Gefühl gab, etwas Besonderes zu sein.

Mom im Vergleich zu Grandma

Meine Großmutter väterlicherseits war die Liebe meines Lebens. In ihrem Haus war meine Welt perfekt. *Ich* war perfekt. Grandma vergötterte mich und überschüttete mich mit Geschenken und Liebe. Wir sangen die schönsten Lieder zusammen: »Travelin‘ along, singin‘ a song, side by side …« Ihr riesiger Busen war wie ein Schmusekissen für mich. Ich vergrub mit völliger Hingabe mein Gesicht darin und verspürte keinen Hauch der Unsicherheit, die ansonsten mein Leben prägte.

Mom sah überall Verschwörungen. Sie beharrte darauf, daß Grandma mich nicht wirklich liebte, daß sie mich verwöhnte, um sie in ein schlechtes Licht zu rücken. Ich besuchte Grandma jedoch, so oft ich konnte. Sie kochte mir Schokoladenpudding, und wir sparten Münzen in einem großen Krug für unseren Ausflug ins Disneyland, von dem wir träumten. Sie schenkte mir einen Plüschterrier, den ich Mikey taufte, nach dem Namen des Hundes, den sie auf alten Fotos bei sich hatte. Bei Grandma war es im Vergleich zu der Hölle zu Hause wie im siebten Himmel.

Mein Stiefvater Bob trat in unser Leben, als ich vier oder fünf Jahre alt war, und Mom heiratete ihn bald. Zu Anfang war er nett zu uns und half meiner Mutter, sich um mich zu kümmern. Er zog mich für die Schule an und bürstete mir die Haare, und ich liebte die Sanftheit seiner Berührungen. Eines Nachts merkte ich, daß er bei mir im Bett lag. Der erste Eindruck ist mir mein ganzes Leben lang in Erinnerung geblieben. Es war zunächst eine ideale Erfahrung von warmem Körperkontakt in der Nacht – eine Erfahrung, die ich gerne immer wieder erleben möchte. Doch dann verlor ich den Boden unter den Füßen und befand mich in freiem Fall. Ich wußte nicht, was passierte, aber ich erstarrte in stummer Angst.

Später erzählte ich Grandma: »Bob hat auf mich gepinkelt.« Sie versuchte mich dazu zu bringen, es meiner Mutter zu erzählen, aber als ich es tat, beschuldigte sie Grandma, mich gegen sie aufhetzen und ihr Leben ruinieren zu wollen. Ich hörte, wie Mom zu Grandma sagte, daß sie mich in Zukunft nur sehen dürfe, wenn jemand dabei sei. Grandma erwiderte: »Entweder ich darf sie allein sehen, oder ich will sie gar nicht mehr sehen.« Sie kehrte Mom den Rücken, schritt, ohne mich eines Blickes zu würdigen, hoch erhobenen Hauptes an mir vorbei in die Diele und ging für immer aus der Tür und aus meinem Leben. Im Alter von sechs Jahren verlor ich die einzige Person, die mir Halt gegeben hatte, und es war alles meine Schuld.

Tagträume und Alpträume

Ich kann mich nicht erinnern, daß ich nach diesem Vorfall irgend etwas Besonderes verspürt oder Grandma je wieder erwähnt hätte. Heute weiß ich, daß ich in tausend Stücke zerbrach. Wegen meiner Anschuldigungen brachten mich Bob und Mom zu einem Therapeuten, und alle wollten mir weismachen, daß ich schlecht geträumt hätte. Bald zog ich mich tatsächlich von der Außenwelt in eine schillernde Phantasiewelt zurück. Ich kann mich nur an sehr Weniges aus meinem Leben im Alter von sechs bis neun erinnern. Meine Tagträume und wiederkehrenden Alpträume habe ich jedoch noch sehr lebhaft vor Augen.

In einem Alptraum kroch ich zu Mom ins Bett, weil ich Angst hatte, obwohl Bob auf der anderen Seite von ihr lag. Ich war davon überzeugt, wach zu sein, und beobachtete, wie sich eine Falltür in der Decke öffnete und ein Monster in Zeitlupe auf mich zu kam. Ich sah meine Mutter an und dachte: *Das kann nicht wahr sein! Ich bin wach, Mom liegt direkt neben mir – wie kann er trotzdem kommen und dich holen?* Dann spürte ich wieder, daß ich den Boden unter den Füßen verlor und mich im freien Fall befand. Heute weiß ich, daß das, was ich damals erlebte, außerkörperliche Erfahrungen waren.

Als ich neun war, wurde mein Bruder geboren. An dem Tag, als Mom mit ihm aus dem Krankenhaus kam, wurde mein Leben wieder turbulent. Mom und Bob strahlten beim Anblick ihres Babys vor purer Glückseligkeit, und an diesem Tag wurde mir klar, wieviel Liebe mir entgangen war. Zugleich liebte und beneidete ich meinen kleinen Bruder Darrell. Meine Mutter hatte mir erzählt, daß eine Krankenschwester mir den Namen Cynthia gegeben hatte. Sonst hätte auf meiner Geburtsurkunde als Vorname Baby gestanden. Ich grübelte darüber nach, wie stolz sie für meinen Bruder einen Namen ausgesucht hatte, während sie sich bei mir nicht einmal die Mühe gemacht hatte, über einen Namen für mich nachzudenken.

Jetzt überkam mich eine Depression, die stärker war als meine Sehnsucht nach Aufmerksamkeit. Ich verkroch mich meistens in meinem Zimmer und machte nur noch gelegentlich mein übliches Selbstdarstellungs-Theater, um meine grundlegenden Bedürfnisse zu befriedigen. Ich ging zum Beispiel zu unseren Nachbarn und erzählte eine groteske Lügengeschichte mit dem Ziel, etwas zu essen zu bekommen. Zu Hause war der Kühlschrank voll – es kümmerte sich nur niemand um mich. Aufmerksamkeit war etwas, das ich mir verdienen mußte, und so schmückte ich all meine Geschichten aus und phantasierte etwas hinzu, um sie interessanter zu gestalten. Ich schuf eine ideale Persona, ein Wunschbild, hinter dem ich mein zerbrochenes Selbst verbarg. Ich verwendete viel Energie darauf, dieses falsche Selbst zu erzeugen, und wurde zum Abbild der Person, die ich meiner Meinung nach in der Welt sein sollte. Das Phantasieselbst, das ich mir als Maske schuf, war etwas derartig Besonderes, daß niemand es wert sein sollte, mich kennenzulernen. Die anderen Kinder erlebten mich als selbstsicher, unnahbar und gleichgültig ihnen gegenüber, aber in Wirklichkeit fühlte ich mich wie ein erbärmliches Menschlein und der Luft zum Atmen nicht würdig.

Bob war Besitzer einer Bar im Tenderloin-Viertel von San Francisco, und Mom trat in die Fußstapfen ihrer Eltern, indem sie Alkoholikerin wurde. Als ich klein war, faszinierte die Bar mich. Bob nahm mich zur Barkeeperschule mit, als ich neun war. In der Bar durfte ich Drinks mixen und Gläser waschen. Als ich älter wurde, zwangen sie mich, im Auto zu bleiben, das sie draußen auf der Straße parkten. Mom ließ immer eine Schimpftirade über das ab, was mir passieren würde, wenn ich ihr nicht gehorchte: »Öffne nie jemand anderem die Autotür als mir! Die Leute sind verrückt in dieser Gegend, total verrückt! Wenn du diese Tür öffnest, mache ich Kleinholz aus dir. Das heißt, falls du nicht schon brutal ermordet worden bist. Ist das klar? Ist das klar?«

Ich wartete bis zwei oder drei Uhr nachts im Auto und traute mich nicht zu schlafen, weil die Straßen voller Drogensüchtiger und Prostituierter waren. Sie klopften ans Fenster und lallten Worte und Phrasen, die ich nicht verstand. Laut meiner Mutter gab es hier draußen auch »Irre und Mörder«. Ich saß Ewigkeiten stocksteif da, fühlte mich eingesperrt und wünschte mir, für die Passanten unsichtbar zu sein. Auch heute noch fällt es mir sehr schwer zu warten, denn dann kommen meine Erinnerungen an die Zeiten in diesem Auto wieder hoch.

Die gute Tochter

Bob schlug Mom, und dann schlug Mom mich. Eines Tages, als sie mich schlug, weil ich mich weigerte, alleine mit Bob zu Hause zu bleiben, rief ich: »Er tut mir immer noch diese Dinge an.« Endlich glaubte meine Mutter mir. Wir verließen Bob noch am gleichen Tag und zogen aus, aber von diesem Moment an nannte sie mich »Verräterin« und »Lolita«. Mom warf mir vor, ich hätte ihr Leben ruiniert, indem ich ihren Mann verführt hätte.

Immer noch in der Hoffnung, der Gewalttätigkeit meiner Mutter zu entrinnen und ihre Liebe zu gewinnen, versuchte ich, die Art von Tochter zu sein, die sie meiner Meinung nach haben wollte. Ich erkannte, daß sie in die Rolle eines süßen kleinen Mädchen verfiel, wenn ich mich so verhielt, als sei ich ihre Mutter. Im Alter von neun Jahren gab ich das Geld, das ich gespart hatte, um Möbel für meine Barbiepuppen zu kaufen, für ein Geburtstagsgeschenk für Mom aus: ein schmiedeeiserner Nachttisch, der ihr ihre gelobte Zeit im Bett versüßen sollte. Ich war sehr stolz auf mich, als ich den Nachttisch aus dem Geschäft nach Hause schleppte. Als ich ihr das Geschenk gab, sah sie mich an, als sei ich ein Engel. Ich hatte einen Weg zum Herzen meiner Mutter gefunden. Alles, was ich tun mußte, war, mich um sie zu kümmern.

Schimpfte Mom mich, weil ich sie daran hindere, ein besseres Leben zu führen, wurde ich auf mich selbst wütend. Sie sagte verbittert: »Ich arbeite wie ein Pferd für dich. Ich mußte den ganzen verdammten Tag lang freundlich zu den Leuten sein.« Und ich versuchte, ein gutes Mädchen zu sein, versuchte, meiner Rolle als ihr »Babysitter« etwas abzugewinnen. Doch oft haßte ich diese Rolle – und ich haßte Mom dafür, daß sie mich dazu brachte, ihre Rolle zu übernehmen. So begann ich, parallel zur Freude über die Anerkennung meines »guten« Verhaltens eine freudige Erregung zu verspüren, wenn ich all ihre Regeln brach und damit davonkam. Ich entwickelte eine gespaltene Persönlichkeit. Das Ich, das ich nach außen hin zur Schau trug, war lustig, gefügig und abhängig von Anerkennung, mein inneres Wesen dagegen war von heimlichen Wünschen durchdrungen, auszubrechen und ein böses Mädchen zu sein.

Freude heuchelnd, brachte ich Mom ihr Frühstück ans Bett, besorgte ihr in der Bibliothek etwas zu lesen und brachte ihr abends ihre Dosis Valium ans Bett. Nachdem ich also die Rolle der hingebungsvollen Tochter gespielt hatte, schlich ich aus dem Haus und fuhr mit ihrem Auto davon. Ich malte mir aus, ich sei 18 Jahre alt und ginge für immer von zu Hause weg. Manchmal hegte ich den Gedanken, daß sie vielleicht auf dem Heimweg von der Arbeit mit dem Auto verunglücken könnte. Hinter meiner Fassade lebte ich in meiner Phantasiewelt, einem glücklichen Ort, an dem es fabelhafte und grenzenlose Möglichkeiten gab.

Ich wurde ein gutes, böses Mädchen. Es war mein Job, das Haus sauberzuhalten. Wenn meine Mutter von der Arbeit kam, sollte alles blitzblank sein. Das böse Mädchen wartete mit dem Putzen, bis mir bis zu ihrer Heimkehr nur noch 15 Minuten Zeit blieben. Das gute Mädchen stellte die Küchenuhr dann auf zehn Minuten ein und gaukelte sich selbst vor, es gäbe eine Reise ins Disneyland zu gewinnen, wenn nach dieser Zeit alles sauber wäre. Ich putzte wie verrückt, und wenn ich rechtzeitig fertig war, schlug Mom mich nicht. Manchmal kam Mom früher nach Hause und ließ ihre Wut an mir aus. Dann machte ich mir Vorwürfe, daß ich nicht früher mit dem Putzen angefangen hatte, um mir ihre Tyrannei zu ersparen.

Die böse Tochter

Ich konnte jedoch nicht aufhören, mit dem Feuer zu spielen. Selbst wenn ich mir häufig die Finger verbrannte, war das besser, als die Regeln zu befolgen. Hielt ich mich an die Regeln, die meine Mutter aufstellte, fühlte ich mich so, als würde ich auch noch das letzte bißchen von mir abtöten. Ich sehnte mich immer noch nach Zuwendung, jeglicher Art von Zuwendung von meiner Mutter – vor allem nach der, die mein Bruder bekam. Darrell litt schon im frühen Kindesalter unter Hörproblemen, wurde wegen seiner Nasenpolypen operiert und war zuckerkrank. Ich sah zu, wie Mom meinen Bruder mit hingebungsvoller Fürsorge überschüttete. Sie schenkte mir wenig Aufmerksamkeit, es sei denn, sie war wütend. Dann war ich ihr gut genug, um als Babysitter für Darrell herzuhalten.

Ich war innerlich so betäubt, daß das Prickeln des tollkühnen Wagemuts noch eines der wenigen Gefühle war, die ich wahrnahm. Ich schwänzte oft die Schule, fälschte Schulzeugnisse für mich und meine Freunde und rauchte Mutters Zigaretten in der Badewanne. Wann immer ich dabei erwischt wurde, spielte ich das gute Mädchen, das zu sehr unter dem schlechten Einfluß von zwielichtigen Freunden stand. Doch jenseits dieser Gut/Böse-Spaltung und der freudigen Erregung, den der »böse« Anteil meiner Psyche mir verschaffte, gelangte ich immer mehr zu der Überzeugung, daß meine Mutter recht hatte: Ich war noch schlimmer als schwach – ich war von Grund auf böse.

Ich verspürte immer stärker das Bedürfnis, ein guter, starker Mensch zu werden. Zu diesem Zeitpunkt konnte ich noch nicht erkennen, daß mein ganzes Handeln auf einer falschen Prämisse beruhte, denn ich hatte noch keinen Weg gefunden, eine andere Denkweise zu entwickeln oder mich in einem anderen Licht zu sehen. Ich wandte mich an Gott, in der Hoffnung, daß er vielleicht einen guten Menschen aus mir machen könnte. Mein Gott war zu jener Zeit ein großer, starker Vater im Himmel. Meine Mutter war nicht religiös und verübelte es Gott, daß er ihr ein so schweres Schicksal aufgebürdet hatte, aber sie hinderte mich nicht daran, zur nächstgelegenen Kirche zu gehen – gleich welcher Glaubensrichtung. Wir zogen oft um, und so ging ich in viele verschiedene Kirchen – katholische, presbyterianische, baptistische, mormonische – und in Synagogen. Die Vielfalt meiner Erfahrungen verwirrte mich. Ich dachte: *Wie kann ich dadurch ein guter Mensch werden, daß ich höre, was für eine Sünderin ich bin, Bilder von Jesus ausmale und die Bibel rezitiere? Wo ist Gott?*

Ein Ältester in der mormonischen Kirche forderte mich auf, ein Glaubensbekenntnis abzulegen. Ich sagte, das könne ich nicht, weil ich noch nicht »genug« glaubte. Am nächsten Sonntag hielt der Älteste eine Predigt über einen jungen Menschen, der einen so tiefen Glauben besaß, daß er ihn inspirierte. Ich dachte: *Ich muß mich auch von dieser Person inspirieren lassen.* Dann stellte er mich als die Person mit dem tiefen Glauben vor. Ich war so verdattert, daß ich die Kirche verließ. In meinen Augen war ich immer noch ein schlechter Mensch. Er, ein guter Gottesmann, hatte die Gemeinde angelogen, was mich anbelangte.

Alsdann gab ich meine Versuche, zum Glauben zu finden, auf, und stürzte mich in eine weitere Achterbahnfahrt, auf der ich abwechselnd das gute und das böse Mädchen war. Ich stahl Kleider in Kaufhäusern und verschenkte sie, zusammen mit all meinem Spielzeug, an Kinder aus der Nachbarschaft. In den Zeiten, in denen die Scham über meine Diebstähle oder mein verzweifeltes Ringen um

Aufmerksamkeit überwog, verstärkte ich meine Bemühungen, ein gutes Mädchen zu sein.

Wir zogen so oft um, daß ich 16 Schulen besuchte, davon fünf High-Schools. Ich war immer die Neue. Obwohl ich mit falschem Selbstvertrauen ausgerüstet war, wußte ich nicht, wie ich mich integrieren sollte, wenn ich an eine neue Schule kam. Ich hatte immer das Gefühl, meine Haare und meine Kleider seien nicht »in«. Hatte ich endlich herausgefunden, was als cool galt, mußte ich schon wieder die Schule wechseln. Da ich unfähig war, mir meine Freunde auszusuchen, mußte ich mich mit den Freunden abfinden, die *mich* auswählten – gewöhnlich den bösen Mädchen. Die Theatergruppe und der Chor waren meine einzigen Refugien.

Im Heim

Drei Wochen, nachdem meine Mutter Elmer kennengelernt hatte, heiratete sie ihn. Es traten sofort Probleme zwischen ihr und ihrem dritten Mann auf, und sie schoben mir die Schuld für die Spannungen in ihrer Ehe in die Schuhe: Wäre ich nicht so ein böses Mädchen, dann stünde ihrem Glück nichts im Wege. Ich bekam bis auf weiteres Hausarrest. Als ich mich gegen diese Behandlung wehrte, steckten sie mich in ein Heim für schwer erziehbare Jugendliche. Selbst dort behielten meine Phantasien die Oberhand. Ich betrachtete mich als eine Art Journalistin, die ins Heim geschickt wurde, um eine Story darüber zu schreiben. Seltsamerweise war der Aufenthalt im Heim eine gute Erfahrung für mich. Die bösestes der bösen Mädchen schlossen mich ins Herz, was mir mehr Selbstsicherheit gab. Ich war klüger und pflegeleichter als die meisten anderen, und ich begann, ein klein wenig echtes Selbstvertrauen zu gewinnen.

Eines Abends stimmte ich, direkt nachdem die Lichter ausgegangen waren, in meinem Zimmer ein Lied an. Ich sang »Summertime« und war von dem Klang meiner Stimme überrascht. Das Singen fiel mir leicht, wie damals bei Grandma, und der Text des

Songs vermittelte mir das Gefühl, frei zu sein. Da meine Mutter keine hohen Stimmen mochte, war ich immer unglücklich über meine Sopranstimme gewesen. Doch an jenem Abend tröstete mich der Klang meiner Stimme. Am nächsten Abend baten mich die anderen Mädchen im Heim, etwas für sie zu singen. In dem Monat, den ich dort verbrachte, sang ich fast jeden Abend, und das hatte eine heilende Wirkung auf mich. Wann immer ich zu Hause gesungen hatte, hatte meine Mutter mir den Mund verboten.

Während meiner Zeit im Heim sprach man meiner Mutter die Vormundschaft ab, und ich kam in eine Pflegefamilie. So erhielt ich eine neue Chance, ein starker, guter Mensch zu werden. Judith, die geschieden und erst 28 Jahre alt war, wurde meine Pflegemutter. Ihr Freund Harry war Anwalt und half ihr, das Sorgerecht für mich zu bekommen. Auf der Fahrt vom Heim in mein neues Zuhause erlebte ich etwas, das mich alles wieder in einem neuen Licht sehen ließ. Als Harry an der Auffahrt zur San Rafael-Brücke die Gebühr für die Überquerung der Brücke bezahlte, warf er dem Kassierer ein freundliches »Hallo, wie geht's?« zu. Ich war sprachlos, weil meine Mutter diese Worte nie über die Lippen gebracht hätte. Sie glaubte, daß es nie gut sei, auf Fremde zuzugehen – oder auch nur mit den Nachbarn zu reden – weil sie vielleicht »etwas von einem wollen könnten«. Ich beobachtete Harry, sah, wie freundlich er war, und merkte, daß er sich Zeit für andere Menschen nahm und echtes Interesse an Judith und mir zeigte.

Harry war mein erstes echtes Rollenmodell. Von ihm habe ich etwas über das Konzept von Exzellenz gelernt: Ich will so gut sein, wie ich kann. Er hat mich in der Hoffnung bestärkt, ehrlich werden und Motivation entwickeln zu können. Die Menschen in Harrys Welt waren Erfolgsmenschen, die in ihrem Leben »alles« erreicht hatten. Ich war fasziniert und gefesselt und wollte auch so werden wie sie. Bei Judith war ich nicht mehr glücklich und wollte nicht bei ihr bleiben. Sie lehnte meinen Freund Chris ab und wollte, daß ich mich mit anderen Jungen traf. Ich weigerte mich.

Eine Teenager-Ehe

Ich himmelte Chris an. Er war mein Held. Mit ihm machte ich meine ersten sexuellen Erfahrungen. Ich wurde schwanger, und er heiratete mich aus freiem Willen – gegen den Willen unserer beiden Mütter. Chris' Mutter war empört, daß ich bei unserer Hochzeit ein weißes Kleid trug, obwohl ich doch keine Jungfrau mehr war. Beim Empfang nach der Trauung weinte sie, als sie ihren Sohn umarmte, und ging dann ohne ein Wort an mir vorbei. Ich war 17 und er 19 Jahre alt.

Ich glaube, daß Chris und ich uns wirklich geliebt haben, aber wir wußten nicht, wie wir es uns zeigen sollten. Wir waren gute Freunde, die über alles außer über unsere Beziehung reden konnten. Wir waren zu jung und hatten noch keine Ahnung von Kommunikation, Autonomie oder Intimität. Ich verspürte Liebe, wenn man etwas Liebevolles zu mir sagte oder seine Gefühle zeigte, doch Chris war nicht in der Lage, seine Liebe auf diese Weise auszudrücken. Er brachte Liebe stark über seine Sexualität zum Ausdruck, doch ich war sexuell gehemmt.

Da ich von meinem Stiefvater mißbraucht worden war, fühlte ich mich schnell wie ein Sexobjekt, erstarrte regelrecht und konnte keine körperliche Lust mehr empfinden. Ich fühlte mich ungeliebt und sexuell ausgenutzt, auch wenn ich wußte, daß ich Chris damit unrecht tat. Chris diktierte meine Entscheidungen wie ein strenger Vater. Ich hatte das Gefühl, mit zehn Jahren mehr Freiheit gehabt zu haben hatte als in unserer Ehe. Wenn ich mich darüber beklagte, wie unfair er war, ignorierte er mich entweder oder brachte mich zum Lachen. Er konnte mich immer zum Lachen bringen, ganz gleich wie wütend ich war. Es tut mir leid, daß ich Chris nie sagen konnte, daß er der wichtigste Mensch für mich war.

Unser Sohn, den wir auch Chris nannten, wurde am Tag der Arbeit geboren. Obwohl ich überhaupt nicht darauf vorbereitet war, Mutter zu werden, fühlte ich mich nach Chris' Geburt zum ersten Mal seit der Zeit bei meiner Großmutter wieder wie im siebten Himmel. Als ich mein Kind zum ersten Mal sah, durchströmten mich Wellen der Dankbarkeit dafür, daß ich dieses Wunder erleben durfte.

Meine Mutter und Elmer hatten sich neun Monate nach ihrer Hochzeit scheiden lassen, und sie und ich hatten viele Male versucht, unsere Beziehung wieder zu kitten. Nach Chris' Geburt kam sie zu mir, um mir zu helfen, war aber letztlich selbst so hilflos, daß ich mich sowohl um sie als auch um das Baby kümmern mußte.

Bald beschlossen mein Mann Chris und ich, nach Hawaii zu ziehen, wo seine Familie lebte. Am Abend vor unserer Abreise kamen Freunde zu uns, um uns beim Packen zu helfen. Mom tauchte auf, betrunken und randalierend. Sie hob einen Tisch hoch und warf ihn in Richtung Fernseher. Christ hatte ein echtes Talent, wenn es darum ging, Ruhe zu bewahren. Er fing den Tisch auf, ehe er den Fernseher traf, und setzte ihn ab, als sei nichts geschehen. Das brachte Mom noch mehr auf die Palme. Vor allen Leuten sagte sie zu Chris: »Weißt du, was deine Frau für ein Problem hat? Mein Mann hat sie jahrelang gebumst.«

Ich stand vom Stuhl auf, und es kam eine Stimme aus mir heraus, die ich noch nie gehört hatte. »Du Lügnerin!« schrie ich immer wieder, als ich meine Mutter auf den Balkon zerrte. Ich hob sie hoch, so als würde sie nichts wiegen, und sah aus den Augenwinkeln meinen Mann, wie er die Szene ruhig beobachtete. Seine Gegenwart brachte mich wieder zu Besinnung. Anstatt Mom von unserem Balkon im ersten Stock zu stoßen, warf ich sie zu Boden, packte sie an den Haaren und schüttelte sie, wie sie es so viele Male mit mir gemacht hatte – bis Chris mich schließlich sanft von ihr wegzog.

Am nächsten Morgen brachten wir einige Möbel, die wir meiner Mutter versprochen hatten, zu ihrem Haus. Ich sah in ihr Schlafzimmer, wo sie im Bett lag, grün und blau und völlig verkatert. Mom sagte: »Es tut mir leid, was ich gesagt habe. Ich wollte etwas sagen, das dich wirklich trifft.«

»Das hat es in der Tat«, gab ich immer noch wütend zurück.

Als Mom erklärte: » Du bist nicht mehr meine Tochter«, pflichtete ich ihr bei: »Bingo – weil du nie eine Mutter für mich warst!«

Wir haben fast zwei Jahre lang kein Wort mehr miteinander gewechselt. Darauf folgten viele weitere Versöhnungen und Trennungen, aber es herrscht immer noch eine Atmosphäre großer Spannung zwischen uns. Im Rückblick auf den Vorfall von damals glaube ich, daß meine Mutter ihre Traurigkeit über mein Fortgehen nur auf diese Art und Weise ausdrücken konnte.

6
Meinem Perfektionismus geht es an den Kragen

Ich hatte mir das Leben auf Hawaii in den leuchtendsten Farben ausgemalt, und natürlich war die Wirklichkeit ganz anders. In den ersten Monaten leben wir drei mit meiner Schwiegermutter, die mich immer noch ablehnte, und Chris‘ fünf Geschwistern in einem Haus ohne Bad. Wenngleich ich mich immer noch wie eine Außenseiterin fühlte, erlebte ich zum ersten Mal wirklich ein Familienleben. Meine Schwiegereltern nahmen mich so freundlich auf, wie ihnen dies möglich war, und vergötterten Chris geradezu. Obwohl ich mir sehnlichst wünschte dazuzugehören, fühlte ich mich zugleich erdrückt und unerträglich einsam. Ich hielt es in meiner Ehe nicht aus, hatte den Eindruck, eingesperrt zu sein. Ich mußte ausbrechen.

Der Tag, an dem ich Chris sagte, daß ich mich von ihm trennen wollte, war der erste Tag, an dem er mir gegenüber echte Gefühle zeigte. Ich glaube, er hätte sich Mühe gegeben, unsere Beziehungsprobleme zu lösen, aber ich hatte einen Punkt erreicht, an dem es kein Zurück mehr gab. Ich hätte schon viel früher mit ihm darüber reden müssen, wie schwerwiegend unsere Probleme für mich waren. Ich hatte so getan, als sei ich glücklich, als es mir in Wirklichkeit schlecht ging. Als unsere Ehe nach zweieinhalb Jahren kaputt war, hatte ich immer noch nicht gelernt, die Wahrheit zu sagen.

Chris war fest entschlossen, um das Sorgerecht für unseren Sohn zu kämpfen, und sagte: »Hawaii ist kein Frauenstaat – die Mutter bekommt das Kind nicht automatisch.« Sein Einkommen war höher als meines, und seine Familie sicherlich stabiler und besser in der Lage, für ein Kind zu sorgen. Ich befürchtete, das Gericht würde nicht zu meinen Gunsten entscheiden. Mit dem dumpfen Gefühl im Bauch, daß ich es nicht verdiente, meinen Sohn zu behalten, entführte ich ihn. Ich floh aus Hawaii und flog nach San Francisco. Als ich dort landete, hatte ich noch 30 Dollar, kein Auto, keinen Job und keine Wohnung. Ich war 20 Jahre alt, mein Sohn knapp zwei. Obwohl ich mich wie eine Kriminelle fühlte, weil ich ihn in eine so unsichere Situation gebracht hatte, war ich entschlossen, ihn um jeden Preis zu behalten.

Chris folgte uns nach Kalifornien und stand plötzlich mit einem Freund vor der Tür. Er sollte ihm helfen, mir meinen Sohn wegzunehmen. Ich wurde zur Mutterlöwin und verbarrikadierte mich in meiner Wohnung. Chris' Freund schätzte die Situation schnell neu ein, und anstatt ihm zu helfen, mir meinen Sohn wegzunehmen, beruhigte er ihn. Nachdem sie gegangen waren und den kleinen Chris bei mir gelassen hatten, überkam mich das Gefühl, daß ich sie ihn hätte mitnehmen lassen sollen und daß ich kein Recht hätte, ihn zu behalten.

Mein Leben als alleinerziehende Mutter

Die folgenden Jahre waren hart. Ich lebte ein Jahr lang von der Sozialhilfe, umnebelt von Angst und Depression. Das erkannte ich allerdings erst Jahre später, als ich mich sicher genug fühlte zurückzuschauen. Chris' Vater kehrte nach Kalifornien zurück, um in der Nähe seines Sohnes zu sein, und ging eine Beziehung mit einer Frau ein, die er von der High-School her kannte. Sie heirateten und sind heute immer noch zusammen.

Weder die Mutterschaft wurde leicht für mich, noch wurde die Kindheit für meinen Sohn leicht. Chris war ein richtiger Lausebengel, wenn auch ein sehr gutherziger. Ich konnte weder ihn noch mein überwältigendes Gefühl von Unzulänglichkeit in den Griff bekommen. Ich hatte keine Ahnung, wie ich ihm geben konnte, was er brauchte. Ich wußte nur, daß ich anders mit ihm umgehen mußte, als meine Mutter mit mir umgegangen war. Ich wollte ihn nicht schlagen, obwohl ich es ein paarmal tat, und dann fühlte ich mich schrecklich. Ich sagte ihm, daß ich ihn liebe, weil ich mich daran erinnerte, wie sehr ich mir gewünscht hatte, das von meiner Mutter zu hören. Doch ich war unfähig, ihm all die Liebe und Aufmerksamkeit zu schenken, die er brauchte.

Eines Abends sah ich Chris in der Dämmerung vom Hort nach Hause kommen, seine Tasche auf dem Rücken. Ich konnte ihn kaum erkennen, als er aus der Ferne auf mich zu kam. Es erschien mir zu dunkel dafür, daß ein Sechsjähriger alleine die Straße entlanglaufen sollte. Eine Welle von Kummer durchströmte mich, weil mein Sohn mich als Mutter hatte. Als Chris acht war, hatte ich den Höhepunkt meines Selbsthasses erreicht, und ich willigte ein, ihn bei seinem Vater leben zu lassen und ihn nur an den Wochenenden zu sehen.

Ich sprenge die Grenzen

Mein Leben wurde eine Jagd nach Höhepunkten mit ständig wechselnden Jobs und Beziehungen – alles in Verbindung mit Drogen und Alkohol. Und doch verleugnete ich das alles. Wenn ich genau hingeschaut hätte, wäre ich Gefahr gelaufen, von der inneren Stimme, die glaubte, daß ich schwach und böse war, vereinnahmt zu werden. Meine Energieschübe wechselten sich mit Depressionsschüben ab. Ich hatte mir zwar geschworen, nie in die Fußstapfen meiner Mutter und meines Stiefvaters zu treten, aber ich arbeitete mehrere Jahre lang als Barkeeperin. Mein selbstzerstörerisches Verhalten und meine bodenlose Arroganz führten dazu, daß ich hart wurde und einen bissigen Humor entwickelte, den die Gäste in der Bar wegen seines Unterhaltungswertes beklatschten.

Ich vergrub meine Unschuld tief in meinem Inneren und legte mir einen dicken Schutzpanzer aus hartem Zynismus zu. Ich stahl in einer der Bars direkt vor der Nase des Managers, während wir miteinander redeten. Als ich entdeckte, wie gut ich bluffen konnte, fing ich an zu spielen und fand darin eine gute Möglichkeit, mein Einkommen aufzubessern. Eine Zeitlang war ich der Engel an der Seite eines Drogendealers, der ihm bei seinen nächtlichen Begegnungen mit Athleten, Rock-Stars, Hell's Angels und High-School-

Direktoren Gesellschaft leistete. Sex wurde ein weiteres Hilfsmittel, das ich anwandte, um die Grenzen meiner Erfahrungen zu sprengen. Ich suchte so viele verschiedene sexuelle Abenteuer, wie ich sie mir in meiner Phantasie ausmalen konnte. Diese Experimente waren notwendig für mich, wenngleich sehr gefährlich. Ich mußte meine Kraft, Phantasie und Grenzen auf irgendeine Weise austesten. Um meine Stärken und meine Schwächen erkennen und eine Standortbestimmung machen zu können, mußte ich jede Grenze überschreiten, auf die ich traf. Ich mußte wissen: *Wie fähig bin ich, etwas zu schaffen oder zu zerstören? Was ist in mir, das mich töten könnte? Was ist in mir, das mich retten könnte?*

Ein Traum über Chinesinnen

Durch einen lebhaften Traum, den ich 1975 hatte, kam es zu einem Wendepunkt in meinem Leben. In dem Traum war ich am Abend vor einer Reise nach China auf einer Party. Meine Freunde stießen mit einem Likör aus einer uralten Flasche, die sie kurz zuvor gekauft hatten, mit mir auf meine Abreise an. Auf der Flasche befanden sich eingravierte Bilder von Chinesinnen in traditionellen Gewändern. Als ich den Likör in Gläser einschenkte, schnitt ich mir in die Hand, und zwar, als ich die Stelle, an der etwas von den Eingravierungen abgeplatzt war, berührte. Auf einmal befand ich mich in China auf einer Straße, auf der lebhaftes Treiben herrschte. Aus der entgegengesetzten Richtung kam eine Gruppe von schönen Chinesinnen in traditionellen Gewändern auf mich und meine Freunde zu. Ich geriet in die Gruppe und wurde von ihr mitgerissen. Ich erkannte, daß diese Frauen von Männern getrieben wurden, als seien sie Kühe. Die Frauen kamen näher, und ich sah: Sie waren so alt wie ihre Kleider und starrten mich mit so wilden Blicken an, daß ich das Gefühl bekam, sie wollten mich töten und »aufsaugen«. Ich riß mich los und rannte weg.

Dann war ich in meinem Hotel. Ein Engländer mit sandfarbenem Haar und einem König-Wilhelm-Schnurrbart kam in mein Zimmer.

Er sagte mir, er sei von einem chinesischen Heiler geschickt worden, um mich darüber zu informieren, daß man einen Fluch über mich verhängt habe und ich gleich zu ihm kommen müsse. Als nächstes fand ich mich bei dem Chinesen wieder. Er war sehr alt und hatte gelbe, stumpfe Zähne. Er sprach kein Englisch, aber irgendwie konnte ich die Klappergeräusche, die er mit den Zähnen machte, verstehen. Er sagte mir, er könne mich nicht retten – ich müsse meinen eigenen Weg finden, um den Fluch zu brechen, andernfalls würde ich sterben. Er gab mir Kräuter, die mir auf meiner Suche einen klaren Kopf verschaffen und meine Schmerzen lindern sollten.

Dann war ich wieder in Kalifornien in einer riesigen Bibliothek – einem Archiv mit jahrtausendealtem Wissen. Ich wußte, daß ich in dieser Bibliothek suchen mußte, um zu lernen, wie ich den Fluch, der über mich verhängt worden war, brechen konnte. Ich verließ die Bibliothek, trat auf die Treppe, die zur Straße hinunterführte, und blickte auf einen kleinen Park auf der gegenüberliegenden Straßenseite. Die Chinesinnen standen dort und warteten auf mich. Ich hatte Angst davor, jung sterben zu müssen.

All die Botschaften und die Symbolik in diesem Traum waren mir ein Rätsel. Er bewirkte jedoch, daß ein Samen in meinem Unterbewußtsein aufging. Ich wollte mein Leben ändern. Ich hörte auf, zu trinken, zu rauchen und Drogen zu nehmen, und begann eine Lehre als Friseuse, um das Barleben schnell hinter mir zu lassen. Doch tiefgreifende Veränderungen lassen sich nicht von einem Tag auf den anderen erzielen, und meine alten Gewohnheiten holten mich immer wieder ein.

Die Notbremse

Ich heiratete Stacey, einen lieben und seelenvollen Mann, der auch ein neues Leben beginnen wollte. Doch Stacey kämpfte mit seinen eigenen inneren Dämonen, die ihre eigenen Pläne hatten. Unsere Beziehung war labil, weil wir beide Rettung bei dem anderen suchten. Ich wollte, daß er mir half, einen neuen, gesunden Lebensstil zu finden. Und er hoffte, aus meiner Liebe genug Kraft schöpfen zu können, um sein Leben im Dunkeln hinter sich lassen zu können. Statt dessen zogen wir uns gegenseitig hinunter.

Das Leben betätigte schließlich die Notbremse für mich. Ich wurde krank. Ich bekam grippeartige Symptome, die hartnäckig anhielten und der Schulmedizin trotzten. Die Ärzte, bei denen ich war, konnten keine Diagnose stellen, so daß sie meine Krankheit als psychosomatisch einordneten und mich zu Psychologen schickten. Ich war ein Jahr lang krank, wodurch sich mir die unverhoffte Möglichkeit bot, über meine Lebenssituation nachzudenken und meine Einstellung zum Leben zu ändern. In dieser Zeit schaffte ich es gerade mal so, die Tage an meinem Arbeitsplatz zu überstehen und mich nach Hause zu schleppen, um sofort schlafen zu gehen. Ich hatte all meine Vitalität und meinen Humor verloren und versank in tiefe Depressionen. Die Situation erinnerte mich auf unheimliche Weise an meinen Traum von den Chinesinnen. Ich wußte, daß ich etwas unternehmen mußte, um mich zu retten.

Neue Anfänge

In dieser Zeit war ich noch nicht soweit, erkennen zu können, wie geschädigt und fragil mein Selbst war, aber ich war bereit, meine Entscheidungen und mein Verhalten in der Vergangenheit zu hinterfragen. Ich war bereit, mit Hilfe von gesunder Ernährung, Bewegung und natürlicher Heilmittel für mein Wohl zu sorgen, und ich war bereit, meinen Mann zu verlassen, weil ich das Gefühl hatte, daß ich mich in meiner Ehe nicht weiterentwickeln würde. Ich eröffnete in der Nähe der Bars, in denen ich gearbeitet hatte, ein Geschäft – einen Unisex-Friseursalon. In dem Salon hatte ich eine kleine Hausbar eingerichtet und versprach all meinen alten Kunden, die sich lange genug von einem Barhocker loseisen konnten, um sich die Haare schneiden zu lassen, einen kostenlosen Drink. Sie kamen, und mein Geschäft florierte. Es war eine Zeit, in der ich mir selbst bewies, daß ich überleben und ein neues Leben aufbauen konnte.

In meinem ganzen Leben hatte ich zu Frauen keinen guten Draht gehabt. Andere Frauen mochten mich nicht – manchmal aus Neid, aber oft, weil ich unnahbar wirkte und nie auf sie zuging. Dies änderte sich mit der Eröffnung meines Friseursalons, da ich alle Kundinnen so behandelte, als seien sie bei mir zu Hause zu Gast, und mich ihnen mit meiner ganzen Kraft und meinem Talent widmete. Doch in jenen Tagen regierte Eitelkeit mein Leben: In meinem Salon herrschte die Maxime, daß man sich besser fühlt, wenn man besser aussieht. Wie töricht dieser Ansatz ist, wurde uns nie bewußt, weil wir nicht merkten, wie unglücklich wir sogar mit perfektem Haar und Make-up waren.

Ich beobachtete, daß einige meiner Kundinnen eine gestörte Beziehung zu sich selbst hatten und deshalb danach strebten, körperliche Perfektion zu erreichen. Viele verhielten sich so, als seien ihre Haare böse Außerirdische, die auf ihrem Kopf lebten und zum Ziel hatten, sie zu unterwerfen. Einige meiner Kundinnen wanderten ab, weil sie auf der Suche nach dem perfekten Friseur waren, der ihr Selbstwertgefühl durch ein perfektes Äußeres aufpeppen konnte. Glücklicherweise lernte ich früh, sie kommen und gehen zu lassen, ohne ihre Entscheidungen persönlich zu nehmen. Ich wußte, daß sie oft wiederkamen, sobald sie kapiert hatten, daß es keinen magischen Zusammenhang zwischen ihrem Äußeren und ihrem Inneren gab. Im Laufe von zwei Jahren verinnerlichte ich diese Lektion auch allmählich für mich selbst, und letztendlich sah ich es nicht mehr als sinnerfüllte Aufgabe an, einen Friseursalon zu führen. Ich verkaufte den Salon, um mich erneut auf die Suche nach innerem Frieden und einem Lebenssinn zu machen.

Ich stelle mich meinen Ängsten

Angst war mein größtes Hindernis, meine Entschuldigung dafür, kein erfülltes Leben zu führen. Ich mochte mich inzwischen selbst genug, um etwas unternehmen zu wollen. Ich las mehrere Bücher über die innere Reise und die Konfrontation mit Ängsten, die unseren Geist »bewölken«. In einem der Bücher stand, daß man nichts Besonderes tun müsse, um sich seiner Angst zu stellen. Man müsse einfach nur still dasitzen, und sie würde hochkommen. Ich machte einen Meditationskurs und stürzte mich in das Abenteuer, still dazusitzen und mich mit meiner Angst zu konfrontieren.

Ich verbarrikadierte mich ganze drei Wochen lang in meinem Apartment. In dieser Zeit stiegen meine »Ungeheuer« tief aus meinem Inneren herauf, um mich wahrlich das Fürchten zu lehren. Ich schloß abends die Augen, um zu schlafen, und sah ein böses Gesicht mit blutunterlaufenen Augen, das mich anstarrte. Ich malte das Gesicht in meinem Tagebuch. Ich wachte nachts schweißgebadet aus Alpträumen auf. Ich beschrieb sie in meinem Tagebuch. Ich fuhr wie von der Tarantel gestochen hoch, wenn ein Blatt von einer meiner Pflanzen heruntersegelte und zu Boden fiel. Das Telefon klingelte, und eine seltsame Stimme schrie mir Obszönitäten ins Ohr. Ich drehte den Klingelton leise und packte den Anrufbeantworter in den Kühlschrank.

Beim Meditieren hörte ich Knackgeräusche in den Wänden und dachte, daß sie eine Botschaft an mich enthalten. Ich verspürte Vibrationen und Energieströme in meinem Körper. Manchmal verließ ich meinen Körper und schwebte unter der Decke. Zu anderen Zeiten verspürte ich, daß noch »etwas« mit mir im Zimmer war, und versuchte abwechselnd, es zum Verschwinden zu bringen und mich einfach mit seiner Anwesenheit abzufinden. Ein paarmal sah ich vor meinem geistigen Auge einen ausgestreckten Arm und eine Hand, die nach mir griff. Ich nannte diese Erscheinung den Sensenmann, weil mir die Hand wie die knochige Hand des Todes erschien. Ich dachte: *Wenn ich verrückt werde, dann lasse ich es geschehen und vertraue darauf, daß ich meinen Weg zur geistigen Gesundheit zurückfinden kann. Wenn ich sterbe, dann lasse ich es geschehen und glaube, daß ich wiedergeboren werden kann.* Ich wollte nicht mehr in Angst vor mir selbst und in Angst vor dem Leben leben.

Aus psychologischer Sicht litt ich infolge des Mißbrauchs, den ich in meiner Kindheit erlitten hatte, unter posttraumatischem Streß.

Aus subjektiver Sicht machte ich eine spirituelle Krise durch, die auf einem Konflikt zwischen dem Teil von mir, der leben wollte, und dem Teil von mir, der vergehen und sterben wollte, beruhte.

Nach drei Wochen verspürte ich, wie Ruhe in mir einkehrte und sich etwas in mir klärte. Ich fühlte mich jetzt sicher genug im Inneren, um mich einigen Ängsten in bezug auf die Außenwelt zu stellen. Ich hatte keine Angst mehr vor mir selbst, aber immer noch vor der Welt und den meisten Menschen auf dieser Welt. Ich beschloß, etwas zu tun, wovor ich große Angst hatte: alleine eine Reise zu machen.

Mexiko gilt nicht als gutes Reiseland für Frauen, die allein reisen, zumal, wenn sie die Sprache nicht beherrschen. Dies machte es zum »perfekten Land« für meine Zwecke. Ich wollte dorthin fahren, mich weiteren Ängsten stellen und meine Schüchternheit überwinden, indem ich mich bemühte, in einer Fremdsprache zu kommunizieren; ich wollte mich mit »unheimlichen Fremden« anfreunden und vielleicht etwas von meiner persönlichen Macht wecken. Ich nahm zwei Bücher als »Reiseführer« mit: *Der Ring der Kraft* von Carlos Castaneda und ein obskureres über die Kontaktaufnahme zu einem inneren Lehrer, von einem Autor, an dessen Namen ich mich nicht erinnern kann. Ich wußte, daß ich meine innere Reise gerade erst angetreten hatte, und ich wollte meine Innen- und Außenwelt zusammenführen. Ich fuhr nach Mexiko, besuchte ferne Städte, lernte ein bißchen Spanisch und meditierte bei vielen Ruinen und Pyramiden, traf Menschen aus der ganzen Welt und kam meinem Ziel, mich lebendig und wohl in meiner Haut zu fühlen, einen Schritt näher.

Ein Lehrer und eine Mission

Ich verspürte eine neugewonnene Stärke in mir, wußte aber immer noch nicht, was ich mit mir anfangen sollte. Ich sehnte mich weiterhin nach einem tieferen Lebenssinn. An diesem Punkt begegnete ich dem Mann, den ich einfach als meinen Lehrer bezeichnen möchte. Ich hörte, daß er Innere-Führung-Kurse gab, und das weckte mein Interesse. Innere Führung war genau das, was ich wollte. Ich meldete mich sofort zu einem Kurs bei ihm an. Die Erfahrungen, die ich dabei machte, bescherten mir den Lebenssinn, nach dem ich so lange gesucht hatte. Ich verspürte auf einmal eine Stabilität und ein Gefühl des Zuhauseseins in mir, das ich nicht mehr empfunden hatte, seit mich meine geliebte Großmutter in den Armen gehalten hatte. Es war ein spirituelles Erwachen – auf das sich allerdings bald meine arrogante Teilpersönlichkeit stürzte und mir sagte, ich hätte das Geheimnis des Lebens selbst entdeckt.

Ich hatte Gott wiedergefunden (obschon ich dieses Wort in jener Zeit nicht aussprach), und jetzt hatte ich eine Mission: der Welt die Bedeutung der inneren Führung nahezubringen. Nachdem ich mehrere Monate lang Innere-Führung-Kurse belegt hatte, machte ich eine sehr herausfordernde einjährige Ausbildung zur Innere-Führung-Lehrerin. Ich ging mit einem Eifer an meine Studien heran, den ich nie zuvor gekannt hatte. Mein Lehrer gab meinem ausgehungerten Ego reichlich Nahrung und vermittelte mir das Gefühl, etwas Besonderes zu sein. Ich fühlte mich ihm verbunden, weil er sich in seinem Leben von seinem wahren, inneren Wesen leiten ließ und anderen Menschen half, zu sich selbst zu finden.

Bald zog ich mit einer Gruppe von sechs erwachsenen Schülern mit meinem Lehrer, seiner Frau und ihrem Sohn in ein spirituelles Refugium in den Bergen. Ich verkaufte die meisten meiner Besitztümer oder verschenkte sie, und los ging es. Als wir einmal dort waren, gab unser Lehrer uns Anweisungen, die wir befolgen sollten. Die meisten schienen für unsere Entwicklung als Innere-Führung-Lehrer relevant zu sein, aber bei einigen hatte ich eher den Eindruck, sie würden mich in eine andere Richtung führen als meine eigene innere Führung.

Wir verbrachten zehn Monate in den Bergen. Sieben von diesen zehn Monaten zogen wir uns völlig von der Welt zurück und konzentrierten uns ganz auf unser Leben in unserer kleinen Gemeinschaft. Unseren Richtlinien entsprechend verzichteten wir auf Lesen, Radio, Kino, Fernsehen oder selbstständige Aktivitäten. Ich war für das Frühstück, das Tippen des Curriculums und die allgemeine Hausverwaltung zuständig. Wir hielten uns strikt an den »Stundenplan« für unsere Meditationsübungen. Konflikte verarbeiteten und lösten wir in der Gemeinschaft. Nach meiner Ehe mit Chris machte ich zum ersten Mal wieder (und intensiver) die Erfahrung, eine richtige Familie zu haben. Es war auch das erste Mal, daß ich meine Individualität zugunsten einer Gruppe zurückstellte.

Nach diesen zehn gemeinsamen Monaten in den Bergen wurde jeder von uns in eine andere Stadt geschickt, um dort Innere-Führung-Schulen aufzubauen. Ich ging für zehn Monate nach Oregon und anschließend nach Los Angeles. Insgesamt war ich zwei Jahre unterwegs. Diese zwei Jahre waren sehr hart für mich. Ich kannte in diesen Städten keine Menschenseele, und um dort eine Schule aufbauen zu können, mußte ich mit fremden Menschen Kontakt aufnehmen und öffentliche Reden halten. Ich hatte Angst, doch mein Gefühl, eine Mission zu haben, beflügelte mich.

Ich stelle mich meinem Perfektionisten

An meinen Kursen nahmen Lehrer, Minister, Psychotherapeuten und Erzieher teil, von denen die meisten mehr persönliche »innere Arbeit« geleistet hatten als ich. Während sie von mir etwas über spirituelle Entwicklung lernten, lernte ich etwas über persönliche Entwicklung von ihnen und entdeckte, wieviel ich nicht wußte.

In dieser Zeit dämmerte es mir allmählich, daß mein Geist immer noch nicht mir gehörte, auch wenn ich freier war als je zuvor. Ich verspürte eine immer größere Diskrepanz zwischen den Richtungsanweisungen meines Lehrers und denen meiner eigenen inneren Führung. Er leitete eine Art geschlossene Gemeinschaft, und um in seiner Organisation bleiben zu dürfen, mußte man die Richtlinien der Organisation befolgen. Nun hatte ich mir die Sache mit der »inneren« Führung aber so sehr zu Herzen genommen, daß ich mich nicht mehr in der Lage sah, mich an die Regeln, die mir auferlegt wurden, zu halten. Ich hatte das Gefühl, daß dieses Leben mir die Lizenz zur Innere-Führung-Lehrerin entzogen hatte. Ich mußte die innere Führung erst stärker in mir selbst spüren und mehr persönliche Freiheit gewinnen, ehe ich wirklich soweit sein würde, andere Menschen innere Führung zu lehren. Ich sah keinen Grund, all die guten Dinge, die mir die Ausbildung zur Innere-Führung-Lehrerin gebracht hatte, über den Haufen zu werfen, aber es war Zeit für mich, die Organisation zu verlassen.

Ich war immer wieder wochen- oder monatelang krank gewesen, und ich wußte immer noch nicht, warum. Die Leute sagten mir ständig, ich verausgabe mich zu sehr, aber ich glaubte ihnen nicht. Ich dachte umgekehrt, daß ich mich nicht genug anstrengte, und ich wußte nicht, warum ich Dinge nicht »einfach tun« konnte. Ich wußte nicht, warum ich nach den meisten Fortschritten, die ich machte, das Interesse verlor, einmal Begonnenes nicht durchhalten konnte oder heftige Gegenreaktionen erlebte, worauf ich in Depression verfiel. Ich wußte nicht, warum ich nicht aufhören konnte, meine eigenen Bemühungen zu sabotieren. Ich war bei meiner Arbeit an eine Grenze gestoßen.

Ich spürte, daß in meinem Inneren immer noch etwas Größeres fehlte. Meine Schüler hatten mir unbewußt Leerräume und verwundete Stellen in meinem Inneren gezeigt, die bei vielen von ihnen schon ausgefüllt und geheilt waren. Ich vermutete, daß etwas an der Art, wie ich dachte und mich verhielt, falsch war und mich krank machte und deprimierte. Ich wollte herausfinden, was es war und es ändern. Mir wurde klar, daß ich bei meiner eifrigen Suche nach echter innerer Führung immer noch fehlgeleitet war.

Ich erkannte, wie etwas in meinem Inneren sich als meine innere Führung ausgegeben hatte, aber eigentlich eher wie ein wütender Elternteil klang – mein eigener wütender Elternteil! Obwohl ich mein Elternhaus schon vor langer Zeit verlassen hatte, war meine zornige Mutter immer noch in meinem Kopf, lauter denn je – sie übte Druck auf mich aus und kritisierte jeden Gedanken, den ich hatte, und jede Bewegung, die ich machte. Ich erkannte weiterhin, daß sich nicht nur meine Mutter in meinem Kopf aufhielt – die fordernde Stimme, die ich auch noch hörte, klang wie Gott, und ich hatte das Gefühl, als sei er es. Aus heutiger Sicht war diese Gottheit immer noch ein wütender Elternteil, ein Gott, den mein ängstliches Selbst geschaffen hatte, damit er mir helfe, meinen bisherigen Lebensstil aufrecht zu erhalten. Es war ein Gott, der glaubte, er würde mir helfen, indem er mich daran hinderte, schwach und böse zu sein, und mich zu einem starken und guten Menschen machte. Sein Plan war es, mich zu »retten«, indem er mich drängte, Perfektion zu erreichen.

Ich gebe das Bedürfnis auf, gut zu sein

Anstatt meiner inneren Führung zu folgen, war ich dem Drang erlegen, meiner Mutter und meinem unfreundlichen Gott zu gehorchen. Ich erkannte, daß ich nicht freier war als in der Zeit, in der ich in einer rebellischen Haltung gefangen war. Anstatt ein böses Mädchen zu sein, war ich nun in meinen Bemühungen gefangen, ein gutes Mädchen zu sein. Und ich litt immer noch unter Gegenreaktionen, bei denen meine böse Seite wieder hervorkam. Ich wollte aus dieser Endlosschleife der Gut/Böse-, Gut/Böse-Extreme heraus. Ich stellte jedoch fest, daß das nicht leicht war. Sosehr ich mich anstrengte – ich unterschätzte meine Aufgabe immer wieder und verstand nicht, daß ich einen Änderungs*prozeß* durchlaufen mußte. Ich fiel immer wieder in das alte Verhaltensmuster zurück. Mir wurde klar, daß ich noch viele weitere Kämpfe mit meiner Gut/Böse-Spaltung würde ausfechten müssen.

Zugleich hatte ich folgende positive Erkenntnis: *Ich bin gerade jetzt genug wert, wenn ich nie mehr etwas ändere. Ich muß nicht all meine schlechten Eigenschaften verbannen, ehe ich mich in meinem Leben weiterbewegen kann. Ich kann jetzt leben.* Ich begann zu akzeptieren, daß ich mich immer wieder einer Aufgabe stellen mußte: mein Bedürfnis, gut zu sein, aufzugeben.

Ich setzte mir zum Ziel, ein gesundes, erfülltes Leben zu leben, doch meine zunehmende innere Weisheit sagte mir, daß ich noch auf viele weitere Rückschläge vorbereitet sein sollte. Ich wollte Vertrauen in mich selbst finden – nicht anstelle meiner Zweifel, sondern trotz meiner Zweifel. Ich fühlte mich dazu bereit und willens, all die notwendige persönliche Arbeit zu verrichten, die vor mir lag. Ich mußte mehr »Mitgefühl« für meine eigenen Fehler und Schwächen entwickeln und mir gestatten, aus meinen Fehlern zu lernen. Der Versuch, perfekt zu sein, hatte mich krank gemacht. Ich war entschlossen, einfach nur ein menschliches Wesen zu sein – nicht besser oder schlechter als alle anderen Menschen.

Um einen weniger »perfekten« und menschlicheren Weg einschlagen zu können, mußte ich mich mit meinen selbstzerstörerischen Verhaltensmustern und den Bereichen, in denen ich schwach war, auseinandersetzen. All meine vorhergehenden Versuche, mich zu ändern, waren von Selbstablehnung motiviert gewesen und hatten mich noch mehr geschwächt. Seinen Perfektionismus aufzugeben bedeutet nicht, in blinder Hast Veränderungen vorzunehmen. Es bedeutet, Veränderungen aus einem Gefühl von Wohlwollen sich selbst gegenüber heraus anzugehen.

Ehe ich damit beginnen konnte, irgend etwas zu ändern, mußte ich mehr über die Komponenten meiner psychischen Störung wissen. Ich durchlief einen tiefgehenden Prozeß der Selbstbeobachtung und Analyse. Ich beobachtete und hörte jedem, der mir über den Weg lief, aufmerksam zu. Die beste Methode, ein Verständnis für meine Problematik zu erlangen, bestand für mich darin, die verschiedenen Teile meines Selbst zu analysieren. Ein Konflikt ist die Spannung zwischen zwei gegensätzlichen Kräften, und ich war von gegensätzlichen Kräften zerrissen.

Meine gegensätzlichen inneren Kräfte

Motiviert durch den Wunsch, mein spirituelles Interesse mit dem psychologischen zu verknüpfen, studierte ich Psychologie mit dem Ziel, Psychotherapeutin zu werden. Im Rahmen der dazu erforderlichen Suche nach fehlenden oder gestörten Teilen meiner eigenen Psyche unterzog ich mich selbst einer Psychotherapie und entdeckte, daß in mir zwei starke gegensätzliche Kräfte wirken. Die erste Kraft, die ich schließlich den Perfektionisten nannte, schätzt nur das »Tun«. Der Perfektionist drängt und treibt mich an und bringt mich dazu, an mir selbst zu zweifeln, sagt mir, daß ich in Schwierigkeiten stecke, einer Aufgabe nicht gewachsen bin und scheitern werde, wenn ich nicht genau dem Weg zu einem erfüllten Leben folge, den er mir zeigt. Die andere Kraft, die ich letzten Endes als den Hilflosen bezeichnet habe, ist eine Art von Passivität. Der Hilflose hat keine Lust, je wieder etwas zu tun. Er möchte einfach nur in Ruhe gelassen werden. Doch er ist sehr stark und fähig, zuzuschlagen, wenn er bedroht wird.

Ich merkte, daß ich meinen dominierenden »Macher« gründlich kennen lernen mußte, um ihn wirklich entlarven zu können. Ich mußte ihn in Aktion sehen, ihn spüren und ihn beim Namen nennen. Ich spürte, daß nicht alles an ihm schlecht war, sondern daß er seine Energie einfach nur falsch einsetzte. Ich wollte all seine Eigenschaften analysieren, um die hilfreichen von den schädlichen zu trennen und die schädlichen anschließend auszumerzen.

Ursprünglich hatte ich meinen Perfektionismus als Sensenmann bezeichnet, weil er mich an die knochige Hand des Todes erinnerte, die nach mir griff. Als ich mich zu Hause verbarrikadiert hatte, um mich meiner Angst zu stellen, hatte ich diese Hand wiederholt vor meinem geistigen Auge gesehen. Der Sensenmann stand sinnbildlich für meine Angstreaktionen. Er tötete mich in der Tat, aber so ließen sich meine Erfahrungen mit ihm nicht ganz auf den Punkt bringen. Ja, er machte mir Angst, und – ja – er nahm sich wie ein Mörder aus, aber er tötete mich langsam, indem er mich mit eisernem Griff packte und mir die Luft abdrückte. Wenn er mich in seinen Klauen hatte, war es, als würde mein Körper in einem Schraubstock stecken und immer fester eingespannt. Deshalb kam ich von der Bezeichnung Sensenmann ab und wählte schließlich den allgemeineren Namen Perfektionist, den ich beibehalten habe.

Der Perfektionist ist der eine Part eines laufenden Dialogs in mir – der Teil, der sagt: *Du kannst es nicht*. Der Teil von mir, mit dem er spricht, ist sein Widerpart, der zuhört und sagt: *Du hast recht. Ich kann es nicht.* Der Perfektionist greift an, indem er Druck ausübt und kritisiert. Der Hilflose verspürt den Druck, wird ängstlich und deprimiert und läßt sich schließlich vom Perfektionisten an die Wand spielen, der voller Überzeugung sagt: *Du bist nichts ohne mich. Vertrau nur mir, wenn du Hilfe brauchst.* Der Hilflose verspürt die Kraft dieser Botschaft und antwortet: *Ja, bitte hilf mir. Ich kann nichts ohne dich tun. Ich stehe ganz zu deiner Verfügung.*

Die Hyperaggression des Perfektionisten ist eine Form von Tyrannei, die auf Angst und Ablehnung gründet. Dabei bekommt eine Aufgabe, ein Ziel oder ein Projekt einen wichtigeren Stellenwert als die Person oder der Prozeß. Mein Perfektionist treibt mich mit einer Kraft an, die ein Gefühl von Dringlichkeit in mir erzeugt und von Zweifeln geschürt wird. Wenn er es auf mich abgesehen hat, verausgabe ich mich. Wenn Ihr Perfektionist es auf Sie abgesehen hat, verausgaben Sie sich. Als ich meinen Perfektionisten einmal als den erkannt hatte, der er ist, konnte ich nicht mehr unter seinem Einfluß leben. Auch wenn es das letzte war, was ich je vollbrachte – ich mußte den Ort in mir finden, an dem ich mich zu schätzen und anzuerkennen vermochte.

Auszeit vom Ehrgeiz

Meine erste Reaktion auf meine neuen Erkenntnisse war, dem Perfektionisten den Krieg zu erklären – ihn in Grund und Boden zu stampfen. Ich schwor mir, mich nie wieder schlecht von ihm behandeln zu lassen. Ich brauchte eine Weile, um zu erkennen, daß ich bei meiner kriegerischen Herangehensweise den Perfektionisten benutzte, um den Perfektionisten zu besiegen. Wir können Perfektionismus nicht mit Gewalt begegnen, weil wir ihn dadurch nur verstärken. Despotismus, Härte und Strenge sind Eigenschaften des Perfektionisten und lassen sich nicht gegen ihn einsetzen. Es hat keinen Sinn, Feuer mit Feuer zu bekämpfen.

Perfektionismus ist tückisch. Selbst wenn ich jetzt darüber schreibe, ist es so, als würde ich in Treibsand geraten. Bei meinen Bemühungen, ihn zu besiegen, verpaßte ich mir immer wieder selbst einen Dolchstoß. Also beschloß ich, mich einfach nicht mehr von meinem Perfektionisten unter Druck setzen oder antreiben zu lassen. Ich erlaubte mir schlicht, es mir gutgehen zu lassen und lebendig zu sein.

Mein Ehrgeiz verpuffte. Mein Streben nach Exzellenz und Leistung, das mir früher so wichtig gewesen war, hatte seinen Sinn für mich verloren. Ich konnte kaum noch ein Buch lesen. Mit der Zeit fingen meine Freunde an, sich Sorgen um mich zu machen. Ich war als diejenige bekannt gewesen, die nichts anbrennen läßt und alle anderen beflügelt. Mir Ziele zu setzen und sie schnell zu verwirklichen war eine besondere Gabe von mir gewesen. Ich hatte meine Lizenz als Psychotherapeutin bekommen, eine florierende, private Praxis aufgebaut und promoviert, alles in Rekordzeit.

Jetzt verbrachte ich meine Zeit damit, dazusitzen und in den Himmel zu starren oder Bäume und Blumen zu betrachten. Mit meinen Hunden zusammen wanderte ich über die Hügel oder sang und tanzte zu meinem eigenen Vergnügen. Ich wollte Pu, der Bär, sein. Bei meinen Freunden bzw. den Perfektionisten in meinen Freunden läuteten die Alarmglocken. Mein eigener Perfektionist war da nicht anders. *Oje*, dachte er, *vielleicht werde ich mein Buch nie vollenden. Vielleicht schwimmen mir diesmal wirklich die Felle davon. Was mache ich jetzt? Ist jetzt der Höhepunkt an Faulheit erreicht?*

Eine andere Stimme meinte jedoch, daß ich vielleicht gerade die wichtigste Zeit meines Lebens durchmachte und daß ich Vertrauen zu mir haben und einfach warten sollte. Ich sollte mich nicht einen Zentimeter bewegen, solange mein Bewegungsdrang nur auf der Meinung gründete, ich müßte es tun. Ich sollte wagen zu warten, bis ich »wahrnahm«, wie wohin ich mich bewegen sollte.

Das Zauberwort ist »wahrnehmen«. Der Perfektionist sagt mir, es könnte passieren, daß ich den Rest meines Lebens mit Warten verbringe. *Ja, das ist wahr*, erwidere ich, *wenn ich nicht die Augen offenhalte, während ich warte*. Es ist jedoch nicht wahr, solange ich beim Warten aufmerksam auf mich achtgebe. Bereits beim morgendlichen Erwachen nehme ich einen inneren Kampf wahr, bei dem es um die Frage geht, wie ich den Tag beginnen sollte. Früher wollte ich nicht aufwachen und mich diesem Kampf stellen. Mein Perfektionist befand, ich beherrsche nicht einmal das Aufstehen: *Es ist schon spät. Komm endlich aus den Federn! Es gibt so viel zu tun.* Also nahm ich mich zusammen und kämpfte gegen den Schlaf an, um aus dem Bett zu kommen.

Ich bin auch heute noch nicht frei von Perfektionismus. Ich glaube nicht, daß wir es je sind oder daß es überhaupt unser Ziel sein sollte, uns davon vollständig loszusagen. Während ich dies schreibe, bin ich dabei zu lernen, wie ich mit mir selbst leben kann. Dazu gehört auch zu lernen, wie ich mit meinem Perfektionismus umgehen kann. Heute achte ich beim Aufwachen auf mein Körpergefühl. Ich stehe nicht auf, ehe mein Körper sich von selbst bewegt, ohne daß ich ihn aus dem Bett schubsen muß. Das bedeutet, es gibt etwas, auf das sich mein Körper hinbewegen möchte.

Natürlich bewege ich mich manchmal »voreilig« und setze dazu an, mich hastig aufzurichten. Dann lasse ich mir von meinen Augen sagen, wann sie sich öffnen wollen. Darauf nehme ich wahr, wie ich unaufgefordert aus dem Bett klettere. Das klingt wie übertriebenes In-sich-hinein-Hören, aber es hilft mir, weil meine größte Schwachstelle soviel Aufmerksamkeit benötigt. Will ich mich nicht weiterhin durchs Leben schleppen, muß ich den Teil von mir finden und befreien, der mir das Gefühl der unerträglichen Schwere des Seins vermittelt.

Ich habe einen zu großen Teil meines Lebens damit verbracht, entweder Taten zu vollbringen oder gegen mein Tun anzukämpfen. Dies ist bei meinem Rollenmodell Pu, dem Bären, nicht so. Er ist einfach. Er behält ein natürliches Gleichgewicht zwischen Sein und Tun bei, ohne überhaupt darüber nachzudenken. Nun kann ich mich nicht wirklich auffordern, einfach zu »sein«, weil ich zu sehr im dichten Netz meiner früheren Erfahrungen verstrickt bin. Also muß ich mein Inneres entwirren, um einen Platz darin zu finden, der mir die Erlaubnis gibt zu sein.

Was ich bei diesem Prozeß am besten wahrnehmen kann, sind meine Gefühle, die recht unkontrollierbar sein können. Wenn es mir nicht gelingt, sie »wahrzunehmen«, zerren sie mich an einige sehr furchterregende Orte. Doch wenn ich sie wahrnehme und mich ausbalanciere anstatt sie auszuagieren, helfen sie mir dabei, meinem Perfektionisten auf die Schliche zu kommen.

Gefühle zu vermeiden kann zwar verheerend sein, aber ich brauchte lange, um zu erkennen, daß sie nicht das Ein und Alles meiner Entwicklung sind. Gebe ich acht auf sie, führen sie mich zu der Wahrheit, die jenseits meiner Gefühle liegt. Ein Lehrer sagte einmal zu mir: »Du mußt wissen, was du fühlst, ehe du fühlen kannst, was du weißt.«

Ich weiß jetzt, daß ich auf den Fundus von Weisheit zugreifen kann, der meine innere Führung ist. Der Perfektionist versucht immer noch, meine innere Führung zu sein, aber ich weiß jetzt, daß er es nicht ist. Ich weiß es, weil ich erkennen kann, ob die Botschaften, die ich empfange, aus den Tiefen meiner Seele oder vom Perfektionisten stammen.

Auch wenn meine Geschichte hier noch nicht zu Ende ist, freue ich mich, sagen zu können, daß sich meine Heilung vom Perfektionismus deutlich auf mein Leben ausgewirkt hat. Die meisten meiner Dämonen hausen immer noch in mir, aber sie sind jetzt nur noch kleine Quälgeister, die mein Leben und Liebesglück nur selten beeinträchtigen.

Ich weiß heute etwas, das ich zuvor nicht wußte: Ich kann mir meine Wünsche erfüllen, was immer diese auch beinhalten mögen – Gesundheit, Erfolg, Abenteuer, natürlich Liebe ... Früher hatte ich Angst vor mir und der Welt. Heute bin ich in mir zu Hause, und die Welt bietet zahllose Möglichkeiten zur Erfüllung von Wünschen.

7
Wenn zwei Perfektionisten aufeinanderprallen

Was, wenn Ihr Chef, Ihr Kollege, Ihr Partner oder Ihr Kind auch ein Perfektionist ist? Stellen Sie sich einen Zusammenstoß von zwei Autos vor, die jeweils mit einer Geschwindigkeit von 100 Stundenkilometern fahren. Das ergibt einen Aufprall mit 200 Stundenkilometern. Begegnen Sie einem anderen Perfektionisten und halten dabei Ihren eigenen Perfektionismus nicht im Zaum, ist jeder Konflikt doppelt so schwierig zu lösen. Der Perfektionist ist hart und starr in seinen Ansichten. Die einzige angebrachte Reaktion auf seine Starrsinnigkeit ist Sanftheit, was aber nicht mit Unterwürfigkeit gleichzusetzen ist.

Der Perfektionist hat Angst, aber in aller Regel weiß er das nicht. Er muß beruhigt und besänftigt werden, sich in Sicherheit wiegen, ehe er auf Argumente zu hören vermag. Bahnt sich ein Konflikt mit einem Perfektionisten an, dann halten Sie zuerst nach Ihrem eigenen Perfektionisten Ausschau. Wenn Sie sich im Recht, wütend, nicht ernst genommen, nicht respektiert, unverstanden fühlen, fühlt sich die Person, mit der Sie streiten, wahrscheinlich genauso. Derjenige, der nachgeben muß, ist derjenige, der die Notwendigkeit zum Nachgeben erkennt. Eine natürliche Reaktion darauf ist: »Ja, aber ich habe recht, und warum muß ich immer der sein, der nachgibt.« Es verlangt jedoch keiner von Ihnen nachzugeben, Sie sollen nur Ihre Härte durch Sanftheit ausgleichen und nach einer anderen Möglichkeit suchen, den Konflikt zu lösen.

Es gibt viele Mittel und Wege, den Perfektionisten zu zügeln, ob es sich nun um den eigenen oder den von jemand anderem handelt, aber die »Mit dem Kopf durch die Wand«-Methode gehört nicht dazu. Ein Perfektionist, der sich in einem Konflikt festgefahren hat, ist taub, stumm und blind, was vernünftige Argumente anbelangt. Er kann nichts anderes hören als: »Du hast recht. Wir machen es so, wie du es willst. Ich verstehe dich. Ich vertraue dir. Ich respektiere dich. Ich will, was du willst.«

Diese Botschaft kann man wahrheitsgemäß vermitteln, ohne bedingungslos zu kapitulieren. Vergessen Sie nicht, daß Perfektionismus durch eine Bedrohung auf den Plan gerufen wird. Ehe wir mit dem Perfektionisten argumentieren können, müssen wir ihm also das Gefühl geben, daß er nicht bedroht wird, und ihn damit entwaffnen.

Wenn man in einer Rockband die schlechteren Karten hat

Ein Klient von mir, ich gebe ihm mal den Namen Joe, war Baßgitarrist bei einem Popstar-Veteranen namens Ronnie. Sie hatten mehr als zehn Jahre lang zusammen gespielt und Songs geschrieben, und in dieser Zeit hatten sie eine ausgeprägte, aber unausgesprochene Rivalität entwickelt.

Joe fühlte sich von Ronnies aufgeblähtem Ego nicht respektiert, nicht anerkannt und unterdrückt, und deshalb war er mürrisch und schlecht gelaunt. Ronnie hatte das Gefühl, sein Auftreten sei für Joe nicht echt und empfindsam genug, was allerdings dazu führte, daß er nur noch großspuriger auftrat. Beide waren in einem Zustand gefangen, in dem sie die Anerkennung des anderen brauchten. Joe hatte eine selbsterniedrigende Art, mit der er um Anerkennung heischte, und Ronnie eine arrogante.

Ein Faktor, den Joe akzeptieren mußte, war, daß er Ronnies Bandleaderposition nicht bedrohen durfte, ganz gleich, für welche Herangehensweise er sich entschied. Wollte er in der Band bleiben, mußte er sich dem Star der Band weiterhin unterordnen. Er beschloß, daß er zumindest noch für eine Weile in der Band spielen wollte.

Zu Konflikten kam es immer dann, wenn Ronnie vor einem Auftritt nervös war und an Joes Gitarrenspiel herummäkelte. Es war

Ronnies Perfektionist, der Kritik übte – um sicherzustellen, daß er die beste Leistung aus Joe herauskitzelte. Doch bei Joe rief die Kritik das Gefühl hervor, ihm würde der Boden unter den Füßen weggezogen. Und so hatte er bei jedem Auftritt mit verletzten Gefühlen zu kämpfen.

Wenn Joe zu Ronnie sagte, er fühle sich nicht respektiert, nicht anerkannt und unterdrückt, stachelte er Ronnies Perfektionisten nur noch mehr an, und Joe fühlte sich letzten Endes noch unterdrückter als je zuvor. Die Botschaft, die er Ronnie vermitteln mußte, ohne sie direkt aussprechen zu können, war: »Ich weiß, daß du mich respektierst und schätzt und daß du die Macht hast.« Dabei mußte er auch Ronnies wunden Punkt berücksichtigen – daß er seine Musik nicht als so echt und gefühlvoll empfand wie Joes.

In Anbetracht dessen, wie viele Male dieser Konflikt im Laufe der Jahre aufgeflammt war, hatte Joe Zeit genug gehabt, sich eine Strategie zurechtzulegen und sie zu analysieren, zu erproben und zu verbessern. Der Prozeß der Konfliktlösung läßt sich in zwei Stadien unterteilen. Im ersten Stadium mußte Joe erkennen, daß zwischen Ronnie und ihm Rivalität herrschte, die unausgesprochenen Botschaften, die Ronnie ihm vermittelte, entschlüsseln lernen. Er brauchte einige Zeit, um wirklich erkennen zu können, wie er sich fühlte, und dann mußte er auch Ronnie beobachten, um herauszufinden, wie Ronnie sich bei diesen Konflikten fühlte.

Als nächstes mußte Joe verstehen lernen, warum er sich durch seine Reaktionen auf Ronnies Arroganz ins eigene Fleisch schnitt. Joe wurde selten ausfallend, aber durch seine mürrische Art vermittelte er seinem Rivalen das Gefühl, etwas falsch gemacht zu haben. Ronnie hatte keine andere Wahl, als das schwarze Loch von Joes Unglücklichkeit mit seiner eigenen Unsicherheit auszufüllen – der Angst, daß er nicht authentisch genug war und daß Joe gefühlvoller war als er.

Ehe Joe soweit war, anders auf Ronnie reagieren zu können, mußte er sich selbst dabei beobachten, wie er sein altes Verhaltensmuster, den Beleidigten zu spielen, ausagierte, und darüber nachdenken, was er anders machen könnte, um den Konflikt zwischen ihnen zu lösen. Nachdem er ihre Interaktionen eine Zeitlang unter die Lupe genommen hatte, begann Joe zu verstehen, in welcher Dynamik Ronnie und er gefangen waren. Jetzt war es an der Zeit für ihn, sich im Geiste ein neues Verhalten zurechtzulegen und in das zweite Stadium einzutreten, in dem er anders mit Ronnie umging.

Ein neuer Umgang mit dem Boß

Sein Gedankengang war ungefähr folgender: *Solange ich in der Band bleiben will, muß ich Ronnie mit einer gewissen Loyalität begegnen. Das bedeutet nicht, daß er ein besserer Mensch ist als ich. Es bedeutet, daß er der Boß ist und als solcher behandelt werden will.*

Ronnies Kritik hat möglicherweise eigentlich gar nichts mit mir zu tun. Er kritisiert mich vielleicht nur, weil er unsicher ist. Was könnte seine Kritik vor einem Auftritt außer der Bedeutung, die ich ihr aufgrund meiner eigenen Unsicherheit zumesse – daß ich es nicht wert bin, von ihm respektiert und anerkannt zu werden, und, schlimmer noch, daß ich machtlos bin –, noch für eine Bedeutung haben?

Er mußte sich natürlich auch unabhängig von seinen Interaktionen mit Ronnie mit diesen Fragen auseinandersetzen. Als er seine eigene Unsicherheit einmal erforscht hatte, erkannte Joe, daß sie eine Hauptrolle bei all seinen Konflikten spielte. Er beschloß seinen Konflikt mit Ronnie zum »Übungsfeld« zum Erlernen eines Gefühls von Selbstrespekt, Selbstwertschätzung und persönlicher Souveränität zu machen, um dann die Band verlassen und es mit einer eigenen Karriere versuchen zu können. Über eine Bewältigung dieses Konflikts mit Ronnie würde er sich »freigeschwommen« haben.

Joe wußte jetzt, wie seine Botschaften an Ronnie lauten mußten: »Du bist der Boß. Ich weiß, daß du mich respektierst und schätzt, weil ich genauso über dich denke. Ich weiß, daß du vor einem Konzert nur an mir herumkritisierst, um die beste Leistung aus mir herauszukitzeln.« Mit anderen Worten: »Du bist ein guter Typ und hast nichts falsch gemacht.«

Dies ist das Fundament, auf dem wir jemand anderen bitten können, etwas anders zu machen, als er gewöhnlich tut. Doch man muß die Botschaft implizieren und kann sie nicht direkt äußern. Wollen wir vermeiden, daß der Perfektionist sich bedroht, verletzt oder »entmachtet« fühlt, müssen wir auf seine Ängste eingehen, ohne sie direkt bloßzulegen.

Also mußte Joe seine Botschaft durch seine Haltung und den Ton, in dem er sprach, vermitteln und dabei auf Ronnies Bedürfnis eingehen, mit seiner Band Spitzenleistungen zu bringen. Mit dieser Herangehensweise erreichte er, daß Ronnie ihm Aufmerksamkeit schenkte und vielleicht sogar bereit war, etwas zu ändern. Seine Botschaft lautete: »Ich verstehe, was du willst, und so kannst du es bekommen.«

Konfliktlösung

Beim Umgang mit dem Perfektionismus von jemand anderem muß man dieser Person das Gefühl vermitteln, daß ihr Perfektionist immer noch die Kontrolle hat. Im Laufe der nächsten Konzerte gelang es Joe, Ronnie »durch die Blume« zu sagen, wie dieser ihn zu Höchstleistungen animieren konnte. Es wäre unrealistisch gewesen, die eingefahrene Situation mit einer einmaligen Intervention klären zu wollen. Es waren mehrere Gespräche dazu erforderlich, die jeweils kleine Erfolge brachten.

Joe konnte Ronnie nicht sagen, was er nicht von ihm hören wollte, sondern mußte ihm verständlich machen, was ihm half. Und er mußte etwas von sich offenbaren, um Ronnie sanfter zu stimmen. Er versuchte es so: »Weißt du, Ronnie, ich hab dir eigentlich nie erzählt, wie nervös ich vor unseren Konzerten werde. Ich möchte mein Lampenfieber loswerden. Ich habe darüber nachgedacht, ob wir das nicht irgendwie auf die Reihe kriegen können. Es wäre schön, wenn du mir irgendwie darüber hinweghelfen könntest.«

Joe mußte sich einen Zacken aus der Krone brechen, um dies zu sagen und auch zu meinen, aber es funktionierte. Ronnie hörte mit der Zeit auf, ihn und die anderen Bandmitglieder vor ihren Konzerten zu kritisieren, und ging dazu über, ihnen statt dessen Mut zu machen. Mit seiner Strategie erzielte Joe in dem Konkurrenzkampf zwischen Ronnie und ihm ein Patt und nahm der Rivalität zwischen ihnen die Schärfe. Daß er das Risiko einging, diese spezielle Dynamik zu ändern, hatte weitreichende Folgen. Er bekam dadurch das Vertrauen und das Gefühl von persönlicher Macht, das er brauchte, um die Band verlassen zu können. Joe wurde ein erfolgreicher Künstler und nahm Platten mit seiner eigenen Band auf.

Der Perfektionist ist ein Krieger, der bis zum bitteren Ende kämpft. Bekommt unser Perfektionist die Erlaubnis, bis zum Äußersten zu gehen, kann er dafür sorgen, daß wir Jobs an den Nagel hängen, Freundschaften beenden, einen geschätzten Angestellten entlassen, unseren Ehepartner verlassen oder ein Kind enterben. Denn der Perfektionist sieht nicht ein, warum er nachgeben und seine Handlungen überdenken sollte.

Im Konflikt mit einem anderen Menschen können wir, selbst wenn wir in jedem Punkt uneinig sind, immer noch Botschaften vermitteln, die den Perfektionisten, der sich uns entgegenstellt, besänftigen. Dadurch ermöglichen wir es der Person hinter ihm, hervorzukommen und die Verhandlung auf einer vernünftigeren Ebene fortzuführen. So können wir uns im Umgang mit Perfektionisten, die recht haben müssen, durchsetzen – solange wir nicht auch recht haben müssen.

8
Der Heilungsprozeß

Nachdem wir unsere spezielle Form von Perfektionismus und die damit verbundenen Probleme (Krankheit, Depression, Sucht, Einsamkeit, Angst) unter die Lupe genommen haben, ist es an der Zeit zu fragen: »Will ich wirklich, daß mich meine innere Führung vom Perfektionismus heilt?« Um einen Heilungsprozeß einleiten zu können, müssen wir uns mit unserer ganzen Willenskraft dafür einsetzen. Es ist keine kleine Herausforderung, uns kann schnell die Luft ausgehen, wenn wir uns nicht immer wieder an unser Ziel erinnern und wirklich dahinterstehen.

Bei mir ist der Heilungsprozeß immer noch nicht abgeschlossen. Es reicht mir nicht, die Symptome zu bekämpfen. Ich will der Ursache meines Perfektionismus auf den Grund gehen. Ich möchte meine Ängste loswerden und mich nicht mehr von ihnen dominieren lassen. Ich möchte mich frei fühlen, etwas zur Welt beizutragen und mich auszudrücken. Ich möchte weniger verzagt in meinem Liebesleben sein.

Wann immer ich mein Ziel, mich von meinem Perfektionismus zu heilen, aus den Augen verliere, muß ich es mir wieder ins Gedächtnis rufen. Wenn ich mit 85 Jahren auf der Veranda sitze, will ich zurückblicken und wissen, daß ich ein erfülltes Leben hatte. Und bei jedem neuen Anlauf muß ich wieder gegen meinen inneren Widerstand angehen.

Der Prozeß des Erwachens

Wenn wir uns gut vorbereiten und bereitwillig den Zugang zu unserer inneren Welt suchen, ist diese nicht weniger aufregend als der afrikanische Busch. In der Tat ist die einleitend erwähnte Trekkingtour in Afrika, die ich mit sechs anderen Frauen gemacht habe, meine Metapher für den Prozeß des Erwachens.

Das Land war karg und das Wandern hart. Der Busch wimmelte von Wurzeln, Baumstümpfen, Insekten, Lianen, giftigen Schlangen, tiefhängenden Ästen, Kot von Tieren und unzähligen Dornen. Wir mußten sehr aufpassen, um uns vor Verletzungen zu schützen, und unser Führer mahnte uns immer wieder, präsent zu sein, um unser Überleben zu sichern: jederzeit wach, bewußt und im Hier und Jetzt. Wäre ich nicht auf einige Strapazen und eine emotional anstrengende Tour vorbereitet gewesen, hätte ich mich völlig ausgeliefert gefühlt.

Überdies mußte ich mich an das Tempo der Gruppe und die Gegebenheiten der Natur anpassen. Meinen Rhythmus auf die wilde Umgebung abzustimmen bedeutete, mein Wesen in Harmonie mit der Umgebung zu erleben. Ich konnte es nicht einfach »auf meine Art« tun; die Natur übte hier ihre Autorität aus, etwa wenn zu bestimmten Zeiten bestimmte Plätze wegen Raubtieren für einen Aufenthalt schlicht zu gefährlich waren. Und doch bekam unsere Trekkingtour durch den Busch magische Qualitäten, als wir immer mehr Wunder der Natur sahen.

Wie ich die Tücken unserer Trekkingtour akzeptierte, so müssen wir beim Prozeß des Erwachens akzeptieren, daß wir Haltungsveränderungen vornehmen und uns Schwierigkeiten bereitwillig stellen müssen. Wir müssen danach streben, diese Dinge zu tun, ohne uns als Opfer zu fühlen. Im Prozeß des Erwachens aus dem Perfektionismus streben wir danach, uns auf den Rhythmus unseres Wesens einzustimmen, und erhöhen oder drosseln unser Tempo, falls erforderlich, während wir auf einer phantastischen Reise wilde Abenteuer erleben.

Den eigenen Weg gehen

Es gibt keinen vorgezeichneten Weg, der für alle Menschen der richtige ist. Die innere Führung »beleuchtet« den Weg jedes Individuums. Wir müssen auf unsere innere Führung hören und ihr vertrauen, vor allem, wenn der Weg, der vor uns liegt, anders aussieht als der von anderen Menschen. Es ist ein Fehler, wenn wir uns mit anderen vergleichen. Das ruft den Perfektionisten mit seinem aufgeblähten oder geschrumpften Selbstbild auf den Plan. Und noch dazu können wir nie wissen, mit welchen Herausforderungen andere konfrontiert sind.

Befassen Sie sich mit dem Leben von anderen Menschen, um daraus zu lernen und sich inspirieren zu lassen, und nicht, um sich aufzuwerten oder herabzuwürdigen. Sollte eine Person einen selbstbewußten Eindruck auf Sie machen, dann nähern Sie sich ihr mit der Absicht, sich auf irgendeine Weise von ihr beflügeln zu lassen. Ertappen Sie sich dabei, sich im Vergleich zu den Leistungen oder zum scheinbaren Glück eines anderen Menschen zu bewerten, dann halten Sie inne, und bitten Sie um innere Führung.

Vergleichen Sie sich mit anderen?
Was versuchen Sie sich zu beweisen, wenn Sie das tun?

Zugang zu unserem Herzen finden

Wie schon im dritten Kapitel erwähnt, bieten sich uns viele Möglichkeiten, Zugang zu unserer inneren Führung zu finden. Verwenden Sie das System Ihrer Wahl, um Ihre innere Weisheit zu entdecken, und bleiben Sie wach und offen für alle Botschaften, die Sie aus den Tiefen Ihrer Seele erhalten. Ständige Achtsamkeit ist wichtig. Wenn Sie sich auf der Suche nach ihrem wahren, inneren Wesen die positiven Eigenschaften Ihres Perfektionisten zunutze machen, wird alles in bester Ordnung sein. Doch reißt der Perfektionist die Kontrolle an sich, sorgt er wieder für die altbekannten Schwierigkeiten.

Mein Lehrer sagte einmal zu mir, alles, was ich wirklich tun müsse, um innere Führung zu erfahren, sei, mein Herz zu öffnen. Er wies mich an, jeden Tag mit dieser Absicht zu meditieren. Mein »gutes Mädchen« war damals in voller Aktion, und so versuchte ich jeden Tag, mit aller Gewalt einen Riß in die harte Schale meines Herzens zu sprengen. Ich strengte mich mit meiner »Holzhammermethode« fürchterlich an und erreichte gar nichts. Doch ich blieb eisern bei der Sache, weil ich glaubte, mein Eifer würde mir helfen.

Manchmal spürte ich, wie sich mein Herz zu öffnen begann, und wurde übereifrig und »bedrängte« es – worauf hin es sich natürlich sofort wieder »verschloß«. Mein Lehrer erklärte, daß ich mich zu sehr verkrampfte, daß ich sanfter mit meinem Herzen umgehen und ihm erlauben müsse, sich zu öffnen, ohne etwas erzwingen zu wollen. Ich begriff nicht, was er damit meinte. Ich dachte: *Du hast die Kontrolle oder du hast sie nicht.*

Eines Tages sah ich beim Meditieren vor meinem geistigen Auge, wie sich mein Herz einen Spalt breit öffnete. Warmes Licht strahlte aus dem Spalt. Dann sah ich ein verängstigtes, tierartiges Wesen, das die beiden Hälften meines Herzens mit Händen, Füßen und Schwanz umklammerte. Es verhielt sich so, als müßte es den Tod fürchten, sollte sich mein Herz öffnen. Meine innere Führung sagte mir, ich solle mein Herz wieder schließen und diesem kleinen Wesen versprechen, daß ich nicht mehr versuchen würde, es mit Gewalt zu öffnen.

Nachdem ich mein Herz wieder fest verschlossen hatte, stellte ich mir vor, wie ich das verängstigte Wesen von meinem Herzen nehme, es auf den Boden setze und ihm behutsam erkläre, warum es keine Angst mehr zu haben braucht. Ich spürte, daß dieser Teil von mir der am meisten verängstigte und verletzte war (der Teil, den mein Perfektionist als schwach betrachtet hatte) und daß meine Aufgabe darin bestand, ihm ein Gefühl von Sicherheit zu vermitteln, weil es der Türhüter meines Herzens war.

Jetzt begriff ich, daß eben gerade die Verletzlichkeit hinter meiner Arroganz und meiner Gier nach emotionaler Wahrheit dem Türhüter meines Herzens Angst vor Selbstzerstörung machte. Ich erkannte, daß ich immer geglaubt hatte, mein Herz könne sich nicht öffnen, weil ich ein schlechter Mensch sei.

Meine meditative Erfahrung mit diesem Teil von mir war eine große Erleichterung für mich. Ich war froh zu wissen, daß ich nicht hart oder böse war, sondern nur verängstigt. Zwei Wochen lang ging ich jeden Tag in mich, um nachzuschauen, wie es um meinen kleinen Türhüter stand. Ich empfand Zärtlichkeit für ihn und tröstete ihn. Meine Haltung gegenüber mir selbst und dem, was ich tat, begann sich zu ändern. Ich erkannte, daß sich mein Herz zuallererst dem schwächsten Teil von mir hatte öffnen müssen.

Etwa zwei Wochen später sah ich beim Meditieren, wie ich mit meinem neuen Freund in der ersten Reihe eines Kinos vor einer großen, herzförmigen, silbernen Leinwand saß. Wir saßen Arm in Arm da und aßen Popcorn, während wir beide mit freudiger Erregung darauf warteten, daß sich mein Herz öffnete. Ich fühlte, wie mich eine Welle von Wärme und Licht durchflutete, als sich mein Herz ganz öffnete. Nach diesem Erlebnis kannte ich den Unterschied zwischen Erzwingen und Erlauben.

Viele Jahre und Meditationen später wurde ich wieder an dieses Erlebnis erinnert, weil ich erneut lernen mußte, mein Herz zu öffnen. Wenn mein »gutes Mädchen« sich daran festbeißt, das Richtige zu tun, stehe ich wieder unter der Macht meines Perfektionisten, der mich antreibt, und muß erneut lernen, mich zu akzeptieren und mir zu erlauben, so zu sein, wie ich bin. Mein Perfektionist denkt außerdem, ich sollte das mittlerweile wissen, aber in Wahrheit mußt ich es für den Rest meines Lebens immer wieder neu lernen. So ist das eben.

Wenn Sie Ihr Herz für den schwächsten, verängstigsten, verletzlichsten Teil von Ihnen öffnen können, wird Ihr Perfektionist seine Macht über Sie verlieren. Er hat sie nur aufgrund eines Mangels an Selbstakzeptanz.

Was ist der schwächste Teil von Ihnen?
Üben Sie, Ihr Herz für ihn zu öffnen.

Verluste akzeptieren

Die Heilung vom Perfektionismus geht manchmal mit Verlustgefühlen einher. In Anbetracht des Kontrastes, der zwischen der Freiheit, die wir gewinnen, indem wir unserer inneren Führung folgen, und dem Schmerz der Vergangenheit besteht, haben wir vielleicht das Bedürfnis, um verlorene Zeit und verpaßte Gelegenheiten zu trauern. Manchmal entsteht auch ein Gefühl von Persönlichkeitsverlust, wenn sich die Höhen und Tiefen unserer Erfahrungen ausbalancieren. Wir vermissen womöglich die vertrauten Ecken und Kanten oder haben Angst davor, in dem Maße langweilig zu werden, in dem die Exzentrik des falschen Selbst nachläßt.

Ich hatte mich immer als intensiv, launisch oder angriffslustig erlebt. In Gruppen kämpfte ich offen oder sorgte für irgendeine Kontroverse. Doch je mehr ich meinen Perfektionisten besänftigte und meiner inneren Führung folgte, desto sanftmütiger wurde ich, bis ich erheblich weniger zu sagen hatte. Ich stach in Gruppen nicht mehr heraus. Es schien, als würde ich mich nicht mehr kennen, und das war etwas beunruhigend. In Al-Alons Zwölf-Schritte-Programm wird diese Desorientierung wie folgt bezeichnet: »Was ist falsch? Nichts ist falsch, das ist es, was falsch ist.«

Diese Gefühle sind natürlich. Sie zu haben bedeutet in der Regel, daß wir uns auf einem Scheideweg zwischen den alten zu den neuen Seinsweisen befinden. Wir sind nicht mehr, was wir einmal waren. Wir haben womöglich einen Teil unserer alten Identität, Phantasien und Beziehungen verloren. Ein neuer Lebenssinn und die Menschen, die ihn mit uns teilen, sind noch nicht voll in Sicht.

Da wir daran gewöhnt sind, Ängstlichkeit mit Lebendigkeit zu verwechseln, Wut mit Macht und Besessenheit mit Liebe und Leidenschaft, ist dies eine Zeit, in der wir neue Prioritäten setzen müssen. Der Wunsch, zu den alten, vertrauten Seinsweisen zurückzukehren, ist natürlich, aber sie sind überholt. Alles, was wir in dieser Zeit tun müssen, ist, weiter unseren Gefühlen nachzuspüren, damit unsere Gefühle mit den Veränderungen, die sich bei uns vollziehen, in Einklang kommen können. Bald wird unser Ringen wie eine aufregende Reise sein, und das neue Selbst wird beginnen, sich wohlzufühlen.

Lassen Sie Ihre Verlustgefühle zu.

Da beginnen, wo wir stehen

Der Perfektionist weiß nicht, wie man kleine Schritte macht. Er ist nicht zufrieden mit dem, was er erreicht hat, und strebt danach, mächtiger, schneller, dünner und besser zu sein. Sheila erbte genug Geld, um mehrere Jahre lang davon leben zu können. Als ihr langsam das Geld ausging, wollte sie einen Job in einer mittleren Laufbahn, da sie genug verdienen mußte, um ihren Lebensstil beizubehalten. Sie hatte jedoch weder die Ausbildung noch das Selbstvertrauen dazu, sich für eine solche Stelle zu bewerben.

Sheila war nicht bereit, eine Anfangsstellung anzunehmen, weil sie sich mit dem Geld, das sie dabei verdient hätte, ihren gewohnten Lebensstil nicht mehr hätte leisten können. In der Zeit, die sie damit verbrachte, sich gegen die Tatsachen zu wehren, hätte sie mit einem Job auf Anfängerniveau beginnen und sich auf eine mittlere Position hocharbeiten können. Sie wartete solange, bis sie kein Geld mehr hatte und einen Kredit aufnehmen mußte, um schließlich zu erkennen, daß sie den ersten Schritt, den sie tun mußte, nicht überspringen konnte.

Wir müssen aus der dünnen Luft von Grandiosität (der Welt des Perfektionisten) herabsteigen und uns über unsere Selbstzweifel (die Welt des Hilflosen) erheben, um unser wahres Selbst finden zu können. Wir müssen uns der Herausforderung stellen, unser wahres Selbst gut genug sein zu lassen. Es liegt ein immenses Potential an Freiheit in der Erkenntnis, daß es in Ordnung ist, genau so zu sein, wie man ist. Der Perfektionist glaubt, daß einige Menschen auf der Welt dumm, schwach oder verrückt seien und einige perfekt. In Wirklichkeit ist jedoch jeder irgendwo etwas dumm, schwach oder verrückt – eine Tatsache, die wir akzeptieren müssen. Und das ist das perfekte Szenario, denn wenn wir uns nicht ändern *müssen*, werden Veränderungen möglich.

Wo versuchen Sie, auf der Überholspur an sich vorbeizupreschen?

Die Natur von Veränderungen

Wie vorherrschende Winde oder die Strömung eines Flusses werden Veränderungen durch natürliche Kräfte bestimmt. Die meisten Veränderungen vollziehen sich in unserem Leben jenseits unserer bewußten Kontrolle. Wir können uns bestenfalls fügen und mit ihnen fließen. Gelingt es uns, eine offene Haltung beizubehalten – welche Veränderungen auch eintreten mögen –, hilft uns das Leben selbst, uns an diese Veränderungen anzupassen.

Positive Veränderungen lassen sich nicht erzwingen. Bei einer fordernden oder selbstablehnenden Haltung »forcieren wir den Fluß«: *Um akzeptabel zu sein, muß ich mich ändern.* Diese Haltung läßt der inneren Führung keinen Raum, sich bemerkbar zu machen und gibt der natürlichen Ordnung keine Chance, sich durchzusetzen. Selbstakzeptanz ermöglicht uns dagegen, »mit dem Fluß zu fließen«: *Ich will mir diese Veränderung gönnen.*

Selbst wenn wir offen für Veränderungen sind und selbst wenn die innere Führung das Kommando hat, kämpfen bestimmte Teile der Psyche gegen die Wandlungen, die sich im Leben vollziehen, an. An jeder Veränderung sind gegensätzliche Kräfte beteiligt. Der Perfektionist will nur die Veränderungen, die er kontrollieren kann, und er will sie gestern. Der Hilflose will nur die »schönen« Veränderungen, für die sich jemand anders ins Zeug legt. Der eine Teil der Psyche erzwingt Veränderungen, während der andere sich dagegen weigert, so daß diese beiden Teile zusammengenommen den Fluß des Lebens blockieren. Wir können uns dem Einfluß dieser beiden Gegenpole unserer Psyche nicht entziehen. Statt dessen müssen wir bei den Schritten, die wir tun, die Spannung zwischen ihnen einkalkulieren.

Dauerhaften Veränderungen gehen verschiedene Stufen eines Lernprozesses voraus. Der Perfektionist ist auf der Stufe des Intellekts stehengeblieben. Er meint, eine Veränderung müsse erfolgen, sobald er verstandesmäßig etwas begriffen hat: *Du weißt es doch schon. Warum tust du's dann nicht?* Der Hilflose hat sich auf der emotionalen Stufe festgefahren: *Ich habe keine Lust.* Wir müssen Wissen mit dem bewußten Verstand *und* unseren Gefühlen – mit Körper und Geist – verarbeiten, ehe wir dauerhafte Veränderungen bewirken können.

Marylin kämpfte mehrere Jahre lang damit, eine zerstörerische Beziehung zu einem Mann beenden zu wollen, der sie nicht heiraten wollte. Ihr Freund Charles zog nächtelang auf »Sauftouren« durch die Kneipen und wurde wütend, wenn Marilyn sich beklagte. Sie wurde immer wieder in die und aus der Beziehung hinein- und herauskatapultiert, weil sie jedesmal, wenn sie ihn verließ, wieder einen Rückzieher machte. Zu Beginn unserer Arbeit bat ich Marilyn, von dem zwanghaften Plan, sich von Charles trennen zu wollen, abzurücken und sich stattdessen für den natürlichen Fluß von Veränderungen zu öffnen. Sie mußte bei ihrem Lernprozeß genügend Entwicklungsschritte machen, um eine dauerhafte Veränderung vornehmen zu können.

Auf der Stufe, auf der Marilyn sich zu diesem Zeitpunkt befand, sah sie das Ende ihrer Beziehung als einen Verlust von Liebe an, den sie erleiden müsse. Bei dieser Denkweise, der zufolge ihr etwas genommen wird, das sie braucht (Liebe), und dafür kein »Ersatz« geboten wird, kommt der Fluß des Lebens zum Stillstand. Marilyn mußte die Beendigung ihrer Beziehung als etwas ansehen, das sie für sich selbst tat. Richtet man seine Aufmerksamkeit auf das, was man will statt auf das, was man verliert, ist man offener für den Lauf der Dinge. Marilyn mußte sich wieder ins Gedächtnis rufen, was sie wollte (heiraten und gut behandelt werden), und sich dessen bewußt werden, daß ihr Freund nicht ihr Märchenprinz war.

Hilfe zu bekommen kann in vielerlei Hinsicht Blockaden lösen, und Marilyn brauchte Hilfe bei ihrem Ringen. Sie brauchte Bücher,

Therapie und das Zwölf-Schritte-Programm, aber keinen Rat von Familie und Freunden. Ihre Überzeugung, daß sie nicht gut genug sei, um gut behandelt zu werden, stellte ein weiteres Hindernis im Hinblick auf Veränderungen dar. Sie konnte die zerstörerische Liebe nicht hinter sich lassen, solange sie ihre Einstellung nicht dahingehend änderte, es »wert« zu sein, etwas Besseres zu bekommen.

Marilyn mußte an dem Punkt anfangen, an dem sie sich befand. Ihr Hilfloser sagte: *Ich kann es nicht ertragen, ihn zu verlieren.* Ihr Perfektionist forderte dagegen: *Du mußt ihn jetzt verlassen.* Dieser Konflikt blockierte Marilyn. Die Erkenntnis, daß sie ihn nicht verlassen mußte, bis sie dazu bereit war, nahm ihr den Druck und beseitigte ein weiteres Hindernis, das ihr im Weg stand.

Dann hatte Marilyn die Zeit und die Freiheit, um innere Führung bitten zu können, die ganz von selbst kommt, wenn wir die Blockaden beseitigen. Mit zusätzlicher Hilfe von außen gelang es Marilyn, das »Gleichgewicht« zwischen unmittelbaren Verlustängsten und ihrer Treue zu dem, was sie wirklich wollte, allmählich zu verschieben. Binnen sechs Monaten hatte sie im Rahmen des Lernprozesses, den sie durchlaufen mußte, um Charles verlassen zu können, genügend Entwicklungsschritte gemacht – ohne das unnötige Leiden, das entsteht, wenn wir versuchen, Veränderungen zu erzwingen oder uns gegen sie zu wehren. Sie gab die Beziehung auf, weil sie sich nicht mehr mit der Beziehung, die sie zu sich selbst entwickelt hatte, vereinbaren ließ.

Nach weiteren 18 Monaten lernte Marilyn – nach einer kurzen »überbrückenden« Beziehung – ihren zukünftigen Mann kennen. Die Beziehung ist nicht perfekt, doch sie basiert auf echter Fürsorge und Respekt – ein Zeugnis ihrer gewachsenen Selbstwertschätzung. Marilyn hat neue Erfüllung in der Liebe gefunden, weil sie gelernt hat, mit dem natürlichen Fluß von Veränderungen zu fließen, anstatt sich dagegen zu sträuben.

Achten Sie darauf, wo Sie Veränderungen erzwingen und wo Sie sich dagegen wehren.

Achtsamkeit

Dem Perfektionisten mit Achtsamkeit zu begegnen ist der erste Schritt, den wir tun müssen, um ihn entlarven und von der inneren Führung unterscheiden zu können. Für die Problematik des Perfektionisten »wach zu werden« ist wie die Entdeckung einer lebenslangen Verschwörung in unserem Kopf. So sehr wir uns auch vor Verschwörungen fürchten, wir wollen nicht an sie glauben. Das Nicht-wahr-haben-Wollen stellt – in Verbindung mit dem Wunsch des Perfektionisten, im Verborgenen zu bleiben – eine immense Herausforderung dar. Voraussetzung dafür, sich einer Herausforderung dieser Größenordnung stellen zu können ist, daß wir unsere ganze Aufmerksamkeit der Selbstbeobachtung widmen.

Wollen wir Zugang zu unserer inneren Führung finden, müssen wir den Perfektionisten in Aktion beobachten, etwa bei dem Versuch, unser Selbstbild künstlich aufzublähen (Selbstinflation) oder zu schrumpfen (Selbstdeflation). Allerdings können wir nicht den Perfektionisten darauf ansetzen, dem Perfektionisten auf die Schliche zu kommen. Also müssen wir uns bei der Selbstbeobachtung fragen: »Wer schaut hin?«

Wann immer wir in der Lage sind, den Perfektionisten zu beobachten, ohne darüber zu urteilen, wissen wir, daß das wahre Selbst hinschaut. Wenn wir uns jedoch dabei ertappen, daß wir zu beweisen zu versuchen: »Ich bin gut/böse« oder »Die anderen sind gut/böse«, ist es der Perfektionist, der auf dem Beobachtungsposten steht. Unsere Aufgabe besteht also darin, uns einfach wie ein Wissenschaftler oder ein Journalist wahrzunehmen – »Was tue ich?« – und von einer neutralen, irgendwie distanzierten und skeptischen Position aus Daten zu sammeln. Unsere innere Führung wird den Rest erledigen.

Versuchen wir, uns selbst zu korrigieren, ehe wir gelernt haben, achtsam zu sein, verlieren wir sowohl unsere Neutralität als auch unsere Neugierde und damit den Draht zur inneren Führung. Jeglicher Versuch, in diesem Stadium etwas zu korrigieren, wäre zuviel des Guten. Die Arbeit besteht darin, nicht zu korrigieren, sondern neugierig zu sein und wahrzunehmen, ohne zu urteilen. Zur Korrektur kommt es später durch die innere Führung.

Wer steht auf dem Beobachtungsposten,
wenn Sie sich beobachten?

Leiden

Daß Leid zum Leben gehört, ist eine der härtesten Wahrheiten, die ich akzeptieren mußte. Es kommt und geht wie eine Naturgewalt und läßt sich nicht kontrollieren. Wenn wir uns jedoch von unserem Perfektionismus leiten lassen, führt dies zu unnötigem Leiden.

Die Überzeugung des Perfektionisten, Leiden sei falsch, verstärkt unser Leid nur noch. Der Perfektionist verurteilt alles und jeden dafür: uns, wenn wir leiden, die Welt, weil es Leid auf der Welt gibt, das Leben, weil es uns Leid bringt, und Gott, weil er zuläßt, daß wir leiden. Flüchten wir jedoch vor dem Leiden, so verfolgt es uns. Wenn wir zum Leid sagen: *Oh, nein, nicht schon wieder – geh weg!*, wird der Schmerz nur noch schlimmer.

Meine Klientin Janice kämpfte gegen eine drohende Depression an. Sie versuchte, ihre negativen Gedanken durch positive zu ersetzen. Meine eigenen Bemühungen, sie vor der Depression zu bewahren, fruchteten nicht. Ich hatte das Gefühl, daß ich mich vergebens um sie bemühte, und überlegte, ob es ihr selbst wohl genauso erging.

Ich fragte Janice, ob sie das Gefühl hätte, daß ihr Kampf vergeblich sei. »Ja«, gab sie zurück. Ich schlug ihr vor, ihre Depression einfach zuzulassen und sich nicht dagegen zu sträuben. Vielleicht würde ihr ihre innere Führung dann einen Weg aus der Depression weisen, und sie müßte dann nicht so viel Energie darauf verwenden, ihre Stimmung zu verbessern.

Diese Perspektive verschaffte Janice Erleichterung. Solange sie ihren Schmerz abgelehnt hatte und sich nicht gestattete, ihn zu verspüren, war sie blockiert gewesen. Als sie ihren Schmerz jedoch zuließ, kamen einige damit zusammenhängende Erinnerungen aus der Vergangenheit hoch. Das brachte sie zum Weinen, was emotional befreiend für sie war. Janice erlangte auf diese Weise ein tieferes Verständnis von sich, das ihr verwehrt geblieben wäre, hätte sie weiterhin versucht, ihren Schmerz zu vermeiden. Ihr Vermeidungsverhalten hatte ihr Leid unnötig verschlimmert und verlängert und den Heilungsprozeß, den sie durchlaufen mußte, verzögert.

Mit seinen Werturteilen verhindert der Perfektionist das Wachstum, nach dem er so verbissen strebt, erst recht. Er hat die Kraft und Intelligenz zu wachsen, aber ihm fehlt es an Bewußtheit – über seine Grenzen, über das innere Wesen der Menschen, über die Tatsache, daß es ihm an Bewußtheit fehlt.

Wir können Leid, anstatt es als falsch zu empfinden, als Aufforderung wahrnehmen, uns zu fragen, welche Botschaft uns unser Schmerz vermitteln will, anstatt vor ihm zurückzuschrecken. Neugierde ruft die innere Führung auf den Plan. Wenn wir bei der Konfrontation mit Leid offen und empfänglich bleiben, anstatt den Kummer einfach beiseite schieben zu wollen, können wir herausfinden, ob wir etwas dagegen unternehmen können oder unseren Schmerz einfach durchleben müssen. Ändern Sie Ihre Beziehung zum Leiden, anstatt in einer Vermeidungshaltung zu verharren.

Gibt es einen Schmerz, den Sie verdrängen?
Was würde passieren, wenn Sie ihn zuließen?

Innerer Dialog

Ich schlage vor, daß Sie bei Ihrer Suche nach Ihrem Perfektionisten den verschiedenen Stimmen in Ihrem Geist besondere Aufmerksamkeit schenken. Hören Sie auf das, was diese Stimmen sagen. Ist da eine Stimme, die Sie als Dummkopf bezeichnet und sagt, Sie seien eine lahme Ente, selbstsüchtig und wertlos? Hören Sie Forderungen wie: *Tu's einfach – beeil dich!* und *Schau mal, was du angerichtet hast?* Hören Sie Beleidigungen wie *Du kannst das nicht – du verschwendest nur deine Zeit!* oder *Immer bist du …* oder *Nie hast du …?* Hält diese Stimme an der Vergangenheit fest und prophezeit Ihnen eine düstere Zukunft? *Es wird immer so sein, wie es war – oder schlimmer.* Ihren inneren Dialog oder die Art, wie Sie mit anderen Menschen sprechen, wahrzunehmen hilft Ihnen, herauszufinden, wie der Perfektionist Sie und Ihre Beziehungen beeinflußt.

Es ist wichtig, negative Gedanken nicht vorzeitig durch positive zu ersetzen. Mit dem Versuch, dies zu tun, blockieren Sie nur die Verbindung zu Ihrer inneren Führung und verschwenden Energie. Vergessen Sie nicht: Neugierde und neutrale Selbstbeobachtung helfen, die innere Führung wahrzunehmen. Das Gleichgewicht wird sich bei zunehmender Bewußtheit über die Auswirkungen, die negative Gedanken haben, wieder einpendeln. Der nächste Schritt besteht dann darin, nicht mehr auf die negativen Gedanken zu hören, sondern sich von der inneren Führung leiten zu lassen.

Körpersignale

Unsere Gedanken und unser innerer Dialog wirken sich auf unsere Gefühle und Stimmungen aus. Gefühle und Stimmungen gehen mit körperlichen Empfindungen einher, die uns, sofern wir sie erkennen und interpretieren, helfen, die innere Führung deutlicher wahrzunehmen.

Wenn wir sagen: »Ich bin wütend/nervös/unter Druck/ängstlich/glücklich«, haben wir auch körperliche Empfindungen dabei. Wir können merken, wie uns die Hitze zu Kopf steigt, uns flau im Magen wird, wie uns etwas auf den Schultern lastet, sich uns der Magen zusammenkrampft oder wir ein beklemmendes Gefühl in der Brust bekommen. In Situationen, in denen wir nicht wissen, was wir wirklich denken und fühlen, können diese körperlichen Empfindungen es uns sagen. Sie sind Botschaften aus den Tiefen unserer Seele.

Die körperlichen Empfindungen, die mit Perfektionismus einhergehen, unterscheiden sich von jenen, die ihren Ursprung in unserem Wesen haben. Wir müssen jedoch genau hinschauen, um sie klar auseinanderhalten zu können. Wenn wir uns unter Druck, wütend oder sonstwie unwohl fühlen und diese Gefühle nicht hinterfragen, neigen wir dazu, zu schnellen Lösungen zu greifen, um das Unwohlsein zu beseitigen. Das mag zwar für den Augenblick funktionieren, hat aber unerwünschte Folgen.

Widmen wir unseren körperlichen Empfindungen dagegen etwas Zeit und Aufmerksamkeit, können sie uns Botschaften vermitteln. Bei dem Versuch, etwas über den Ursprung unseres Unwohlseins herauszufinden, anstatt schnelle Schlüsse daraus zu ziehen, kommen wir mit unserer inneren Führung in Kontakt. Dann können wir Einsichten erlangen, die wie Geschenke aus einer geheimnisvollen Quelle sind.

Blitzartige Einsichten können uns wie ein »Ach so!« oder eine neue Idee »zufliegen«. Auf diese Weise können wir entdecken, daß der Druck, den wir verspüren, von einer unrealistischen Erwartung herrührt oder eine übersteigerte Reaktion auf eine Situation ist – beides das Werk des gerissenen Perfektionisten. Die innere Führung hilft uns, Mißverständnisse aufzudecken und unser Wohlbefinden wiederherzustellen.

Was sagen Ihnen Ihre Körpersignale,
wenn Sie auf sie achten?

Selbsterkenntnis

Wie deutlich wir die innere Führung wahrnehmen können, ist großenteils von unserer Selbsterkenntnis abhängig, d. h. davon, wie gut wir uns kennen. Wir alle haben ein Selbstbild, bei dessen Wahrnehmung wir Faktoren, von denen wir noch nichts wissen, ausklammern. Wollen wir uns selbst besser kennenlernen, müssen wir uns vorsichtig in das Unbekannte vortasten, weil sich der Perfektionist von unserer Selbsterforschung bedroht fühlt. Bestimmte falsche Vorstellungen über das Unbekannte führen dazu, daß wir Angst davor haben und es vermeiden. Doch wenn wir vor der Selbsterforschung zurückschrecken, können wir die Schätze, die sich in unserer Psyche verbergen, nicht finden.

Welche Teile Ihrer Psyche wagen Sie nicht zu erforschen?

Der Schatten

Viele Menschen denken, daß die verborgenen, »bösen Teile« unserer Psyche unseren Schatten oder unsere dunkle Seite ausmachen. Leider hält diese Sichtweise uns tendenziell davon ab, unter die Oberfläche zu schauen. In Wirklichkeit setzt sich unser Schatten jedoch einfach aus den Eigenschaften von uns zusammen, die wir noch nicht kennen, und da wir sie nicht kennen, mißverstehen wir sie oft.

Wird eine sich formende Persönlichkeit so gespiegelt, daß ein Persönlichkeitszug kritisiert oder aber gar nicht erst bemerkt wird, dann wird dieser Zug tief im Inneren der Person vergraben. Zwar schlummert er dort, aber es baut sich Druck auf, weil er ein natürliches Bedürfnis hat, an die Oberfläche zu kommen und erkannt zu werden. Wird der Zug mit Gewalt unterdrückt, gewinnt er an Macht und kann Süchte schüren, bis wir ihn uns bewußt machen. Solche Persönlichkeitszüge sind nicht unbedingt negativ. Sie können Tugenden sein, die abgelehnt wurden.

Mary dachte, sie sei ein schlechter Mensch. Aus Angst, möglicherweise herauszufinden, wie verabscheuenswürdig sie war, vermied sie, sich ihre Schatteneigenschaften anzuschauen. Sie nahm an, daß das, was sie nicht über sich wußte, noch schlimmer sei als das, was sie wußte. Als sie und ich jedoch behutsam die unbekannten Teile ihrer Psyche erforschten, war sie überrascht, Stärken und Talente zu entdecken. Da Marys positive Züge von den wichtigen Menschen in ihrem Leben nicht gespiegelt worden waren, hatte sie sie nie erkennen können.

Mit dem Ziel, seine Selbstachtung zu wahren und weitere Verletzungen zu vermeiden, treibt der Perfektionist die abgelehnten und nicht wahrgenommenen Teile unserer Psyche in den Untergrund. Er wird dann ein lebenslanger Zensor mit der Aufgabe, diese Teile unter Verschluß zu halten wie einen verstoßenen Zwilling, der in der Dachkammer eingesperrt ist.

Unsere geheimen Züge aus ihrem Versteck zu befreien und Frieden mit ihnen zu schließen ist der Schlüssel zu einem erfüllten Leben. Die Teile unseres Selbst, denen wir nicht begegnen wollen, sind genau die, die wir am meisten brauchen. Stellen Sie sich Ihr unvollständiges Selbstkonzept wie die Spitze eines Eisbergs vor, die aus dem Eismeer herausragt, und das vollständige wie den ganzen Eisberg. Ich kann Ihnen nur empfehlen, ins kalte Wasser zu springen, um den Rest von sich kennenzulernen.

Welche verborgenen Teile Ihres Selbst warten darauf, an die Oberfläche und aus der Dunkelheit ans Licht gebracht zu werden?

Selbst Trottel können gute Arbeit leisten

Das Wort »Trottel« ist eine offensichtliche Beleidigung, aber ist es nicht so, daß wir uns insgeheim so bezeichnen und noch andere abschätzigen Namen für uns haben? Haben wir uns nicht selbst dabei ertappt, daß wir andere so genannt haben? Auf dem Höhepunkt meines Kampfes mit mir selbst sagte mein Lehrer zu mir: »Cynthia, ganz gleich, wie sehr du dich anstrengst, dich zu perfektionieren, du wirst weiterhin ein Trottel sein. Doch das ist in Ordnung. Ich bin auch ein Trottel, und sogar Trottel können gute Arbeit leisten.« Nachdem ich mich von meinem ersten Schock erholt hatte, bemerkte ich, daß seine Worte ein Loch in mein aufgeblasenes Selbstbild gepiekst hatten und ich mich selbst weniger wichtig nehmen konnte. Und wie eine Lebensweisheit zur rechten Zeit hilft mir die Vorstellung, ein Trottel zu sein, immer noch, mich von meinem Zwang, mich selbst zu beweisen, zu befreien.

Ich habe andere Menschen gelegentlich damit schockiert, daß ich ihnen erzählte, ich sei teilweise ein Trottel. Ihre Antwort war: »Denk das nicht von dir. Du bist kein Trottel!« Anders als sie dachten, habe ich nicht Selbstkritik geübt. Ich habe mich befreit. Sobald uns einmal klargeworden ist, daß jeder etwas von einem Trottel und etwas von einem Verrückten in sich hat, brauchen wir uns nicht mehr zu sorgen und zu verstecken. Wollen wir uns auf der Suche nach Sinn und Aufgabe in unserem Leben den Weg freimachen, dann müssen wir Perfektionisten wirklich ehrlich mit uns selbst werden. Eine derartige Einstellung macht Selbsterkenntnis und Selbstakzeptanz und damit gutes Gelingen der Suche möglich.

In welchen Bereichen können Sie zugeben, ein Trottel zu sein? Können Sie sich trotzdem lieben?

9
Im Augenblick leben

Innere Führung vollzieht sich »im Augenblick«. Der Perfektionist vermeidet den Augenblick, weil der Augenblick auf ihn zu intensiv, zu leer oder zu nah wirkt, als daß er sich darin wohlfühlen könnte. Er begibt sich lieber in die »Pufferzone« der Vergangenheit oder der Zukunft. Und doch kontrolliert er den Augenblick – indem er uns aus ihm herausreißt.

Bei dem Versuch, im Augenblick zu leben, sitzt einem der Perfektionist oft im Nacken. Er sagt: *Diese schlimme Sache, die in der Vergangenheit passiert ist, wird wieder passieren.* Unsere Angst katapultiert uns aus dem Augenblick heraus, und wir haben eine weitere Gelegenheit verpaßt, etwas Neues zu erfahren.

Im Augenblick zu leben bedeutet, das Hier und Jetzt bewußt wahrzunehmen – den Atemzug, den wir gerade tun, den Herzschlag, den wir gerade verspüren, und das Ereignis, das wir gerade erleben. Ich lade Sie ein, wahrzunehmen und zu fühlen, was immer gerade hier, gerade jetzt geschieht. Lassen Sie den Perfektionisten ruhig reden, wenn er behauptet, Sie würden Ihre Zeit vergeuden. Kommen Sie in den Augenblick. Wachen Sie auf.

Eine gewohnheitsmäßig getroffene Entscheidung

In jeder Therapiesitzung redete Judy darüber, wie sehr sie ihren Job und ihre Beziehung haßte, und malte sich anschließend eine bessere Zukunft aus. Sie sprach so schnell, als hätte sie Angst davor, von etwas eingeholt zu werden. Ich fragte sie, ob sie irgendwelche

Ideen habe, wie sie den Wechsel von dem Leben, das sie haßte, zu dem Leben, das sie sich wünschte, schaffen könnte. Darauf sprach sie noch schneller und suchte nach den richtigen Antworten, während sie mich beifallheischend anblickte. Ich sagte, ich könne ihr die Antworten nicht geben, würde aber darauf wetten, daß sie sie finden könnte; sie müßte lediglich ihr Tempo ein wenig drosseln, um in sich hineinzuhören. Julie fing an zu weinen – und das war es, was sie mit ihrem schnellen Reden und erzwungenen Optimismus hatte unterdrücken wollen. Das Weinen befreite sie und verschaffte ihr Zugang zu ihrer inneren Weisheit.

Entscheidungen, die wir in einem bestimmten Augenblick treffen, bestimmen unsere Zukunft. Den Augenblick zu meiden ist eine Entscheidung, die wir gewohnheitsmäßig treffen, und diese Entscheidung verursacht eine Diskrepanz zwischen dem Leben, das wir planen, und dem Leben, das wir führen. Solange unsere Vorstellung von uns selbst nicht mit unserem Verhalten übereinstimmt und unter dem Strich immer wieder etwas herauskommt, das nicht dem entspricht, was wir wollen, leben wir noch nicht im Augenblick.

Die Antwort auf die Frage, wie Sie von dort, wo Sie sind, dahin kommen können, wo Sie hinwollen, ist in der Intensität des Augenblicks zu finden. Versuchen Sie es mit einer Affirmation wie der folgenden, um im Augenblick zu bleiben: *Die schlimme Sache, die in der Vergangenheit geschehen ist, muß in Zukunft nicht wieder geschehen, wenn ich im Hier und Jetzt ausharre, um Führung bitte und den Ablenkungsmanövern des Perfektionisten standhalte, bis ich Richtungsanweisungen erhalte.*

Üben Sie, im Augenblick zu leben, allein und mit einem anderen Menschen.

Gleichgewicht und das Gesetz von Ursache und Wirkung

Ganz gleich, wie ehrlich unsere Absichten sind oder wie groß unsere Verantwortlichkeiten – wenn unser Körper oder unser Geist zu sehr aus dem Gleichgewicht gerät, verliert er an Kraft. Dies äußert sich durch eine Krankheit, einen Zusammenbruch, Suchtverhalten oder ein Unwohlsein. Es handelt sich um eine Manifestation des Gesetzes von Ursache und Wirkung. Ich habe einige Male am eigenen Leibe erfahren, was passiert, wenn man dieses Gesetz mißachtet. Wenn ich mich von meinem Perfektionisten zu sehr antreiben ließ oder wenn ich geradeaus weiterging, um es ihm recht zu machen, obwohl das Leben nach links abgebogen war, hat er mich durchgeschüttelt, geknebelt, k.o. geschlagen und ans Bett gefesselt.

Früher habe ich die Krankheitsschübe, die mein Perfektionismus bei mir auslöste, als Strafe, Ungerechtigkeit oder Verrat empfunden. Heute sehe ich sie als Auffrischungskurse über das Gesetz von Ursache und Wirkung an. Ich dachte, meine Verantwortlichkeiten oder meine noblen Anliegen würden mich von diesem Gesetz befreien, aber ich mußte feststellen, daß es keine »Ausnahmeregelungen« gibt. Wenn ich zu sehr aus dem Gleichgewicht gerate, zieht das Leben die Notbremse. Und dann muß ich tun, was immer notwendig ist, um mein Gleichgewicht wiederzufinden. Dem Gesetz von Ursache und Wirkung ist es egal, ob ich es mir nicht leisten kann, meine Arbeit zu unterbrechen.

Auch beim Schreiben dieses Buches mußte ich mich wieder mit dem Gesetz von Ursache und Wirkung auseinandersetzen. Um im Gleichgewicht bleiben zu können, muß ich es zeitweise nahezu unerträglich langsam angehen lassen, was meinen Perfektionisten zum Wahnsinn treibt.

Also muß ich meinem Perfektionisten eine lange Nase machen und sagen: *Ha! Du kannst mich nicht dazu zwingen, Gas zu geben. Ich werde dich dieses Buch nicht schreiben lassen, ganz gleich, wie sehnlich du dir das wünschst!*

Ich muß mich auch mit der Tatsache abfinden, daß sich mein Perfektionist in meine Gedanken einschleicht, während ich schreibe. Ich kann nicht erwarten, daß mein Perfektionismus jetzt, da ich ein Buch über dieses Thema schreibe, verschwindet, nachdem ich mein ganzes Leben lang unter seiner Fuchtel gestanden habe. Also bin ich dabei zu lernen, auch mit meinem Perfektionisten in relativem Gleichgewicht zu leben. Und das ist in der Tat möglich, jetzt, da ich eine größere Autorität in mir kennengelernt habe, die mich führen kann.

Ganzheitliche Behandlungsmethoden, die den Menschen als Körper-Geist-Einheit behandeln, helfen mir bei meinem persönlichen Kampf. Sie können uns als Individuen die Kraft verleihen, dem Perfektionisten zu widerstehen, wann immer er unsere Versuche, unser Gleichgewicht wiederzufinden, boykottieren will.

Bei dem Prozeß, den wir durchlaufen, um wieder ins Gleichgewicht zu kommen, ist eventuell eine Auszeit notwendig. Es ist wichtig, die richtige Haltung zu bewahren und nicht in eine Depression zu versinken, die durch reduzierte Aktivität entstehen kann. Ruhe kann Sie an frühere Zusammenbrüche erinnern, aber diesmal trägt die Ruhe dazu bei, Ihr Gleichgewicht wiederzufinden und Ihrer Seele (wieder) Flügel wachsen zu lassen. Sie treten über eine Schwelle: Sie lassen die Welt des Perfektionisten, der Sie bis zum Zusammenbruch antreibt, hinter sich und gelangen an einen Ort, an dem Sie es sich erlauben können, Unterstützung von Ihrem inneren Wesen zu erhalten. Ihre Einstellung – die Bedeutung, die Sie diesem »Überschreiten der Schwelle« beimessen, und die Ehrfurcht, die Sie hierbei empfinden – kann Ihnen in jeder damit einhergehenden Depression Halt geben.

Wo in Ihrem Leben haben Sie das Gesetz
von Ursache und Wirkung mißachtet und sind
aus dem Gleichgewicht geraten?

Arbeit, Studium, Ruhe und Spiel

Gleichgewicht bei Arbeit, Studium, Ruhe und Spiel ist wesentlich. Der Widerstand gegen dieses Gleichgewicht ist die Kraft, die uns Probleme macht. Der Perfektionist tut alles, um zu verhindern, daß wir im Gleichgewicht sind, weil Gleichgewicht das Antidot von Perfektionismus ist. Falls Sie zu Passivität neigen, dann schaffen Sie Gleichgewicht, indem Sie für zusätzliche Aktivitäten und Bewegung sorgen. Wenn Sie zuviel Kopfarbeit leisten, dann gleichen Sie das mit einer Tätigkeit aus, die geistig nicht fordernd ist, oder ruhen Sie sich einfach etwas aus.

Arbeit

Nichts zu tun zu haben kann genauso schädlich sein wie zuviel Arbeit. Sich unproduktiv zu fühlen wirkt sich negativ auf unsere Lebensenergie aus und bietet dem Hilflosen in uns einen fruchtbaren »Nährboden«. Ist man erst einmal in Hilflosigkeit verfallen, wird es schwierig, wieder herauszukommen und einen Neuanfang zu machen. Solange wir nicht auf unsere innere Führung zu hören vermögen, versucht der Perfektionist immer wieder, zu Hilfe zu eilen. Er reagiert wie ein Kampfhund, der einfach nicht loslassen will, und treibt den Hilflosen auf dem Weg des Perfektionismus gnadenlos an – und wieder zurück in die Hilflosigkeit. Arbeit hat nicht nur etwas mit Geldverdienen zu tun. Man muß sich dabei lebendig fühlen, und die Lebendigkeit geht bei Über- oder Unterforderung verloren.

Studium

Der Perfektionist meint, daß wir schon alles wissen sollten und daß Anfänger Versager seien. Er vermeidet Gefühle von Frustration, indem er sich Rechtfertigungen für uns ausdenkt, nichts Neues lernen zu müssen: *Wenn ich nicht gut darin sein kann, will ich es erst gar nicht probieren.* Es ist jedoch für die Aufrechterhaltung unseres Gleichgewichts notwendig, dem Erlernen von neuen Fähigkeiten inmitten der anderen Aktivitäten in unserem Leben seinen Platz zu geben. Es ist gut, das ganze Leben lang immer wieder etwas Neues zu lernen. Und da das Leben selbst mein Lehrer ist, erhalte ich jeden Tag neue Lektionen. Meinen Perfektionismus überwinden zu lernen, ist eine von diesen Lektionen.

Sie können Schüler Ihres eigenen Heilungsprozesses sein. Haben Sie einmal beschlossen, Ihr Streben nach Perfektion aufzugeben, entwickelt der Heilungsprozeß eine eigene Dynamik. Wir müssen nicht wissen, wie es funktioniert, doch wir können es »unterwegs« analysieren. Ich lerne aus dem, was meine Klienten über sich selbst entdecken, viel über den Prozeß der Heilung vom Perfektionismus.

Ruhe

Die Art und Weise, in der Menschen Ruhe finden, ist unterschiedlich. Einigen hilft es, zu schlafen oder sich einfach ins Bett zu legen. Andere finden Ruhe, indem sie lesen, gärtnern oder Musik hören. Wieder andere entspannen sich, indem sie einen Spaziergang machen, Sport treiben oder Zeit mit ihren Tieren verbringen. Überdies können Naturerlebnisse entspannend wirken. Finden Sie heraus, was Ihnen Ruhe verschafft, und gleichen Sie Arbeit, Studium und Spiel damit aus.

Spiel

Spiel ist in jeder Hinsicht so wichtig wie Arbeit. Der Perfektionist haßt Spiel und Spaß. So etwas ist ihm nicht ernst oder »produktiv« genug. Wenn wir Spaß an dem haben, was wir tun, sind wir jedoch gerade besonders produktiv. Dies ist vielleicht der Grund dafür, daß Platon schrieb: »Man muß sein Leben mit bestimmten Spielen verbringen.«

Falls Sie den Eindruck haben, bei Ihrer Arbeit nicht motiviert genug zu sein, dann prüfen Sie, ob es Ihnen in Ihrem Leben an Spaß mangelt. Ein solches Defizit führt dazu, daß das innere Kind streikt. Ein strenger Perfektionist kann das Kind in sich unterdrücken, aber es ist immer noch da – und unglücklich, weil wir es vernachlässigt haben. Ganz gleich, wie alt wir sind, dieses Kind wird nie erwachsen. Unser inneres Kind ist der Teil von uns, der sich in Erstaunen versetzen, inspirieren und motivieren lassen möchte, und hat die Kraft, andere Unterfangen zu boykottieren, wenn ihm zu lange das Spielen verboten wird.

So wie es vielerlei Möglichkeiten gibt, zur Ruhe zu kommen, finden sich auch unzählige Möglichkeiten zum Spielen. Wir können reisen, eine Sammlung anlegen, uns für ein spezielles Ereignis hübsch anziehen, einen Spieleabend mit Freunden veranstalten oder unsere Wohnung dekorieren. Jede Freizeitaktivität, die uns Freude und Spaß macht, kann als Spiel gelten.

Welche Rolle spielen Arbeit, Studium, Ruhe und Spiel in Ihrem Leben? Sind Sie in einem von diesen Bereichen aus dem Gleichgewicht geraten?

Hilfe annehmen

Entgegen der Vorstellung, die der Perfektionist von Stärke hat, ist es kein Zeichen von Schwäche, sich Hilfe zu holen, sondern ein universelles Bedürfnis. Was dieses Bedürfnis anbelangt, sind Sie und ich keine Ausnahme. Wir bekommen keine Punkte dafür, alles alleine zu machen. Und es gibt auch keine engen Beziehungen, in denen Geben ohne Nehmen stattfindet.

Ich habe mein eigenes Hilfesystem, in dem eine liebe Freundin die Hauptrolle spielt. Connie kam eines Abends vorbei und fand mich in einem miserablen Zustand auf dem Wohnzimmerboden liegend vor.

»Leidest du unter Löwinnenlethargie?« fragte sie. (Connie hat ein Talent dafür, sich kreative Formulierungen für verschiedene emotionale Zustände auszudenken.)

»Ja«, jammerte ich. »Ich möchte ins Bett, aber ich bin zu erschöpft, um mir das Gesicht zu waschen und die Zähne zu putzen.

Connie verschwand und kam mit einer Schüssel warmem Wasser, einem Waschlappen und meiner Zahnbürste wieder. Direkt dort, wo ich lag, wusch sie mir das Gesicht und putzte mir die Zähne.

Nicht alle Freunde können auf diese Weise für uns da sein, doch Unterstützung irgendeiner Art ist wesentlich, wenn es darum geht, dem Perfektionisten das Handwerk zu legen. Wir sollten Hilfe von anderen nicht nur dankbar annehmen, sondern auch mit unserer eigenen Unterstützung großzügig sein. Da der Perfektionist sich ständig neue Wege sucht, um die Kontrolle über uns behalten zu können, gibt es nichts Besseres als kontinuierliche Hilfe von Gleichgesinnten.

Wenn wir uns auf externe Hilfesysteme stützen und zugleich auf unsere inneren Ressourcen vertrauen, werden die natürlichen Kräfte, die Gesundheit und Wohlbefinden fördern, mobilisiert. Aus diesem Grund ist die Hilfe von anderen genesenden Perfektionisten – die auch dabei sind, ihr wahres, inneres Wesen wiederzuentdecken – so wertvoll.

Wann haben Sie das letzte Mal Hilfe angenommen?
Wann haben Sie das letzte Mal um Hilfe gebeten?
Wann haben Sie das letzte Mal Hilfe abgelehnt?

Humor – der Rettungsanker

Der Perfektionist hat keinen Sinn für Humor. Er sieht nur unsere Makel und Fehler. Diese Fehler zu offenbaren bedeutet, Schwäche zu zeigen, und über sie zu lachen ist undenkbar. Ich meine nicht, daß Sie sich einen selbstverneinenden, herabwürdigenden Humor zulegen sollten. Es geht vielmehr darum, über die Art, in der Sie sich selbst beweihräuchern oder schlecht machen, lachen zu können.

Mein Freund John hatte gewisse Besserwisser-Tendenzen, derer er sich wohl bewußt war. Wann immer er sich dabei ertappte, mal wieder alles besser zu wissen, unterbrach er seinen Diskurs abrupt und zitierte sich sardonisch selbst: »Jonathan Harris Randle III.,

Ph.D.« (Er hatte weder einen Adels- noch einen Doktortitel.) Ich liebte es, wie er sich selbst auf die Schippe nahm. Es bewirkte, daß ich mich John näher fühlte, und daß er sich auch sich selbst näher fühlte. Diese Art von Humor hat etwas von einem Geständnis.

Jetzt, da ich von meinem Perfektionismus genese, kann ich mehr über mich selbst lachen als je zuvor. Die Bereiche, in denen ich nicht über mich selbst lachen kann, hat mein Perfektionist noch unter Kontrolle, und ich weiß, daß ich mich selbst in diesen Bereichen immer noch zu sehr ablehne.

Fragen Sie sich, in welchen Situationen Sie über sich selbst lachen können und in welchen nicht. Nehmen Sie sich selbst einmal auf die Schippe.

Die Kunst des Jammerns

Wenn Sie sich selbst kindisch jammern hören, dann ergreifen Sie die Gelegenheit beim Schopf, um zu erforschen, was mit Ihnen los ist, und um wertvolle Erkenntnisse über sich zu gewinnen. Jedesmal, wenn wir jammern, steckt ein wichtiges, aber unterdrücktes Bedürfnis dahinter. Wir können diesem Bedürfnis auf die Spur kommen, indem wir unserer Jammerei auf den Zahn fühlen.

Jammern hört sich an, als würde etwas Luft aus einem Ballon gelassen. Der Ballon steht unter Druck. Wenn Sie die ganze Luft auf einmal herauslassen, fliegt der Ballon im Zimmer herum. Jammern offenbart ein verdrängtes Bedürfnis, das viel Druck erzeugt. Wenn wir das Jammern zulassen, erfahren wir etwas über unser Bedürfnis und können dann etwas tun, um Druck abzulassen.

Mein Freund John und ich spielen oft ein Spiel, mit dem wir spontan anfingen, nachdem wir den Kinofilm *What about Bob?* gesehen hatten. In dem Film macht Bob (Bill Murray) eine Psychotherapie bei einem Psychiater, der von Richard Dreyfuss gespielt wird. Bob ist sehr bedürftig und hat seine Bedürftigkeit voll akzeptiert. Er sagt wiederholt: »Ich brauche ...« Ich glaube, die meisten von uns sind der Ansicht, daß es kein schöner Charakterzug ist, die ganze Zeit bedürftig zu sein. Doch können wir nicht ein wenig Bedürftigkeit zulassen, um letztlich viel daraus zu lernen?

John und ich gehen so vor: Wenn einer von uns beiden anfängt zu jammern, interpretiert es der andere als Signal, herauszufinden, welches Bedürfnis dahintersteckt. Wenn John jammert, frage ich: »Brauchst du etwas?« »Ja«, antwortet er. »Weißt du, was du brauchst?« frage ich. »Nein, aber ich bin sicher, daß ich es fühlen kann«, erwidert er. Und dann erforschen wir es gemeinsam: »Ist es dies? Ist es das? Wie sieht es aus? Was für ein Gefühl vermittelt es? Ist es alt? Ist es neu?« Das innere Kind kann seine Bedürftigkeit oft nicht ausdrücken, weil ihm dies an einem Punkt in seinem Leben verwehrt wurde.

Begegnet ein anderer Mensch unserem jammernden inneren Kind humorvoll und mitfühlend, wird bald ein unbefriedigtes Bedürfnis offenbar. Dann können wir den Druck, den es verursacht, lindern. Mitunter reicht es schon aus, das Bedürfnis zu artikulieren. Das bedeutet jedoch nicht, daß wir das Bedürfnis auch befriedigen müssen, nachdem es sich offenbart hat. Vielleicht können wir es selbst befriedigen und vielleicht auch nicht, vielleicht ist der andere, dem man es offenbart hat, dazu in der Lage und vielleicht auch nicht. Doch sicherlich kann niemand ein Bedürfnis befriedigen, solange er es nicht kennt.

Finden Sie einen Freund oder eine Freundin,
mit dem oder mit der Sie den Umgang mit Ihrem
jammernden inneren Kind üben können.

Warum Weinen guttut

Der Perfektionist verneint Aristoteles' zweitausend Jahre alte These, derzufolge Weinen den Geist reinige. Der Perfektionist mißbilligt Weinen; er hält Tränen für ein Zeichen von Schwäche, Haltlosigkeit und Selbstmitleid.

Zumindest denkt er: *Weinen ruiniert mein Make-up.*

Mir gefällt, was Dr. Clarissa Pinkola Estés in ihrem Buch *Die Wolfsfrau* schreibt: »Tränen sind ein Strom, der uns anderen Ufern entgegenträgt. Weinen schafft einen Strom um das Schiff, das unser Seelenleben trägt. Tränen lösen unser Schiff vom Felsen, vom trockenen Grund, und führen es den Fluß hinab an einen neuen, besseren Ort.«

Weinen ist bei mir ein integraler Bestandteil des Heilungsprozesses vom Perfektionismus. Allgemein ausgedrückt: Je weniger ich weine, desto kränker fühle ich mich körperlich. Mein Perfektionist hat mich gelehrt, meine Emotionen zu somatisieren. Ich unterdrücke sie, sie lösen Blockaden in meinem Körper aus, und dann führen sie zu Depressionen und körperlichen Schmerzen. Vorausgesetzt, ich befinde mich einigermaßen im Gleichgewicht und sorge gut für mich, läßt meine Depression nach, sobald ich weine, und ich fühle mich bald wieder energiegeladen. (Bitte beachten Sie, daß ich nicht die Krokodilstränen des Hilflosen meine, wenn ich Sie zum Weinen ermutige.)

Wir können uns nicht zwingen zu weinen. Selbst wenn wir es könnten, wäre dieser Ansatz so kontraproduktiv wie jener, die Tränen zurückzuhalten. Was wir tun können, ist, unsere Einstellung dem Weinen gegenüber allmählich zu ändern, indem wir das befreiende Element dieses Vorgangs begrüßen. Als Kind fürchtete ich mich davor, vor meiner Mutter zu weinen. Heute hat mein inneres Kind Angst davor, vor mir zu weinen, wenn mich mein Perfektionist piesackt. Doch das möchte ich ändern.

Wie fühlen Sie sich, wenn Sie weinen?

Ein fairer Zeuge werden

Eine Übung, die dabei hilft, achtsam zu sein, besteht darin, den Perfektionisten »Er« zu nennen. Wenn Klienten sagen: »Ich bin so wütend auf mich!«, schlage ich ihnen vor, statt dessen zu sagen: »*Er* ist wütend auf mich.« Dies hat zwei wohltuende Wirkungen.

Zum einen müssen wir vom Perfektionisten Abstand nehmen, um ihn beobachten zu können. Zum anderen kommen wir über den Ausspruch: »Er ist wütend auf mich« auch mit den Teilen von uns selbst in Kontakt, die *nicht* wütend auf uns sind. Einen dieser Teile habe ich den fairen Zeugen genannt.

Der faire Zeuge ist ein neutraler Beobachter, den jeder Mensch in sich hat (obwohl er auch einen Dornröschenschlaf halten kann). Unsere eigene Neugierde aktiviert diesen fairen Zeugen, auf dessen Hilfe wir zurückgreifen können, um Druck zu lindern, unsere Ängste besser in den Griff zu bekommen, mehr Sicherheit zu gewinnen, Zugang zu unserer inneren Führung zu finden und die zwanghafte Kontrolle durch den Perfektionisten letzten Endes zu vermeiden.

Zum ersten Mal wurde mir die Bedeutung des fairen Zeugen bei einem Konflikt in einem Psychologieseminar klar. Eine Studentin sagte, sie fühle sich von einigen anderen Kursteilnehmern tyrannisiert und sei sicher, daß sie keine Schuld an dem Problem habe. Im Namen des »hilfreichen Feedbacks« stürzten wir uns auf diese Studentin. Mein Perfektionist hatte ihren blinden Fleck geortet und fand sie in jeglicher Hinsicht viel zu starrsinnig. Ich zeigte mit dem Finger auf das schwarze Schaf. Die anderen Studenten und ich versuchten, ihr Sinn und Verstand einzubläuen (eine beliebte Technik des Perfektionisten). Es spielte keine Rolle, ob wir ihr einen »richtigen« Rat gaben – unsere Herangehensweise war falsch: Je mehr Druck wir auf sie ausübten, desto mehr zog sie sich in sich selbst zurück.

Der Professor wählte einen anderen Ansatz. Er zeigte mitfühlendes Interesse – sogar Faszination – für die Erfahrung, die die Studentin mit den anderen Kursteilnehmern machte. Er vermittelte ihr implizit: »Sie müssen nicht mit ihnen einer Meinung sein. Doch ich frage mich, was hier abläuft.« Die Studentin entspannte sich, als sie das vorurteilsfreie Interesse des Professors spürte.

Er gab ihr so viel Sicherheit, daß sie sich ihm gegenüber öffnen und ihren Standpunkt neu überdenken konnte. Seitdem habe ich gelernt, daß unparteiische Neugierde genauso gut funktioniert, wenn wir sie auf uns selbst anwenden. Wir können uns unter den Blicken des Perfektionisten, der uns kaltblütig inspiziert, nicht für Lernprozesse öffnen, aber wir können es in Gegenwart eines fairen Zeugen.

Beobachten Sie sich mit echtem Interesse.

Unsere Aufmerksamkeit umlenken

Ich höre Klienten oft sagen: »Ich muß das loswerden«, wenn sie über etwas sprechen, das sie an sich nicht mögen. Es ist jedoch ein Naturgesetz, daß wir nichts »loswerden« können. Je angestrengter wir versuchen, etwas loszuwerden (Gewicht, Gefühle, Süchte, Perfektionismus), desto fester wird es an uns haften bleiben.

Gegen eine Eigenschaft anzukämpfen funktioniert einfach nicht. Es ist, als würden wir gegen eine Wand anrennen. Der Schlüssel zum Erfolg hinsichtlich Veränderungen liegt darin, *für* etwas anderes zu sein. Wir können einen unerwünschten Persönlichkeitszug schwächer werden lassen, indem wir unsere Aufmerksamkeit auf eine Eigenschaft lenken, die wir vorziehen. Wir können die unerwünschte Eigenschaft »mäßigen«, indem wir uns höflich weigern, Energie dafür aufzuwenden, und diese Energie stattdessen in die Förderung einer anderen Eigenschaft investieren.

Es besteht ein großer Unterschied zwischen einer höflichen Weigerung und Vermeidung. Es ruhig abzulehnen, die Forderungen des Perfektionisten zu erfüllen, schafft Autorität und Autonomie. Diese beiden Qualitäten lassen sich jedoch nicht über ein »Vermeidungsverhalten« ausbauen. Etwas zu vermeiden bedeutet, sich passiv zu verhalten, sich zu verstecken und zu hoffen, daß man nicht »erwischt« wird. Solches Vermeidungsverhalten stärkt erst recht die Position des Perfektionisten.

Unsere Aufmerksamkeit vom Perfektionisten abzulenken, bedeutet zu sagen: *Ich sehe dich, ich höre dich, und ich entscheide mich dafür, dir nicht zu folgen.* Versuchen Sie nicht, Ihren Perfektionisten umzustimmen, und sagen Sie nicht nur höflich nein zu dem, was er will. Bitten Sie auch um Rat: *Hat irgendein anderer Teil von mir eine andere Sichtweise?* Durch diese Haltung wird die innere Führung aktiviert und die Macht des Perfektionisten verringert.

> *Üben Sie, alle Forderungen des Perfektionisten abzulehnen, und statt dessen Ihre Aufmerksamkeit auf die innere Führung zu lenken.*

Menschliche Bedürfnisse

Wie wir gesehen haben, hat es keinen Sinn, unsere Bedürfnisse, Ängste und Schwächen zu ignorieren und sie zu verdrängen. Die andere Seite der Medaille ist, daß uns unser Hader über diese Bedürfnisse, Ängste und Schwächen daran hindert, ein erfülltes Leben zu leben. Auch hier müssen wir ein Gleichgewicht finden. Der Mittelweg liegt irgendwo zwischen der Verleugnung unserer Bedürfnisse und der Verstrickung in sie.

Läßt sich ein Bedürfnis nicht »ändern«, können wir immer noch unsere Beziehung dazu ändern. Doch zuerst müssen wir unsere grundlegenden Bedürfnisse kennen. Zu den universellen menschlichen Bedürfnissen zählen:

- Körperliche Bedürfnisse: Nahrung, Wärme, Wohlbefinden, Sicherheit.
- Emotionale Bedürfnisse: Liebe, Aufmerksamkeit, Zuwendung, Anerkennung, Kontakt.
- Geistig-seelische Bedürfnisse: Nicht nur der Glaube an das, was wir gelehrt werden oder gesagt bekommen, sondern auch die Entwicklung einer eigenen Identität (ICH-Werdung), des Verständnisses des Selbst und der Welt.
- Spirituelle Bedürfnisse: Das Gefühl, eine Lebensaufgabe und einen Lebenssinn zu haben, zu wissen, wo man hingehört, am Leben teilzunehmen und einen Beitrag zur Bereicherung der Welt zu leisten.

Diese Bedürfnisse sind unabdinglich. Wir können kein erfülltes Leben führen, wenn wir sie nicht befriedigen. Verletzungen, die wir in der Vergangenheit in einem oder mehreren dieser Bereiche erlitten haben, verursachen Ängste und Schwächen. Wenn wir uns nicht um diese Verletzungen kümmern, schlummern sie in uns und brechen als scheinbar zusammenhanglose Süchte oder Komplexe hervor. Es erfordert dann noch mehr Zeit und Aufmerksamkeit, sie zu dem ursprünglichen Bedürfnis zurückzuverfolgen. Daher ist es am besten für uns, auf Selbstbeschuldigungen zu verzichten (da alle Menschen grundlegende Bedürfnisse haben und nicht vor Verletzungen gefeit sind), Verantwortung dafür übernehmen, unsere Süchte zu überwinden, und uns um unsere ursprünglichen, unbefriedigten Bedürfnisse zu kümmern.

Kennen Sie all Ihre Bedürfnisse? Wollen Sie sie kennen?

Gut für sich selbst sorgen

Ich habe mein ganzes Leben lang versucht, eine »pflegeleichte« Frau zu sein – eine treue Seele, die immer für alle da ist. Als Kind lernte ich, daß es besser für mich sei, wenn ich niemandem zur Last falle. So entstand mein Bedürfnis, stark und selbstgenügsam bzw. (genauer) nicht schwach und bedürftig zu sein. Die Wahrheit ist, daß ich von Geburt an immer ein wenig kränklich war. Dies wurde durch die Tatsache verschlimmert, daß ich nicht lernte, für mich selbst zu sorgen.

Als ich älter wurde, zwang ich mich mit meiner Willenskraft dazu, stärker zu sein als ich war, anstatt mich um meine wirklichen Bedürfnisse zu kümmern. Sich selbst Streicheleinheiten zu geben schien etwas für »Weicheier« und Zeit- und Energieverschwendung zu sein. Mein Hilfloser hatte einfach keine Lust dazu, während mein Perfektionist dachte, ich sollte schlicht keine Fürsorge benötigen. Jede dieser Einstellungen trug zu meiner chronischen Erkrankung bei.

Indem ich mich selbst total vernachlässigte, führte ich einen Zustand herbei, in dem ich erst recht hilfsbedürftig war – eine weitere Manifestation des Gesetzes von Ursache und Wirkung – und ich konnte mich nur aus eigener Kraft aus diesem Zustand herausbringen: Wenn wir uns in ein tiefes Loch eingraben, müssen wir uns wieder ausgraben.

Sich um seine eigenen Bedürfnisse zu kümmern heißt, alles in allem, ein Gleichgewicht von Arbeit, Studium, Ruhe und Spiel zu schaffen. Wir müssen in unserem täglichen Leben nicht nur für genug Schlaf, Bewegung, Nahrung und medizinische Prävention sorgen, sondern wir müssen auch die Außenwelt mit unserer Innenwelt – die Bedürfnisse der anderen Menschen und die unseren – in Einklang bringen.

Tun Sie etwas für sich.

Selbstdisziplin

Die perfektionistische Variante von Selbstdisziplin ist ein Sklaventreiber, der von Selbstzweifeln und fehlendem Vertrauen in die menschliche Natur geprägt ist. Die Grundbedeutung von Selbstdisziplin ist jedoch, »ein Schüler (Lateinisch: discipulus) des Selbst zu werden«. Über diese Art von Selbstdisziplin wird die innere Führung aktiviert, und man kann sich seinen Aufgaben mit Hingabe widmen. Hingebungsvolle Selbstdisziplin ist eine natürliche Begleiterscheinung, wenn wir unser Herz für uns selbst öffnen. Diese Herangehensweise befähigt jene, die nicht an sich selbst glauben, dazu, Vertrauen in sich und das Leben zu gewinnen.

Meine ehrgeizige Teilpersönlichkeit wollte schon Jahre, bevor ich soweit war, damit anfangen, dieses Buch zu schreiben, aber Ehrgeiz reichte als Motivation nicht aus. Ich mußte auch an mich selbst glauben. Also trat ich in eine Vorbereitungsphase ein und wartete darauf, von meiner inneren Führung das Startsignal zu erhalten. Ich mußte dabei die Tatsache berücksichtigen, daß die »Selbstdisziplin«

des Perfektionisten insofern eine Vision zerstören kann, als er sagt: *Tu's doch einfach*, und uns zugleich den Glauben daran nimmt, daß wir es schaffen können. Anschließend bestraft er uns für unsere Angst vor dem Handeln.

An irgendeinem Punkt erkannte ich, daß ich vielleicht zu lange gewartet hatte und Starthilfe benötigte. Ich nahm an einem Schreib-Workshop teil, in dem ich neue Ideen sammelte und praktische Ratschläge bekam. Der Schriftsteller Tom Robbins erzählte eine Geschichte darüber, wie er an einem See auf seine Muse gewartet hatte. Nach langem Warten dachte er: Es wäre wirklich komisch, wenn meine Muse neben meinem Schreibtisch hockte, während ich am See sitze und darauf warte, daß sie kommt. Deshalb beschloß er, seinem Schreibtisch jeden Tag einen Besuch abzustatten, um seine Muse wissen zu lassen, wo sie ihn finden konnte. Mir gefiel seine leichtherzige Herangehensweise, seine besondere Form von Selbstdisziplin, und ich nahm etwas davon mit.

Was für eine Beziehung haben Sie zu Selbstdisziplin?
Werden Sie ein Schüler Ihrer selbst.

Regeln brechen

Um selbstbestimmt handeln zu können, müssen wir die Autorität haben, nein zum Perfektionisten zu sagen. Hingebungsvolle Selbstdisziplin muß die Fähigkeit beinhalten, die Regeln, die er für uns aufstellt, zu brechen. Wenn wir achtsam auf unseren inneren Dialog lauschen, Körpersignale wahrnehmen und spezielle Arten von Perfektionismus bei uns erkennen, wird uns klar, welche Regeln wir brechen müssen.

Sobald wir herausgefunden haben, wie die Regeln lauten, müssen wir bedacht handeln, denn es kann selbstzerstörerisch sein, die Regeln wahllos zu brechen. Mit einem wohlüberlegten Regelbruch können wir den Perfektionisten in seine Schranken verweisen und unsere Autonomie fördern.

Wann immer wir eine der Regeln des Perfektionisten brechen, versucht er, die Kontrolle durch eine Gegenreaktion wiederzuerlangen. Mögliche Gegenreaktionen sind Schuldgefühle, Selbstkritik oder Angst vor irgendwelchen Konsequenzen, und wir müssen lernen, mit ihnen fertig zu werden. Wir können damit beginnen, kleinere Regeln zu brechen, und üben, kleine Stürme zu durchschiffen. Wenn wir uns auf konstruktive Weise weigern, die Forderungen des Perfektionisten zu erfüllen, werden wir bei unseren Unternehmungen effektiver, was uns dazu ermutigt, weitere Regeln zu brechen.

Die Gegenreaktionen nehmen in dem Maße ab, in dem unsere Autonomie zunimmt. Sie können eine gegebene Regel brechen, indem Sie sie »umkehren« und sie so in eine Form bringen, in der sie Vertrauen schafft, Druck lindert und Ihnen mehr Freiheit läßt: »Arbeite jetzt, ruh dich später aus« wird zu »Ruh dich jetzt aus, arbeite später«. »Weine nicht« wird zu »Weine, soviel du willst«. »Sei nicht gewöhnlich« wird zu »Wage es, gewöhnlich zu sein«. »Mach keine Fehler« wird zu »Wage es, Fehler zu machen«. »Hör auf zu jammern« wird zu »Jammere ruhig«.

Denken Sie über die Regeln nach, nach denen Sie leben.
Welche Regeln würden Sie gerne brechen?

Neu beginnen

Bei jedem Wachstumsprozeß macht man zu Anfang eine Phase durch, in der man sich beflügelt fühlt. Wenn diese Phase vorbei ist, verliert der Prozeß unweigerlich etwas von seinem Reiz. Dies ist der Punkt, an dem wir Gefahr laufen, in alte Verhaltensmuster zurückzufallen und Rückschritte zu machen. Da dies zu erwarten ist, kann man Vorsichtsmaßnahmen treffen. Um den Perfektionisten zu zügeln und die innere Führung auf den Plan zu rufen, müssen wir lernen, wie wir wieder neu beginnen können. Wir müssen darauf vorbereitet sein, daß der Perfektionist versucht, die Kontrolle wiederzuerlangen. Und er wird die Kontrolle wieder übernehmen – immer wieder. Doch wir können unseren Perfektionismus erfolgreich überwinden, indem wir jedesmal, wenn der Perfektionist die Kontrolle wieder übernommen hat, neu beginnen, ohne uns selbst zu verurteilen.

Üben Sie, Neuanfänge zu machen.

Selbstspiegelung

Uns zu spiegeln bedeutet, uns genau zu betrachten. Es bedeutet, von dort aus, wo wir gerade stehen, kleine Schritte in Richtung Gleichgewicht und Selbstverantwortung zu machen und dabei wahrzunehmen, wie wir sie machen. Üben Sie sich bei jedem Schritt in Selbstdisziplin. Kein Schritt ist zu klein, jeder verdient unsere Aufmerksamkeit.

Denken Sie mal daran, wie eine Mutter auf die ersten wackeligen Schritte ihres Kleinkindes reagiert. Sie lobt ihr Kind in den höchsten Tönen. Das Kind freut sich über die Anerkennung und wird darin bestärkt, das Laufen weiter zu üben. Indem wir unserer eigenen Entwicklung diese Art von Aufmerksamkeit schenken, motivieren und inspirieren wir unseren Hilflosen, steigern unser Selbstvertrauen, und die Rückfallgefahr verringert sich. Sogar unser Hilfloser kann Babyschritte machen!

Helens ganze Wohnung war mit Kisten vollgestopft, die Papier, Zeitschriften und ungeöffnete Post enthielten. Es ging soweit, daß sie sich schämte, Leute zu sich nach Hause einzuladen. Als Strategie überlegten wir uns für sie, daß sie sich genau spiegeln sollte, während sie ihre Wohnung aufräumte. Ihr Ziel war es, ein geordnetes Zuhause und ein geordnetes Leben zu haben, aber Helen fühlte sich von dieser enormen Aufgabe überwältigt.

Bevor wir mit unserer Arbeit begannen, wurde Helen nur von ihrem Perfektionisten gespiegelt. Sie sah nur, was sie alles nicht erledigt hatte, und glaubte, sie würde die Dinge auch nie erledigen können. In ihren Augen war jeder erste Schritt, den sie hätte tun können, zu klein. Die Jahre vergingen, und sie versank immer tiefer in Hilflosigkeit und Selbsthaß. Sie wohnte sogar bei Freunden und Familienangehörigen, weil sie es nicht mehr ertragen konnte, in ihren eigenen vier Wänden zu sein.

Als Helen anfing, sich selbst genauer zu spiegeln, setzte sie sich zunächst das Ziel, jeweils eine Kiste auszupacken. Das machte es ihr möglich, wieder in ihre Wohnung zu ziehen, aber sie konnte noch nicht mit der Arbeit anfangen: Es war immer noch eine Überforderung für sie, eine ganze Kiste anzugehen. Als sie ihr Ziel dahingehend änderte, das oberste Blatt aus einer Kiste zu nehmen, war sie fähig, mit dem Aufräumen zu beginnen. Von dort aus arbeitete sie sich durch die ersten Zentimeter der Kiste hindurch und letzten Endes durch die ganze Kiste. Sie registrierte die Fortschritte, die sie machte, und fühlte sich motiviert, noch eine Kiste und dann noch weitere Kisten auszupacken. Bald konnte sie es kaum erwarten, nach Hause zu kommen, um im ganzen Wohnzimmer Ordnung zu schaffen. Begeistert von diesem Erfolg, lud sie einen Freund ein, bei ihr zu übernachten, und brachte ihn in diesem Zimmer unter.

Wenn Helen gelegentlich wieder dazu neigte, alles herumliegen zu lassen, nahm sie es wahr, ohne sich selbst zu verurteilen, und machte einen Neuanfang. Da sie nun den Wert jedes kleinen Schritts als Teil ihres Entwicklungsprozesses wahrnehmen konnte, war sie in der Lage, gelassen ein Ziel nach dem anderen anzusteuern. Ihr gelang nun, woran ihr Perfektionist jahrelang gescheitert war. Helen löste ihr Problem mit der Unordnung in ihrer Wohnung, und dabei stellte sich zugleich ein ganz neues Lebensgefühl ein.

Machen Sie kleine Schritte, und nehmen Sie sie wahr.

Der Unterschied zwischen einem Zusammenbruch und einer Kapitulation

Der Perfektionist treibt uns so lange an, bis wir zusammenbrechen oder kapitulieren. Bei einem Zusammenbruch geben wir uns der Verzweiflung oder Depression hin. Ist es eine Kapitulation, dann geben wir den Kampf auf, akzeptieren die gegenwärtigen Umstände und nutzen unsere innere Weisheit, um herauszufinden, was wir wirklich unternehmen können. Bei einem Zusammenbruch verdammen wir die Situation, in der wir uns befinden, strecken alle viere von uns und machen schlapp. Geben wir den Kampf auf, dann öffnen wir uns für unsere Lebensenergie.

Mitunter geht einer Kapitulation ein Zusammenbruch voraus. Das ist in Ordnung. Es ist nie zu spät, sich mit einer Situation abzufinden. Kapitulieren hat nichts mit Schwäche zu tun. Es ist auch kein Versagen, wenn trotzdem manchmal entsprechende Gefühle damit einhergehen. Wenn wir den Kampf aufgeben, treten wir in einen höheren Bewußtseinszustand ein.

Ich habe früher oft meinen Schlüsselbund verlegt. Ich machte mich dann immer verrückt und suchte nervös danach. Ich wußte, daß ich den Schlüsselbund finden würde, wenn ich mich nur für ein paar Minuten hinsetzen und meditieren würde, wollte mir diese »Niederlage« aber nicht eingestehen. Ich hatte die Wahl: Ich konnte zusammenbrechen, meinen Termin sausen lassen und den ganzen Tag deprimiert sein, oder ich konnte mich für den Teil von mir öffnen, der wußte, wo mein Schlüsselbund ist. Nachdem ich mich letztendlich für letzteres entschieden hatte, ließ ich los, atmete tief ein und aus, formulierte meine Frage und trat in die Leere der Meditation ein. Binnen weniger Minuten sah ich dann vor meinem geistigen Auge, wo mein Schlüsselbund lag.

Üben Sie bei kleinen Dingen, den Kampf aufzugeben und Ihre innere Motivation zum Handeln zu finden.

10
Zugang zum Unbewußten finden

Das meiste, was wir über das Gehirn wissen, betrifft die Großhirnrinde, die für das rationale Denken zuständig ist. Die Großhirnrinde ist der Gehirnbereich, der die Informationen, die wir über unsere Sinne aufnehmen, verarbeitet und weiterleitet. Wir stützen uns auf diese Informationen, um Entscheidungen zu treffen. Sorgen und irritierende Gedanken, die in der Großhirnrinde ihren Ursprung haben, verursachen Streß, der unsere gesamte Physiognomie beeinträchtigt. Dieser »rationale« Teil des Gehirns überzieht als graue Schicht die ganze Oberfläche des Großhirns. Darin liegen Gehirnbereiche, die ganz am Anfang der Entwicklungsgeschichte des Menschen entstanden sind und nonverbale, prärationale Funktionen übernehmen. Die Großhirnrinde übermittelt Anweisungen an diese anderen Bereiche wie auch an die Muskeln, die Organe, das Nervensystem und die restlichen Körperteile.

Die uralten Gehirnbereiche können keine verbalen Anweisungen von der Großhirnrinde empfangen, denn sie entwickeln sich in einer Phase, in der Bewegungen und Sinneswahrnehmungen unsere unmittelbare Realität ausmachen – ehe wir Sprache zur Verfügung haben, um auszudrücken, was wir erleben. Diese uralten Gehirnbereiche enthalten unsere Heilungszentren und regulieren die automatischen Körperfunktionen wie Atmung, Puls, die Ausschüttung von Hormonen und unsere Gefühle. Deshalb ist es so schwierig, Gefühle über Gedanken zu kontrollieren oder Angst und Sorgen einfach mit dem bewußten Verstand zu »stoppen«. Wir können zum Beispiel nicht verhindern, daß uns die Schamröte ins Gesicht steigt, wenn wir uns schämen.

Die Heilungszentren in den älteren Bereichen des Gehirns liegen jenseits der Domäne des Perfektionisten. Diese Zentren sind nur jenseits des Rationalen erreichbar. Wir können mit Hilfe bestimmter Methoden, die direkte Sinneswahrnehmungen fördern, an sie herankommen. Meditation, Hypnose, Träume und viele andere veränderte Bewußtseinszustände machen es möglich, die Großhirnrinde zu umgehen und direkten Zugang zu den Heilungszentren zu finden. Auch Tanzen, Musizieren, Yoga machen, Trommeln oder Gärtnern – alles, was etwas Spielerisches an sich hat – sind Tätigkeiten, über die sich eine Verbindung zu diesen Gehirnbereichen, die Veränderungen steuern, gut herstellen läßt. Über all diese Hilfsmittel kommen wir an die innere Führung heran – die Botschaften, die wir aus den Heilungszentren erhalten und die von der Großhirnrinde so verarbeitet werden, daß wir sie verstehen können.

Meine Klienten und ich wenden in der Therapie verschiedene Methoden an, um mit unbewußten psychischen Vorgängen arbeiten zu können. In diesem Kapitel erläutere ich einige dieser Methoden. Sie können jedoch auch auf andere Methoden zurückgreifen, die speziell bei Ihnen wirken, denn es stehen noch viel mehr zur Verfügung.

Die richtige Atmung

Ram Dass (einer meiner Lieblingslehrer) sagte: Dürften wir nur eine Sache wählen, die wir für uns tun können, dann sollten wir lernen, richtig zu atmen. Wir wissen, daß das autonome Nervensystem unsere Atmung steuert, die schlicht der Lebenserhaltung dient, aber die Atmung hat noch weitere Funktionen und Vorzüge.

Wenn wir unter Depression, Sorgen oder Angst leiden, wird unsere Atmung so flach, daß sie beinahe auszusetzen scheint. Eine der besten Methoden, sich zu beruhigen oder zu beleben, besteht darin, den Atem mit der schlichten Absicht, beruhigt oder belebt zu werden, fließen zu lassen. Die automatische Atmung findet jenseits des bewußten Verstands statt. Um Zugang zu den Heilungszentren des Gehirns zu finden, müssen wir auf unsere Atmung achten und sie bewußt steuern.

Als ich einmal vor einer öffentlichen Rede so nervös war, daß ich ein Zittern in meiner Stimme nicht unterdrücken konnte, führte ich ein paar Minuten lang die langsame, tiefe Bauchatmung durch – und mußte dann fast mit dem Schlaf kämpfen. Umgekehrt gab es Zeiten, in denen ich in eine Depression verfiel und der Hilflose das Zepter schwang. Dann wollte ich morgens nicht aufstehen, bis ich mir durch richtiges Atmen Leben einhauchte.

Und dann war da das Erlebnis in einem einmotorigen Flugzeug, mit dem ein Freund, der Pilot, und ich beinahe abgestürzt wären. Das Flugzeug gewann nicht genug an Höhe, es sah so aus, als würden wir die Berge, die vor uns lagen, nicht unbeschadet überfliegen können, hatten aber auch nicht die Möglichkeit zu wenden: In den heftigen Böen tanzte das Flugzeug wie ein Spielball auf und ab. Mein Freund rief mir (eine Oktave zu hoch) zu, ich solle ruhig bleiben. Ich wollte ihn nicht noch zusätzlich mit meiner Angst verrückt machen und konzentrierte mich auf eine ruhige Atmung. Ich war selbst über die Gelassenheit überrascht, mit der ich dann beobachtete, wie wir gerade noch so über den Berggipfel hinwegglitten.

Mich auf meine Atmung zu besinnen half mir, mit diesen kritischen Situationen fertig zu werden. Es gibt keinen Trick dabei. Der Atem ist eine natürliche Ressource, und jeder kann sich seiner bedienen. Warum setzen nicht mehr Menschen im alltäglichen Leben die bewußte Atmung ein? Weil es sogar eine innere Gegenwehr gegen dieses »Mittel« gibt.

Soll bewußtes Atmen gelingen, müssen wir uns in den Augenblick begeben. Der Perfektionist sträubt sich dagegen, weil er die Kontrolle verliert, wenn wir ruhig werden. Der Hilfloser will sich nicht die Mühe machen zu atmen, weil es ihm zuviel Aufwand ist. Er will, daß jemand anders für ihn atmet. Der Atem ist eine lebenswichtige Quelle, aus der wir Lebensenergie schöpfen. Der Hilflose und der Perfektionist haben genau den entgegengesetzten

Einfluß auf uns, und beider Existenz ist bedroht, wenn wir bewußt atmen.

Bewußtes Atmen ist also wahrscheinlich die beste Methode, wenn es darum geht, den Perfektionisten zu zügeln und den Hilflosen anzuspornen. Wir übersehen oder unterschätzen den Wert des richtigen Atmens häufig, weil das Atmen so etwas Selbstverständliches für uns ist. Doch es kann einen natürlichen Ausgleich schaffen und uns beleben oder beruhigen – was immer uns gerade guttut.

Besinnen Sie sich so oft wie möglich darauf, bewußt zu atmen.

Der Wert der Meditation

Meditation ist eine sehr hilfreiche Methode zur Bewußtmachung der inneren Führung. Ich benutze den Begriff Meditation übergreifend, um verschiedene Arten von Kontemplation und Entspannungstechniken zu beschreiben, bei denen keine Drogen eingesetzt werden. Jede Art von bewußter, stiller Einkehr kann helfen, Streß zu vermindern und Gedanken, die sich einem immer wieder aufdrängen, loszulassen. Auch ein »Kurzurlaub« von Sorgen und kreisenden Gedanken kann schon enorm helfen.

Beim Meditieren tauchen wir in die Leere ein. Wir machen eine Reise in unser Wesen, auf der wir zu Kräften Zugang finden können, die sonst im Verborgenen schlummern. Es gibt für jede Persönlichkeit eine geeignete Meditationsform, und wir können der Zeit, die wir in stiller Einkehr verbringen, viel abgewinnen, da sie einen wirklichen Ausgleich zu einem aktiven Leben schafft.

Meine Klientin Christine versuchte sich in Zen-Meditation und hatte nach ein paar Monaten des Übens ein bemerkenswertes Erlebnis. Als sie eines Tages in ihrem Vorgarten auf der Wiese lag, hatte sie das Gefühl, daß eine schützende Hülle sie mit Wärme und Wohlbefinden erfüllte und empfand es so, als hielte sie ein Mann in den Armen. Diese Assoziation beeindruckte sie auch deshalb so sehr, weil sie geglaubt hatte, sie könne ein solch umfassendes Glücksgefühl nur mit einem realen Mann haben.

Vor diesem Erlebnis hatte Christine ihren Perfektionismus nicht in Frage stellen wollen und hielt ihn für ihre größte Stärke. Nun spürte sie jedoch, daß sie dieses Erlebnis nur gehabt hatte, weil sie nicht so angespannt wie sonst gewesen war, und wollte deshalb mehr über ihre Innenwelt wissen.

Mit Meditation können wir unsere Intuition fördern, uns bei Schmerzen »ablenken«, unseren fairen Zeugen in seinem Wirken unterstützen und Weisheit erlangen. Es ist eine Praxis, die viele wählen, um die 92 Prozent der Gehirnkapazität zu nutzen, die im »Alltag« ungenutzt bleiben.

In der westlichen Medizin beginnt man den Wert von Meditation anzuerkennen. Einige größere Krankenhäuser führen heute Streßreduktions- und Meditationskurse für Patienten durch, denen mit schulmedizinischen Heilmethoden nicht adäquat geholfen werden kann. Diese Kurse befähigen Menschen mit chronischen Schmerzen bis hin zur Arbeitsunfähigkeit, in ein normales Leben zurückzukehren – nicht immer schmerzfrei, aber in einem Geisteszustand, in dem sie ihre Schmerzen gelassen hinnehmen können. Warum sollten Sie darauf warten, daß alles andere scheitert, ehe Sie es mit Meditation versuchen?

Welche Meditationsform ist am besten für Sie geeignet?
Sind Sie willens, es mit ihr zu versuchen?

Traumarbeit

Träume enthalten wichtige Botschaften aus den Tiefen unserer Seele, weil sie unser Problem und – oft – die Lösung dafür offenbaren. Direkt nach dem Aufwachen können wir uns am besten an einen Traum erinnern, und wenn wir ihn nicht niederschreiben, verblaßt er gewöhnlich. Träume können uns dabei helfen, den Perfektionisten zu entlarven, und sie weisen uns häufig den Weg in die Freiheit.

Den folgenden Traum hatte ich, als ich darum bat, meinen Perfektionisten in Aktion sehen zu dürfen:

Eine vertraute Person verändert sich ständig. Anfangs hat sie die Rolle eines Beschützers und Beraters. Ich glaube zunächst, daß sie mir hilft, und bin sehr loyal, aber sie kommt mir zu nah, ich fühle mich bedrängt. Ich erforsche die Person, um herauszufinden, wer sie ist. Ich beobachte, wie sie sich weiter verändert, bis sie eine Art von Vampir wird. Ich versuche, ihr zu entrinnen, aber es gelingt mir nicht. Sie brüllt mich an und erteilt mir Befehle, aber ich setze mich zur Wehr und schreie: »Nein!« Sofort verändert sich die Szene. Ich falle kopfüber von einem großen Turm in den sicheren Tod. Ich schreie »Okay!«, während ich falle, wodurch ich wieder in die alte Szene zurückkatapultiert werde. Die Kreatur hält mir ihre Fratze entgegen. Sie meint, sie habe mich auf ihre Seite gezogen, indem sie ihre Macht demonstriert hat, doch statt dessen erkenne ich, daß ihre einzige Macht die Macht der Illusion ist. Ich versuche, ihren Attacken zu entkommen und weigere mich, ihre Befehle zu befolgen. Ein Zug rast auf mich zu, und ich bleibe ruhig, im Vertrauen darauf, daß es sich um eine Illusion handelt. Der Zug löst sich vor mir in Nichts auf, wie ich es vermutet hatte. Dann verschwinden die Kreatur und der Traum – so wie der Perfektionist, wenn wir ihn als den entlarven, der er wirklich ist.

In diesem Traum habe ich aus den Tiefen meiner Seele die Botschaft erhalten, daß der Perfektionist ein Meister der Verkleidung ist. Er macht mich glauben, ich bräuchte ihn. Er kontrolliert mich, indem er meine Angst gegen mich einsetzt. Er kann mir das Gefühl vermitteln, daß ich sterbe, obwohl das nicht der Fall ist. Doch wenn ich ihn wie eine Illusion behandle, verliert er seine Macht über mich.

Bei der Traumarbeit erweist es sich als hilfreich, nur die Träume zu protokollieren, an die wir uns erinnern wollen, damit der Perfektionist uns nicht auch noch die Traumarbeit selbst schwermacht. Jeder Teil eines Traums entspricht einem Teil unserer Psyche. Wir können Träume zum Beispiel interpretieren, indem wir uns klarmachen, für welche Teile unserer Psyche sie stehen, und versuchen, ihre Bedeutung intuitiv zu erfassen. Mit etwas Übung entwickeln wir unsere Interpretationsfähigkeiten und können die innere Führung besser wahrnehmen.

Was haben Sie letzte Nacht geträumt?

Lernen, in die Leere einzutauchen

Ehe die innere Führung sich bemerkbar macht, ist eine Erfahrung des »Nichts« zu erwarten. Niemand kann vorhersagen, was passieren muß, damit die innere Führung zum bewußten Verstand durchdringen kann, oder wie viele Hindernisse ihr im Weg stehen. Während wir warten, scheint es so, als würde nichts geschehen. Dieses Nichts ist die Leere, eine heilige Stille, die etwas von der Reifungsphase eines Kindes vor seiner Geburt hat.

Der Perfektionist haßt Leere und versucht, sie zu meiden. Er sieht Leere bestenfalls als Zeitverschwendung an und schlimmstenfalls als ein schwarzes Loch. Süchte und Ablenkungen bieten uns die Möglichkeit, der Leere zu entkommen, aber wir können nicht ewig vor ihr flüchten. Haben wir erst einmal genug Erfahrung mit der Leere gesammelt, werden wir sie mehr und mehr zu schätzen lernen.

Ich wünschte, unsere westliche Gesellschaft würde die Leere zulassen. Dann würde es uns allen nicht so schwerfallen, sie zu ertragen. Wir können sie uns als Bindeglied zwischen unserer Persönlichkeit und unserem Wesen vorstellen – als Vorstufe unserer Kreativität, die sich in unserer Innenwelt entfaltet und sich dann in der Außenwelt manifestiert. Das Gefühl von Leere kann von Sekunden oder Minuten bis zu Wochen und Monaten anhalten, je nachdem, ob wir uns mit einer kleineren oder größeren Angelegenheit befassen. Wir müssen uns eine Zeit lang im Niemandsland aufhalten, bis wir wissen, was zu tun ist.

Wenn wir unsere Aufmerksamkeit vom Perfektionisten auf die innere Führung lenken und auf das »Nichts« stoßen, leiden wir unter Umständen unnötig, weil wir nicht wissen, daß es das ist, was wir zu erwarten haben.

Gail hatte mehrere Jahre lang gegen ihre Krebserkrankung gekämpft. Sie war eine Kriegerin geworden, die darum kämpfte, ein erfülltes Leben führen zu können. Sie gewann ihren Krieg: Die letzten Untersuchungen ergaben, daß keine Anzeichen von Krebs mehr in ihrem Körper zu finden waren. Zunächst war sie überglücklich, aber dann kam die Leere.

Gail war plötzlich keine Kriegerin mehr, wußte aber auch noch nicht, wie sie sich sonst definieren sollte. Die Leere war der natürliche Raum zwischen der Person, die sie gewesen war, und der, die sie werden würde. Dies stürzte sie jedoch in eine Krise – bis sie verstand, was dahintersteckte. Sie mußte eine Reifungszeit von unbekannter Dauer durchleben, in der sie sich selbst kaum definieren konnte, bis ihr neues Selbst zum Vorschein kam.

Die Leere lehrt uns, geduldig, mitfühlend, empfänglich und unkompliziert zu sein – alles Haltungen, die unseren Perfektionismus zügeln. Die Reise durch die Leere kann unbequem sein, auch wenn wir wirklich willens sind, sie anzutreten. Und sie kann eine besondere Herausforderung darstellen, wenn sie uns wie in Gails Fall keine Wahl läßt.

Tauchen Sie in die Leere ein, und lassen Sie es zu,
daß Sie nicht wissen, wo es langgeht.

Das innere Kind befreien und annehmen

Bei der Arbeit mit unseren verschiedenen Eigenschaften und Teilpersönlichkeiten nutzen wir unbewußte Prozesse und treten mit den Heilungszentren des Gehirns in Kontakt. Diese Arbeit läuft nicht auf rationaler Ebene ab, sondern auf der Erfahrungsebene. So können wir Verletzungen, die wir in der Vergangenheit erlitten haben, heilen und unsere Zukunft verändern. Ich beschloß, ein liebevoller Elternteil für mein inneres Kind zu werden, weil ich wußte, wie sehr ich bei meinem Entwicklungsprozeß auf Hilfe angewiesen sein würde. Ich hielt es für die beste Herangehensweise, herauszufinden, mit welcher Art von Fürsorge man ein gesundes Kind großzieht – und vielleicht war das gerade die Fürsorge, die ich selbst brauchte. Ich berücksichtigte dabei, in welcher Verfassung ich war, nachdem ich mich zuvor so lange Zeit vernachlässigt hatte. Mit anderen Worten: Ich begann nicht mit einem Neugeborenen, sondern mit einem verletzten Kind, dessen Vertrauen lange Zeit mißbraucht worden war. Mein inneres Kind würde Zeit brauchen, um daran glauben zu können, daß ich ihm wohlgesonnen war.

Wie man die Elternrolle übernehmen und mit dem inneren Kind arbeiten kann, wurde in vielen guten Büchern ausgiebig erörtert. Einige meiner Klienten haben versucht, mit diesen Materialien zu arbeiten und sind gescheitert. Zwar weiß ich, wie wirkungsvoll diese Bücher sein können, ich habe aber auch erkannt, daß die Klienten, denen sie nicht helfen konnten, erst auf realer Ebene mit ihren Gefühlen zu sich selbst in Kontakt treten mußten.

Einige wollten ihr inneres Kind einfach »zurechtstutzen«, auf daß es sie nicht mehr in der Öffentlichkeit blamiere, weil es zu laut oder zu bedürftig war und ihnen so ein (vermeintlich) »selbstbewußtes« Auftreten erschwere. Je mehr wir uns zunächst wegen unseres inneren Kindes schämen oder wütend sind, desto wichtiger ist es, wirklich mit ihm in Kontakt zu treten und ihm unser Interesse zu zeigen.

Aufmerksamkeit und Ehrlichkeit sind Grundvoraussetzungen dafür, ein liebevoller Elternteil für unser inneres Kind zu werden, weil wir dadurch das Vertrauen entwickeln, das wir brauchen, um die gestörte Eltern-Kind-Beziehung zu kitten. Versuchen wir stur, die Schritt-für-Schritt-Anleitungen in den Büchern zu befolgen, ehe wir soweit sind, uns ehrliche Aufmerksamkeit zu schenken, werden uns die Ergebnisse, die wir erzielen, enttäuschen. Ohne Vertrauen in die Absichten des Erwachsenen kann das Kind nicht den Mut finden, mit ihm Kontakt aufzunehmen.

Jocelyn befolgte zum Beispiel die Anweisungen in einem Buch über die Arbeit mit dem inneren Kind und schrieb die folgenden Dialoge mit ihrem inneren Kind nieder:

Jocelyn: »Ich liebe dich, und ich möchte wissen, was du brauchst.«

(Das innere Kind schweigt.)

Jocelyn: »Wenn du fällst, hebe ich dich auf.«

(Das innere Kind schweigt.)

Jocelyn: »Wir werden jeden Tag miteinander reden und uns kennenlernen.«

Das innere Kind schwieg zunächst wieder, und dann kam eine Antwort, bei der Jocelyn das Gefühl hatte, sie sei ihrer Phantasie entsprungen, um den Ball ins Rollen zu bringen: »Ja, Mami, ich will dich auch kennenlernen.«

Jocelyn verlor schnell das Interesse an der Arbeit mit ihrem inneren Kind, weil sie keine Verbindung zu ihm herstellen konnte. Ihr inneres Kind konnte nicht antworten, weil Jocelyn nichts von dem, was sie sagte, wirklich meinte. Jocelyn mußte sich die Zeit nehmen, ihr inneres Kind mit ihrer Vorstellungskraft zu beobachten. Um Vertrauen zu ihr entwickeln zu können, mußte das Kind ehrliche Aufmerksamkeit spüren und durfte nicht nur Platitüden zu hören bekommen.

Fred war ein »Partylöwe«. Aus dem Bedürfnis heraus, akzeptiert zu werden, spielte er den Alleinunterhalter. Er vermochte die Aufmerksamkeit aller auf sich zu ziehen, wußte aber nicht, wann es Zeit war aufzuhören. Seine Exzesse führten letzten Endes dazu, daß ihm keiner mehr zuhörte und er sich elend fühlte.

Ich bat Fred, den »inakzeptablen« Teil seiner selbst, den er mit seinen Performances »zudeckte«, zu visualisieren. Er stellte sich vor, daß er eine Schranktür öffnete. Er fand darin ein Wesen, das mit Moos und Schleim bedeckt war. Der ganze Körper war mit Ausschlägen übersät, und es konnte kein Licht ertragen. Das Wesen wollte nicht gesehen werden, und Fred war bei seinem Anblick angewidert. Er hatte es so lange versteckt, daß der Kontakt zu ihm völlig verlorengegangen war.

Fred sollte diesem weggesperrten Wesen zunächst einfach nur etwas Aufmerksamkeit schenken – einfach Interesse zeigen. Sanfte Neugierde aktivierte seine innere Führung und ermöglichte es ihm zum ersten Mal, sich seinem verletzten inneren Kind als liebevoller

Erwachsener zuzuwenden. Dann kam der nächste Schritt. Fred war nun bereit, sein Wesen aus dem Schrank zu lassen. In seiner Vorstellung schaute er von nun an ab und zu nach dem Wesen in dem Schrank. Mit seiner Fürsorge erreichte er, daß das Moos trocknete und die Ausschläge abheilten. Letzten Endes bekam das Wesen menschliche Züge und wurde ein Junge, der ihn ansah. Freds soziales Verhalten spiegelte diese Veränderungen wider. Er hatte Angst, sein Charisma zu verlieren, aber statt dessen blieb sein Publikum ihm treu.

Wollen Sie die Elternrolle für Ihr inneres Kind übernehmen, müssen Sie dort damit beginnen, wo Sie gerade sind. Selbst wenn Sie das Kind in Ihnen nicht ausstehen können – sie müssen an diesem Punkt anfangen.

Als ich daran arbeitete, meinem inneren Kind ein liebevoller Elternteil zu werden, stellte ich ein Bild von mir als kleines Kind auf ein Regal am Fuß meines Bettes. Wenn ich morgens deprimiert war, sah ich »es« auf dem Bild und sagte zu ihm: »Ich werde für dich aufstehen.« Ich verteilte weitere Bilder aus meiner Kindheit im Haus, um mich daran zu erinnern, warum ich einkaufen gehen und gesunde Kost zu mir nehmen sollte. Es war für »das Kind«. Ich hatte auf den Bildern in meiner frühen Kindheit strahlend und lebendig ausgesehen, und ich wollte mich wieder so fühlen.

Verteilen Sie Fotos aus Ihrer Kindheit in Ihrer Wohnung. Nehmen Sie wahr, wie Sie sich fühlen, wenn Sie sie sich ansehen.

Herzarbeit

Die Quintessenz von Herzarbeit ist Mitgefühl, was nicht mit Mitleid zu verwechseln ist. Mitleid mit jemandem zu haben bedeutet, ihn zu bedauern. Mitgefühl hat dagegen eher mit Respekt, Sorge, Rücksichtnahme und Kontemplation zu tun – eine Haltung, die wir uns von anderen Menschen erhoffen, aber uns selbst häufig verwehren.

Bei Fragen, die voller Mitgefühl gestellt werden, bringt die innere Führung maximale Klarheit. Die innere Führung entwickelt sich mit der Zeit durch Versuch und Irrtum. Ohne Mitgefühl ist die Lernkurve zu steil, als daß wir sie bewältigen könnten. Bringen wir uns selbst gegenüber Mitgefühl auf, heißt das, daß wir uns Ungeschicklichkeit und Unsicherheit gestatten, wie wir sie beim Erlernen jeder neuen Fähigkeit erleben.

Zwei Rollenmodelle für das Prinzip des Mitgefühls sind Mahatma Gandhi und Francis Bacon. Ich habe sie gewählt, weil sie extreme Gegensätze darstellen. Gandhi repräsentiert das Licht und Bacon das Dunkel, und doch können wir von beiden lernen.

Gandhi nannte seine Autobiographie *Eine Autobiographie oder Die Geschichte meiner Experimente mit der Wahrheit*. Er erwartete nicht von sich, die Wahrheit zu kennen, sondern vertraute und folgte bei jeder Problemstellung unvoreingenommen seiner inneren Stimme, sogar wenn viel auf dem Spiel stand. Anstatt sich dafür zu verurteilen, daß er etwas nicht im voraus gewußt hatte, sagte er: »Dieses Experiment ist schiefgegangen«, und fuhr mit einem anderen fort. Gandhi hatte keine Angst davor, ein Narr zu sein.

Als junger Rechtsanwalt beschloß Gandhi, seine Ausgaben zu kürzen, um seinem Sponsor nicht zu sehr auf der Tasche zu liegen. Er stärkte seine Hemden für seine Gerichtstermine selbst und schnitt sich selbst die Haare. Vor Gericht erschien er mit einem unmöglichen Haarschnitt, und die Stärke rieselte von seinem Hemd über seinen ganzen Anzug. Die Leute lachten über seine lächerliche Erscheinung. Er gab zu, daß es angemessener wäre, das Haareschneiden und das Stärken seiner Hemden Fachleuten zu überlassen, bemerkte aber zugleich, daß sein Verhalten einen gewissen Unterhaltungswert hatte. Gandhi lieferte ein gutes Beispiel dafür, wie man seinen Fehlern mit Mitgefühl begegnen und sie sich gestatten und vergeben kann.

Jene, die jetzt entgegnen, Gandhi, mit seiner so großen Seele, habe einfach mehr »Selbstempathie« als andere Menschen gehabt, seien auf den Maler Francis Bacon verwiesen. Bacon verließ sich bei seinen besten Werken auf das Prinzip des »kontrollierten

Unfalls«. Es könnte scheinen, als habe sein Selbsthaß alles andere überschattet, aber er war in der Lage, einen mitfühlenden Teil in sich zu finden, ohne den er seine Werke nie hätte schaffen können.

Bacons Bilder fielen oft merkwürdig anders aus, als er es ursprünglich im Sinn gehabt hatte. Bei seinem künstlerischen Schaffen vertraute er sich seiner inneren Führung an. Er wußte nicht, was passieren würde, aber er erwartete eine Überraschung. Da er die Impulse, die ihn zu seinen zufälligen und oft grotesken Bildern inspirierten, nicht unterdrückte, spiegeln sie wider, wie er bei seinem Kampf um Freiheit und Selbstakzeptanz durch seine eigene private Hölle ging. Seine Werke sind nicht zuletzt deshalb brillant, weil er seine Eingebungen, so wie sie ihm kamen, akzeptierte und sie nicht zensierte. Er vertraute darauf, daß das, was aus seinem Inneren hervorsprudeln wollte, einen Wert hatte.

Wie sich bei Francis Bacon zeigt, muß Herzarbeit nicht unbedingt bedeuten, daß wir uns nur mit unseren »schönen Seiten« selbst lieben können. Es bedeutet vielmehr, uns dem Teil von uns zuzuwenden, der das, was aus uns herauskommen will, was immer es sein mag, auf einer bestimmten Ebene zulassen kann. Wir alle sind sich entwickelnde Kunstwerke der Natur. Da können wir genauso gut welche sein, in denen unser ganzes Wesen zum Ausdruck kommt.

Was möchte aus Ihnen herausfließen?

Spirituelle Arbeit

Die Worte Geist, Wahrheit, Liebe, Leben und Gott sind verschiedene Begriffe für dasselbe Konzept. Sie stehen für all das, was ein Gefühl von Ehrfurcht in uns erweckt. Diese und andere Begriffe dieser Art stehen für heilige Prinzipien der Menschheit. Wir alle können große Befriedigung finden, wenn wir unser Leben mit den spirituellen Werten, die diese Prinzipien beinhalten, bereichern und uns einer Form von persönlicher spiritueller Arbeit widmen.

Mit »spiritueller Arbeit« meine ich keine bestimmte Handlung. Ich meine die Art, wie wir nach einem heiligen Prinzip leben und zulassen, daß eine Vielzahl von täglichen Entscheidungen und Aktivitäten davon durchdrungen wird. Spirituelle Arbeit beginnt mit der Art, in der wir uns und andere in jedem Augenblick behandeln. Ich habe beobachtet, daß es zu einer Spaltung zwischen unseren Ambitionen und unseren Taten kommt, wenn wir unser tägliches Leben nicht nach einem heiligen Prinzip gestalten. Diese Spaltung behindert uns dann in unserer Fähigkeit, unsere Träume zu verwirklichen.

Da ist die Frau, die einen besseren Abschluß haben möchte, aber ihre letzte Arbeit nicht vollenden kann, der Mann, der Kapital für sein Geschäft braucht, aber es nicht schafft, den Finanzierungsantrag dafür zu schreiben, die Schauspielerin, die Arbeit haben möchte, aber zu keinem Vorsprechen geht, oder der Single, der heiraten und Familie haben möchte, aber Intimität stets meidet. Manche Menschen erzielen auch unter schwierigen Bedingungen große Leistungen, beziehen daraus aber keine wirkliche Befriedigung.

Mit spiritueller Arbeit überbrücken wir die Kluft zwischen großen Ideen und den kleinen alltäglichen Handlungen. So wird es uns möglich, den Perfektionisten und unsere innere Führung wie auch die uns vorwärtsbewegende Lebenskraft und den ihr entgegengesetzten inneren Widerstand auseinanderzuhalten.

Wenn wir unter einem inneren Konflikt leiden und wir aufgrund zu hochgestellter Ziele blockiert sind, hilft spirituelle Arbeit uns dabei, herauszufinden, welches der Ziele wir, wenn überhaupt, verwirklichen können. Vielleicht suggeriert uns blinder Ehrgeiz, Image-Perfektionismus oder der nach Rettung schreiende Hilflose ein Ziel, das wir anstreben sollten. In einem solchen Fall kann uns unser innerer Widerstand wieder auf den Boden der Tatsachen zurückholen. Vielleicht läßt sich unser Ziel aber auch verwirklichen, und der innere Widerstand ist eine Manifestation von Selbstverachtung oder selbstzerstörerischem Verhalten. Mitunter herrscht auf beiden Seiten eines Konflikts Widerstand, so daß wir überhaupt nicht mehr klar erkennen können, wo wir uns eigentlich hinbewegen sollen. Wir können es erst dann erkennen, wenn wir uns selbst dabei beobachten, was wir tun.

Besteht eine Kluft zwischen dem, was wir tun wollen, und dem, was wir wirklich tun, ist es an der Zeit, ein oder mehrere der oben genannten heiligen Prinzipien in unser Leben einfließen zu lassen. Unsere innere Führung hilft uns dann dabei, unsere Ziele zu überdenken und unsere täglichen Entscheidungen zu treffen.

Was ist Ihr heiliges Prinzip?
Bitten Sie es darum, Ihnen bei Ihren täglichen Entscheidungen zu helfen.

11
Perfektionismus und Lebensziele

»Was möchte ich in meinem Leben erreichen?« Dies ist eine Frage, die wir uns über die Jahre immer wieder stellen. Sie schürt grundlegende Hoffnungen und Ängste: die Hoffnung, daß wir eine Lebensaufgabe und einen Lebenssinn finden, ehe es zu spät ist, und die Angst, daß wir es nicht rechtzeitig schaffen und sang- und klanglos von der Bühne des Lebens verschwinden.

Wir müssen zwischen unserer Angst und unserer Hoffnung eine Brücke bauen. Dazu müssen wir uns beide Gegenpole genau anschauen und dann etwas finden, womit wir die Brücke bauen können. Es läßt sich nicht irgendwo »da draußen« in der Welt finden. Wir können es in uns finden, und die Brücke, die wir bauen, bringt uns genau dahin, wo wir hinmüssen, um ein sinnerfülltes Leben zu führen.

Was wir in der Außenwelt werden, ist eine Erweiterung unserer Innenwelt. Wer sind Sie Ihrer Meinung nach? Sind Sie jemand, der glaubt, daß er tun kann, was er vorhat? Ziehen Sie Bilanz über die Teile in Ihnen, die Ihnen dabei helfen, Risiken einzugehen, und die, die es nicht tun. Versuchen Sie, diese Teile mit all Ihren Sinnen wahrzunehmen. Lassen Sie sie in Ihr Bewußtsein eindringen, auf welche Weise sie sich auch bemerkbar machen mögen.

Gläubige und Ungläubige

Finden Sie den Teil, der weiß, was Sie wollen, und der JA! zu Ihnen sagt. Finden Sie den Teil, der Angst davor hat, es zu wissen, weil es schwierig sein kann, unserem eigenen Wissen entsprechend zu handeln. Finden Sie den Teil, der sagt: *Du kannst es nicht*. Finden Sie den, der sagt: *Was du willst, ist nicht wichtig genug*, oder *Was du willst, ist zu wichtig. Was denkst du, wer du bist?* Finden Sie den Teil, der sagt: *Es ist zu spät*, oder *Es ist zu früh – ich bin noch nicht soweit*.

Derartige innere Stimmen, Wahrnehmungen und Gefühle kennt jeder von uns. Was den Unterschied zwischen Menschen, die nach dem greifen, was sie wollen, und denen, die es nicht tun, ausmacht, ist ihre Reaktion auf diese Stimmen. Haben Sie die Zügel in der Hand, oder lassen Sie sich von Ihren Ängsten unterkriegen?

Sie wissen selbst, wie verängstigt Sie innerlich sind. Es ist natürlich zu meinen, andere Menschen hätten weniger Angst als man selbst, aber fast alle Menschen haben Angst. Allerdings läßt sich nicht jeder von seiner Angst »blockieren«. Warten Sie nicht darauf, daß die Angst vergeht, bevor Sie sich weiterbewegen, denn sie wird nie vergehen. Lassen Sie Ihre Angst hinter sich, oder schleppen Sie sie mit. Aber fangen Sie in jedem Fall an, sich zu bewegen.

Um in Gang kommen zu können, müssen Sie den Teil in sich finden, der Sie auf dem Wege unterstützen wird. Voraussetzung dafür, in eine Welt eintauchen zu können, die Ihnen bisher verschlossen war, ist ein Eintauchen in Ihr Inneres. Finden Sie den Gläubigen in sich, der Ihr erstrebtes Ziel erreichen kann. Finden Sie diesen inneren Anwalt, und übergeben Sie Ihren Fall ihm. Lassen Sie sich von ihm vertreten, um Ihrem inneren Ungläubigen das Handwerk zu legen. Dies ist sehr wichtig, wenn Sie vorhaben, Ihre Träume zu verwirklichen. Rüsten Sie sich für Ihren eigenen Glaubenskrieg.

Karierrekonflikten auf den Grund gehen

In der Arbeitswelt kann der Perfektionist sowohl ein Segen als auch ein Fluch sein. Er spielt eine wichtige Rolle dabei, ob wir eingestellt, entlassen, befördert, aufs Abstellgleis geschoben oder gelobt werden. Falls Sie wissen wollen, wie Ihre berufliche Karriere von

Ihrem Perfektionisten beeinflußt wird, können Ihnen die folgenden Fragen eine Hilfe dabei sein.

- Haben Sie das Gefühl, daß man Sie als Sündenbock behandelt, Ihnen kein Vertrauen entgegenbringt, Sie übersieht, nicht respektiert, überfordert oder unterschätzt?
- Streicht jemand anders das Lob ein, das Ihnen gebührt?
- Gibt es Zeiten, zu denen Sie denken, daß Sie Ihren Chef auf den Mond schießen könnten?
- Erscheint Ihnen Ihr Mitarbeiterstab wie ein undankbarer Haufen?
- Haben Sie, obwohl Sie Ihre Arbeit sehr langweilt, Angst davor, sich eine bessere zu suchen, noch einmal von vorn anfangen zu müssen oder wieder das zu machen, was Sie wirklich lieben und aus »praktischen« Gründen aufgegeben haben?
- Ist Ihr Perfektionist ein Fluch oder ein Segen in bezug auf Ihre berufliche Karriere?

Haben Sie Ihren Perfektionisten einmal als den Übeltäter entlarvt, der hinter diesen Fragen oder Konflikten steckt, können Sie alle Fragen beantworten und alle Konflikte lösen. Sobald Sie wissen, wie sich Perfektionismus bei Ihnen äußert, können Sie ihn sich zunutze machen, anstatt sich von ihm knebeln zu lassen. Und wenn Sie den Perfektionisten in anderen Menschen einmal erkannt haben (siehe »Wenn zwei Perfektionisten aufeinander prallen« im siebten Kapitel), haben sie nicht mehr so viel Macht über Sie.

Bei Ihrer »Entdeckungsreise« werden Sie herausfinden, was genau Ihr Perfektionist braucht, um Ihnen eine berufliche Karriere zu bescheren, die Sie ausfüllt und glücklich macht.

Erfolgsmenschen

Fast jeder strebt danach, sein Potential voll auszuschöpfen. Wir können von anderen Menschen, die Spitzenleistungen vollbracht haben, etwas darüber lernen, was sie dazu befähigt hat. Ich habe mir früher falsche Vorstellungen über Menschen gemacht, die »Welterfolge« feiern. Ich nahm an, daß sie besser seien als ich, bessere Bedingungen genössen oder eine größere Motivation hätten als ich. Ich lag in allen Punkten falsch. Eines jedoch geht aus Untersuchungen zu dem Thema eindeutig hervor: Menschen, die Höchstleistungen vollbringen, sind sich über etwas im klaren, was ich nicht wußte – sie wissen, daß sie nicht perfekt sein müssen.

Charles Garfield, der Autor von *Peak Performers*, führte eine Studie mit mehr als 200 Personen durch, die von anderen Menschen als herausragende Persönlichkeiten eingestuft worden waren. Anhand von Interviews, Fragebögen und Biographien ermittelte er, welche Eigenschaften Menschen, die Weltruhm erlangten, gemein haben. In seine Studie bezog er auch Albert Einstein, Winston Churchill, Linus Pauling, Luciano Pavarotti und Mutter Teresa ein.

Dr. Garfield entdeckte folgende gemeinsame Eigenschaften bei diesen Menschen: Sie zeigen ein leidenschaftliches Engagement für eine Mission, eine Vision oder eine Lebensaufgabe. Die Ergebnisse, die sie erzielen, sind »missionsgesteuert«, nicht »zielgesteuert«. Sie sind nicht besessen von Perfektion und auch keine Workaholics. Sie sorgen für Selbsterneuerung, regelmäßige Entspannung und Kontemplation und nutzen ihre Vorstellungskraft für eine geistige Theaterprobe, um sich auf Taten und Ereignisse vorzubereiten.

Diese Menschen erreichen durch Selbsterkenntnis ein hohes Maß an Selbstbeherrschung. Sie neigen nicht zu Konkurrenzdenken oder Geheimnistuerei, sondern sind tendenziell kooperative Teammitglieder. Sie sind flexibel genug, um Kurskorrekturen vornehmen zu können. Sie können Verantwortlichkeiten delegieren und nein sagen, wenn sie nicht in ihrer Arbeit gestört werden wollen.

Das ultimative Geheimnis ihres Erfolgs ist, daß sie sich erlauben, »menschlich« zu sein. Wie Dr. Garfield sagt: »Menschen, die außergewöhnliche Leistungen vollbringen, sind gewöhnliche Menschen, die Mittel und Wege gefunden haben, um einen großen Eindruck zu hinterlassen.«

Unsere Innenwelt beeindrucken

Einer der häufigsten Fehler, die wir in der Arbeitswelt begehen, besteht darin, unsere Arbeitgeber, Angestellten, Kunden und Kollegen zu Pseudo-Familienangehörigen zu machen. Im Zusammenspiel mit Kollegen agieren wir dann die emotionalen Konflikte aus der Vergangenheit aus.

Wollen Sie, daß Ihr Chef, Ihre Kunden und andere Menschen Ihnen vertrauen, Sie respektieren, anerkennen und fair behandeln? Sind Sie wütend und verletzt, wenn das nicht der Fall ist? Es gibt eine ausgezeichnete Methode, mit deren Hilfe Sie in der Arbeitswelt wirklich erfolgreich werden können: Befreien Sie sich von dem Bedürfnis, Vertrauen, Respekt und Anerkennung entgegengebracht zu bekommen, und erwarten Sie nicht einmal, fair behandelt zu werden.

Es ist natürlich nicht möglich, sich vollkommen von diesen Bedürfnissen zu befreien, aber wir können lernen, uns erheblich weniger darum zu scheren, was andere von uns denken. Warum? Weil das, was Sie denken, was die anderen von Ihnen denken, ohnehin nur die Meinung ist, die Sie von sich selbst haben.

Sie haben schon genug Energie darauf verschwendet, sich über das, was »die« von Ihnen denken, und wie sie Sie behandeln, den Kopf zu zerbrechen. Sie können diese Energie besser nutzen – als Motor zur Erfüllung Ihrer Träume. Ich schlage vor, daß Sie Ihre fruchtlosen Versuche, die Aufmerksamkeit von anderen Menschen auf sich zu ziehen, aufgeben, und sich statt dessen dem zuwenden, was Ihre Innenwelt von Ihnen denkt. Dies ist der einzige Ort, über den Sie wirklich die Kontrolle haben.

Die Keine-Bestätigung-Übung

Gelingt es uns, unsere Innenwelt zu beeindrucken, dann sind wir für die Außenwelt gewappnet. Vor Jahren ging mir bei einer Übung in einem Seminar, an dem ich teilnahm, diesbezüglich ein Licht auf.

Alle 40 Teilnehmer mußten nacheinander vor die Gruppe treten und eine Geschichte erzählen oder über etwas Intimes berichten. Die Gruppe sollte mit allen Mitteln versuchen, den Redner zu entmutigen – ihn piesacken, ignorieren, lächerlich machen usw. Jeder Redner sollte alles tun, was in seiner Macht stand, um trotz der fehlenden Bestätigung in der Außenwelt in sich selbst Bestätigung zu finden.

Können Sie sich vorstellen, was für eine Wirkung diese Übung hatte? Es war schmerzlich, die Teilnehmer zu beobachten, die das Handtuch warfen, und beflügelnd, diejenigen zu sehen, die die Nase oben behielten und durchhielten. Es gab auch einige, die nur so taten, als hätten sie Selbstvertrauen und würden sich wacker halten. Ich sah den Unterschied zwischen denen, die innere Blockaden hatten, und denen, die im Laufe der Übung Kraft und Bestätigung in sich fanden.

Als alle ihre Geschichten vorgetragen hatten, wurden wir aufgefordert, unsere Kommentare dazu abzugeben. Wir lobten diejenigen, die Halt in sich selbst gefunden und die Nase oben behalten hatten, denn das ist es, was wir alle erreichen wollen. Diejenigen, die nicht durchgehalten hatten oder nur so getan hatten, als würde ihnen das negative Feedback nichts ausmachen, bekamen die Gelegenheit, ihre emotionalen Erfahrungen zu verarbeiten.

Die gravierendsten Missetaten, die am Arbeitsplatz wie auch in allen anderen Lebensbereichen begangen werden, sind nicht jene, die andere an uns begehen, sondern jene, die wir selbst an uns begehen. Haben wir dies einmal erkannt, ist es wichtiger denn je, Halt in uns selbst zu finden. Wir müssen uns für die Zeiten, in denen wir uns selbst vernachlässigt haben, vergeben und unser Gleichgewicht wiederfinden. Sobald das Gleichgewicht wiederhergestellt ist, können wir anfangen, unsere Träume von einer idealen Karriere in die Tat umzusetzen. Dazu müssen wir einen weisen, inneren Mentor finden – einen Mentor, der um unser Wohl besorgt ist und Berge für uns versetzt.

Tief in sich gehen, um nach den Sternen greifen zu können

Dieser wohlwollende, hilfsbereite Mentor und Wegweiser existiert in jedem von uns und ist als innere Führung, als weises, höheres Selbst, zugänglich. Dieses weise, höhere Selbst zu finden, zu kultivieren und seine Ratschläge zu befolgen kann uns eine große Hilfe sein. Gelingt es uns, zu unserer inneren Weisheit Kontakt aufzunehmen, unterstützt sie uns bei allen weltlichen Kämpfen. Haben wir erst einmal in unserem Inneren Respekt, Vertrauen, Bestätigung und Fairneß gefunden, überträgt sich das auf wundersame Weise auf die Außenwelt.

Sie könnten genauso gut aufhören, darauf zu warten, daß Sie von Ihrem Chef die Anerkennung bekommen, die Sie von Ihren Eltern nie bekommen haben. Bemühen Sie sich statt dessen, diese Anerkennung in sich selbst zu finden, damit Sie die Keine-Bestätigung-Übung durchhalten können. Falls Sie diese Selbstbestätigung finden und Ihren eigenen Wert anerkennen können, werden Sie überrascht sein, wie oft Sie so behandelt werden, wie Sie es immer wollten. Denn Voraussetzung dafür, »Streicheleinheiten« zu bekommen, ist, daß wir zuallererst nett zu uns selbst sind.

Erst wenn Sie sich ein »Selbsthilfesystem« aufgebaut haben, können Sie nach den Sternen greifen. Dazu ist eine Art persönliche Macht erforderlich – Macht, den Menschen standzuhalten, die Sie beneiden, mit Ihnen konkurrieren und Sie zum Objekt ihrer Feindseligkeit machen wollen. Wenn Ihre Kollegen Sie schlecht behandeln, werden Sie dann nicht so auf sie reagieren, als seien sie Ihre Familienangehörigen, von denen Sie keine Anerkennung bekommen. Sie werden Ihre Kollegen besser einzuschätzen wissen: als Menschen, die – nicht Ihnen – sondern sich selbst den Spiegel vorhalten, weil ihr Verhalten ihre eigenen Kämpfe aus ihrer Vergangenheit widerspiegelt.

Der nächste Schritt besteht darin, sich zu fragen, wo Sie sich derzeit befinden, und herauszufinden, wo Sie hinwollen.

Falls Sie eine andere Laufbahn anstreben, werden Sie sich höchstwahrscheinlich damit abfinden müssen, die Stelle eines Berufsanfängers anzunehmen und sich dann hochzuarbeiten. Die Zeit, die viele Menschen damit vergeuden, sich dagegen zu wehren, noch einmal von vorn anzufangen, reicht zehnmal aus, um neu anzufangen und die ersten Sprossen auf der Karriereleiter zu erklimmen. Alles in allem sind Neuanfänge weniger schmerzlich als der Widerstand dagegen. Gestatten Sie es sich, sich auf etwas zuzubewegen, das Sie wollen, anstatt in einer unglücklichen Lage zu verharren und sich ausgebrannt zu fühlen.

Verbündete in unserem Glaubenskrieg

Definieren Sie, was Sie sein, tun und haben wollen, und finden Sie dann Hilfe und Richtungsanweisungen in sich selbst. Ermitteln Sie Ihre Gegner: Ihren Perfektionisten und Ihren Hilflosen. Sie werden diese Gegner auch in der Arbeitswelt finden. Sie warten darauf, Sie herauszufordern und zu irritieren. Doch diese Kontrahenten erfüllen einen guten Zweck: Es sind die Menschen in Ihrem Alltagsleben, die Ihnen Aufschluß über Ihre Beziehung zu sich selbst geben können. Finden Sie die Verbündeten da draußen, bei denen Sie auf Unterstützung zählen können. Sie sind die Reflexionen des Teils von Ihnen, der Ihnen wohlgesinnt ist.

Legen Sie, sobald Sie für Ihren Glaubenskrieg gerüstet sind, den Kurs für Ihre zukünftige Karriere fest. Achten Sie auf Ihrem Weg darauf, im Gleichgewicht zu bleiben, und drosseln Sie das Tempo, oder geben Sie Gas, falls es erforderlich ist. Erwägen Sie, wann Sie kämpfen müssen und wann nicht. Bleiben Sie offen und flexibel für Kurskorrekturen. Passen Sie auf, daß Sie sich selbst nicht zu wichtig nehmen, und sehen Sie zu, daß Sie unterwegs genug über sich selbst lachen können. Lassen Sie einen großen Spielraum für Versuch und Irrtum. Akzeptieren Sie, daß man auch mal auf die Nase fallen kann. Stehen Sie wieder auf, lecken Sie Ihre Wunden, und fangen Sie wieder von vorn an. Erinnern Sie sich daran, die Regeln zu brechen, die Sie zuvor eingeschränkt haben, damit Sie im weiteren Verlauf Ihrer beruflichen Karriere ein so erfülltes, waches und angstfreies Leben führen können, wie Sie es sich wünschen.

12
Wahre Geschichten meiner Klienten

Ich habe mutige Klienten. Sie sind willens, ihre Geheimnisse in diesem Buch zu offenbaren, da dies für andere bei ihrem Kampf um Selbstakzeptanz hilfreich sein kann.

Im Folgenden beschreibe ich einige Geschichten meiner Klienten. Ich habe ihre Namen und einige Angaben zu ihrer Person, anhand derer man sie erkennen könnte, geändert, um ihre Anonymität zu wahren, aber die Geschichten sind wahr. Es sind Beschreibungen der Arbeit, die wir zusammen geleistet haben.

In jedem Fall kommen drei oder mehr Perfektionismustypen zum Tragen, die nach ihrem Schweregrad geordnet aufgelistet sind. Das bedeutet, daß der erste Perfektionismustyp den größten Einfluß auf die Person hat und der dritte den geringsten. Ich habe bei der Arbeit mit meinen Klienten festgestellt, daß sie anfangs nichts von ihrem Perfektionismus hören wollten. (Wie wir wissen, haßt es der Perfektionist, sich zu entblößen.)

Später dachten sich diese Klienten selbst Namen für ihren Perfektionisten aus. Sie lauteten zum Beispiel »Der Peiniger«, »Der lauernde Tyrann« und »Mutter Oberin«.

In der Therapie analysierten wir zunächst die Eigenschaften jeder Teilpersönlichkeit und die körperlichen Empfindungen, die sie auslöst. Der Prozeß des Erwachens, der darauf folgte, war bei jedem anders, weil jeder unterschiedliche Methoden anwandte, um Zugang zu seinem Unbewußten zu finden (zum Beispiel Träume, Arbeit mit dem inneren Kind oder Hypnosetherapie).

In den Fallbeispielen kommen alle Perfektionismustypen vor, die ich im vierten Kapitel aufgeführt habe, sowie die folgenden damit zusammenhängenden Probleme: Schuldgefühle, Depression, Isolation,

Alkoholismus, Eßstörungen, berufliches Ausgebranntsein, Selbstverstümmelung, Beziehungsunfähigkeit und Abhängigkeit von Sex, Geld, Zigaretten und Beziehungen.

Jillian: Starrsinnigkeit, Selbstverachtung und Selbstgerechtigkeit

Die 45jährige Jillian lebte in ihrem Intellekt und hatte Phasen durchgemacht, in denen sie sich total von der Außenwelt zurückgezogen hatte. Ihr Gesichtsausdruck war bar aller Emotionen. Sie zeigte lediglich Verachtung – für Kollegen, Familienangehörige und frühere Therapeuten. Sie war zwar attraktiv, aber die vielen Jahre, die sie in der Filmbranche gearbeitet hatte, hatten ihre Spuren hinterlassen. Sie arbeitete viele Stunden unter Druck und kam kaum dazu, für genügend Schlaf, Kontakt zu Freunden oder regelmäßige Mahlzeiten zu sorgen. Ihr Leben bestand darin, einen Job zu »überleben«, sich davon zu erholen und den nächsten zu finden.

Jillians Weltsicht war von Ernüchterung geprägt. Da sie überheblich wirkte, stieß sie andere Menschen ab. Sie machte sich Feinde, ohne es zu merken, weil sie sich nicht darüber bewußt war, welchen negativen Eindruck ihr Verhalten auf andere machte. Letzten Endes machte sie beruflich eine Bauchlandung. Als Jillian zur Behandlung zu mir kam, war sie arbeitslos, hatte finanzielle Probleme und litt unter Panikanfällen und dem chronischen Erschöpfungssyndrom. Hinter ihrer Erschöpfung sah ich eine offensichtliche tiefe Verbitterung darüber, wie ihr Leben sich entwickelt hatte.

Jillians Mutter, eine unglückliche Frau, die tablettensüchtig war, hatte ihre Kinder vernachlässigt. Ihr Vater, ein emotional distanzierter Arzt, hatte sich auf Kosten der Kinder darauf konzentriert, seine Frau glücklich zu machen. Jillians leidenschaftliche Bemühungen, gut genug zu sein, um die Liebe und Fürsorge ihrer Eltern zu bekommen, waren vergebens. Entweder war sie das Objekt der Wut ihrer Mutter, oder beide Elternteile nahmen sie nicht wahr.

Mit der Zeit schottete sich Jillian gegen die Unzufriedenheit ihrer Mutter ab, was sich zu dem Verhaltensmuster, sich von der Welt zurückzuziehen, ausprägte. Sie distanzierte sich von Menschen und Gefühlen und fixierte sich auf Aufgaben, wobei sie sich durch Detailversessenheit hervortat. Jillian bezog ihr Selbstwertgefühl daraus, nicht so emotional oder bedürftig zu sein wie ihre Mutter, aber dadurch unterdrückte sie ihr wahres Selbst.

Die Arten von Perfektionismus, die Jillian entwickelte, sind Starrsinnigkeit, Selbstverachtung und Selbstgerechtigkeit. Was zu ihrer Starrsinnigkeit führte, war ihr Protest gegen ihr unerträgliches Leben in ihrem Elternhaus. Ihre Selbstverachtung rührte von der Gewißheit her, daß sie, ganz gleich, wie sehr sie sich anstrengte, nie gut genug sein würde. Infolge dessen bekam sie Depressionen, die ihr Leben dominierten. Anstatt ihre Depressionen direkt anzugehen, arbeitete sie noch mehr. Wurde sie wegen ihrer unausstehlichen Art gefeuert, war sie sich über diesen Zusammenhang nicht im Klaren und dachte: *Ich habe doch schon so hart gearbeitet, wie ich konnte. Ich habe nicht einmal eine Mittagspause gemacht.* Schließlich bescherte ihr ihre Selbstgerechtigkeit ein Lebensziel: recht zu haben. Ihre Fixierung auf Details führte dazu, daß sie das Gesamtbild nicht mehr sah. Folglich fiel es ihr schwer, Prioritäten zu setzen. Sie wurde immer intoleranter gegenüber Kollegen und lehnte Autoritäten ab. Sie wollte immer recht haben und rückte nie von ihrem Standpunkt ab.

Jillian verfiel letzten Endes in Hilflosigkeit, indem sie krank wurde. Glücklicherweise entwickelte sie dadurch eine größere Bereitschaft, nach den Ursachen für ihre Probleme zu forschen. Doch ehe sie mit ihrer Selbsterforschung beginnen konnte, mußte Jillian mehr im Gleichgewicht sein. Sie benötigte Hilfe von außen, bis sie soweit war, auf ihr inneres Hilfesystem zurückgreifen zu können.

Neben der Psychotherapie half Jillian eine ganzheitliche medizinische Behandlung. Die verschiedenen Behandlungsansätze verliehen ihr mehr Kraft, vor allem, weil sie alle darauf ausgerichtet waren, sie auszubalancieren und ihr Selbstvertrauen zu stärken.

Sie begann, ihre Entscheidungen und Prioritäten zu hinterfragen. So viele ihrer Entscheidungen hatten auf der Angst basiert, nicht gut genug zu sein, daß sie schließlich all ihre Entscheidungen in Frage stellte. Sie hatte ihr Selbstwertgefühl aus einer falschen Quelle – ihrer selbstgerechten Teilpersönlichkeit – bezogen, die ihr suggeriert hatte, sich im Recht zu fühlen, indem sie anderen das Recht kategorisch absprach. Des weiteren behinderte ihre starrsinnige Teilpersönlichkeit sie in ihrer Weiterentwicklung. Ihre Angst vor Veränderungen hinderte sie daran, klar zu erkennen, welche Möglichkeiten ihr offenstanden.

Jillian mußte auch erkennen, daß ihr Drang, auf die Überholspur auszuscheren, in Wirklichkeit ein Signal war, es langsamer angehen zu lassen. Die Erkenntnis, daß sie die Fehlschläge, die sie erlitt, selbst herbeiführte, war ernüchternd für sie, aber sie ließ sich nicht davon abschrecken, mehr über sich herauszufinden. Mit Beharrlichkeit, Übung und Humor gelang es ihr, sich selbst klarer zu sehen. Ich habe vor der Tür zu meinem Behandlungszimmer einen Korb mit Tier-Hausschuhen stehen. Sie sollen meinen Klienten helfen, sich zu entspannen und sich in die richtige Stimmung für unsere Arbeit zu versetzen. Jillians Lieblingsschuhe sahen aus wie zwei rosafarbene Flamingos. Sie fühlte sich albern und kindisch in ihnen, und sie halfen ihr, über sich selbst zu lachen.

Jillian beobachtete sich dabei, wie sie ihre Überzeugung, ihre Bemühungen seien vergeblich, ausagierte. Sie analysierte das Verhalten, das sie an den Tag legte, wenn sie nach dieser Überzeugung handelte – und wenn nicht. Dadurch bekam sie ein neues Gespür dafür, inwiefern es in ihrer Macht lag, etwas an den Umständen, in denen sie sich befand, zu ändern. Sie erforschte die Verletzungen, die sie in der frühen Kindheit erlitten hatte, und trennte die Vergangenheit von der Gegenwart, so daß sie ihre gegenwärtigen Reaktionen auf ihre gegenwärtigen Erfahrungen abstimmen konnte.

Da ihre Selbstverachtung sie vor langer Zeit dazu getrieben hatte, immer nur etwas zu geben, mußte Jillian lernen, auch etwas nehmen zu können. In unseren Sitzungen lernte sie, ihre »Empfänglichkeit« durch Atemübungen zu steigern und ein Interesse an den subtilen Veränderungen in ihr zu entwickeln. Sie empfand diese Übungen so, als würde sie »einen Irrgarten zu ihrem Wesen durchschreiten«.

Auf ihrer Reise in ihr Inneres entdeckte Jillian Bedürfnisse und Gefühle. Sie fing an, ihrer Sehnsucht nach Vollkommenheit und der »Lebendigkeit« körperlicher Signale genauer nachzuspüren. Als sie zum ersten Mal in meiner Praxis weinte, berührte sie ihre Tränen und sagte entzückt: »Oh, sehen Sie, ich weine!«

Ihre Selbsterforschung lieferte ihr die Fragen, die sie stellen mußte, um ihren Perfektionisten in seine Schranken zu verweisen und Zugang zu ihrer inneren Führung zu finden: »Möchte ich mich mit meinem Chef streiten und recht haben oder mit ihm auskommen und erfolgreich sein? Gebe ich meinen Zielen den Vorrang, und übertölple ich meine Kollegen damit? Verausgabe ich mich, wenn ich die ganze Zeitung durchlese?« Eine wichtige Entdeckung half ihr, ihren Starrsinn in den Griff zu bekommen. So erzählte sie mir: »Es ist wichtig für mich, viele Dinge zu tun, die mir Spaß machen, damit ich nicht alles so verbissen sehe.«

Jillian entwickelte in dem Maß ein anderes Verhältnis zu ihren Vorgesetzten, in dem sie sich selbst mehr Autorität zusprach. Sie lernte, ihre Arbeitgeber auf die Folgen unrealistischer Forderungen aufmerksam zu machen, indem sie auf neutrale Weise sagte: »Wollen Sie, daß ich meine Arbeit an dem Auftrag, den Sie mir heute morgen gegeben habe, unterbreche, damit ich den erledigen kann, den Sie mir jetzt geben? Dies könnte dazu führen, daß ein Termin platzt. Ich würde folgendes vorschlagen ...«

Heute ist Jillian in der Lage, ihre Gefühle wahrzunehmen und zu analysieren, anstatt Panikanfälle zu bekommen. Sie hat sich gut von ihrer chronischen Erschöpfung erholt. Als sich ihre Beziehung zu sich selbst änderte, änderten sich auch ihre persönlichen und beruflichen Beziehungen. Sie liebt ihre Arbeit und sorgt gut für sich. Sie gönnt sich zum Beispiel schöne Ferien und hat eine Haushaltshilfe, die Botengänge für sie macht und die Lebensmitteleinkäufe erledigt. Sie genießt es, weniger zu tun und mehr zu sein. Aus ihrer Ausdruckslosigkeit ist ein Strahlen geworden. Es ist natürlich nicht alles perfekt, aber Jillian verfügt jetzt über die inneren Ressourcen, um die Herausforderungen, die sich ihr stellen, zu meistern.

Kathy: Arroganz, Märtyrertum und Gier-Neid

Die 31jährige Kathy war Alkoholikerin und hatte es mit Hilfe der Anonymen Alkoholiker geschafft, mehrere Jahre lang nicht zu trinken. Sie war sehr offen und von angenehmem Äußeren, hatte oft ein Lächeln auf den Lippen und einen ausgeprägten Sinn für Humor. Kathy vermittelte einem das Gefühl von kindlicher Sehnsucht nach Vertrauen, Abenteuer und Zauber. Zugleich war sie wie ein bloßliegender Nerv: äußerst empfindsam und emotionalen Extremen ausgeliefert, wie zum Beispiel schweren Depressionen, die dazu führten, daß sie oft mehrere Tage hintereinander nicht zur Arbeit gehen konnte. Sie war seit kurzem auf eigenen Wunsch geschieden, aber, wie sie zugab, immer noch von ihrem Exmann abhängig.

Die Angst, daß sie nie geliebt werden würde, trieb Kathy immer wieder zu ihm zurück. Jedesmal stellte sie wieder fest, wie schädlich ihre Beziehung für sie beide war. Sie zwang sich, ihn wieder zu verlassen, worauf sie in eine noch tiefere Depression verfiel und sich für ihre Schwäche verurteilte.

Kathys Vater war Alkoholiker, und die ganze Familie litt unter seinen Alkoholexzessen und seinen Launen. Unvollkommenheit konnte ihren Vater jederzeit auf die Palme bringen und den Familienfrieden stören: »Wenn jemand in meiner Familie einen Makel hat, muß ich ihn beseitigen – oder ihm deswegen Saures geben.« Kathy wurde oft vorgehalten, nicht perfekt zu sein. Sie hatte das Gefühl, daß ihre Familie sie mit Liebesentzug bestrafte, wann immer sie ihr wahres Selbst zeigte.

Kathys Mutter war leicht aus der Fassung zu bringen und konnte keine Konflikte ertragen. Sie sagte zu Kathy, sie sei der einzige Grund, daß sie sich nicht umbrachte, und so war die Tochter davon überzeugt, daß ihre Mutter Selbstmord begehen würde, wenn sie je negative Gefühle zeigte. Sie war der kleine Star in der Familie, und man konnte sich immer darauf verlassen, daß sie mit ihrem Enthusiasmus alle aufheiterte. Kathy verspürte eine immer größere Kluft zwischen ihrer Rolle in ihrer Familie und ihrem wahren Selbst, das sie verbergen mußte. Sie wollte, daß alle glücklich waren, fühlte sich jedoch immer deprimierter und verängstigter hinter dem Lächeln, das sie aufsetzte. Beide Elternteile verließen sich darauf, daß Kathy in der Familie Frieden stiftete. Also lernte sie, sich selbst zu verurteilen, wenn ihr dies nicht gelang.

Als Kathy mit Hilfe der Anonymen Alkoholiker ihre innere Führung fand, fühlte sich ihre Familie bedroht, denn die Veränderungen, die sich bei ihr vollzogen, brachten den alten Status quo durcheinander. Sie war in der Zwickmühle des Perfektionisten gefangen: Wenn sie sich autonom verhielt und versuchte, ihren eigenen Kopf durchzusetzen, griff ihre Familie sie an und bestrafte sie mit Liebesentzug. Dann attackierte Kathy sich selbst. Verleugnete sie ihr wahres Selbst, um Liebe zu bekommen, betrog sie sich damit selbst und verdammte sich dann deswegen. Kathy »wiederholte« diese Familiendynamik in ihrer Ehe und bei ihrer Arbeit. Sie stand unaufhörlich unter dem Druck, die Hauptdarstellerin zu sein. Depression – eine kurze Verschnaufpause von der Quälerei – war oft ihr einziger Ausweg.

Die Formen von Perfektionismus, die Kathy entwickelte, sind Arroganz, Märtyrertum und Gier-Neid, fixiert auf Liebe. Ihre arrogante Teilpersönlichkeit war die Maske, hinter der sie ihr wahres Selbst verbarg, um sich vor den Attacken ihrer Familie zu schützen. Obwohl sie mit Hilfe der Anonymen Alkoholiker große Fortschritte machte, was ihre Fähigkeit, Hilfe anzunehmen und ihre Gefühle zu zeigen, anbelangte, bestrafte ihr Arroganter sie weiterhin für ihre Unvollkommenheiten, die für die Querelen in ihrer Familie sorgten. Der Märtyrer in ihr verlangte, daß sie ihre eigenen Bedürfnisse hintanstellte, um für Frieden zu sorgen und sich die Liebe ihrer Eltern zu sichern. Der Gier-Neid-Perfektionist schließlich war für ihre Abhängigkeit von Liebe verantwortlich.

Da sie den Frieden in ihrer Familie um jeden Preis erhalten mußte, hatte Kathy nie die Selbstliebe entwickelt, die ihr in Konflikten hätte helfen können. Jede ihrer Entscheidungen, die in ihrer Familie Unfrieden stiftete, war ein Verrat an ihrer Familie. Jedesmal, wenn ihre Eltern sie mit Liebesentzug bestraften, hatte sie das Gefühl, sie würde sterben. Sie konnte sogar kleinste »Unterströmungen« in ihren Gefühlen zu ihr verspüren.

Kathys beste Ressourcen waren ihr Humor, die Hilfe, die sie bei den Anonymen Alkoholikern bekam, und ihr höheres Wesen. Als sie bei mir mit der Therapie begann, hatte sie ihre Arroganz schon damit in den Griff bekommen. Durch das Zwölf-Schritte-Programm hatte Kathy einen tiefen Glauben entwickelt, der ihr viel Kraft gab. Ihr höheres Wesen war ihr heiliges Prinzip, und ihre Fähigkeit, der Welt mit Begeisterung und Staunen zu begegnen, war recht ausgeprägt. Sie war willens, ihre Verletzlichkeit zuzulassen, um ihre Arroganz zu überwinden. Sie brauchte jedoch viel Spiegelung und Unterstützung, um ihrem heimtückischen Perfektionisten die Stirn bieten zu können.

Kathy kam ihrem Perfektionisten, den sie manchmal »Dad« nannte, schnell auf die Spur. Indem sie auf ihren inneren Dialog hörte, lernte sie, wie sie sich gegen ihn verteidigen konnte. Anstatt sich von ihm tyrannisieren zu lassen, fand sie Freude daran, ihn auf frischer Tat zu ertappen. Kathy entdeckte eine geheime Überzeugung, die besagte: »Gefühle können töten.« In einer Hypnosetherapie nutzte sie ihre innere Führung für heilsame Reisen und erkannte, daß wir zwar das Gefühl haben können, sterben zu müssen, daß aber unsere Gefühle uns nicht umbringen können. Dadurch fiel es ihr leichter, schmerzliche Gefühle zu ertragen.

Sie erlangte mehr Selbsterkenntnis, was ihren Perfektionisten anbelangte. Ihre schwersten Geschütze fuhr sie im Zusammenhang mit ihrer Abhängigkeit von ihrem Exmann gegen sich auf. Sie mußte lernen, das Bedürfnis, von ihm geliebt zu werden, zu transzendieren, und die Bestätigung, die sie sich von ihm erhoffte, in sich selbst finden. Als sie einmal aufhörte, sich dazu zu zwingen, ihn zu verlassen, war sie überrascht, wie leicht es ihr fiel, sich von ihm zu trennen, und das gab ihr noch mehr Selbstvertrauen. Vor einem Besuch bei ihrer Familie analysierte sie, welche Rolle ihre Eltern dabei spielten, daß sie den Kontakt zu sich selbst verlor, und plante, wie sie ihren vorhersagbaren Verhaltensmustern begegnen konnte. Es machte ihr Spaß, die ihr zur Verfügung stehenden Möglichkeiten, von etwas gewagten bis hin zu draufgängerischen Reaktionen, gedanklich durchzuspielen.

Kathys Perfektionist ließ sie auch bei der Arbeit nicht in Ruhe. Sie erkannte, daß sie so oft fehlte, weil sie auch an ihrem Arbeitsplatz perfekt sein mußte. Der Arrogante muß nach außen hin sein Gesicht wahren. Wenn sie deprimiert war, hatte sie Angst, daß es auffallen und sie bei ihrem Chef ein schlechtes Bild hinterlassen würde – also blieb sie zu Hause. Ihr Chef raufte sich die Haare wegen ihrer vielen Fehlzeiten, aber weil Kathy eine beispielhafte Angestellte war, feuerte er sie nicht. Kathy machte sich ihren Humor zunutze, traute sich am Arbeitsplatz mehr, und ihre Fehlzeiten nahmen enorm ab. »Wage es, Murks zu machen«, wurde ihr neues Motto. Sie änderte ihr Ziel von »Sei perfekt bei der Arbeit« zu »Sitz einfach auf dem Stuhl«, und ihre Leistungen ließen nicht nach.

Kathy beobachtete, daß sie zu den Leuten, die sie bei den Anonymen Alkoholikern unterstützte, ein anderes Verhältnis bekam, und bemerkte, wie ihr Märtyrertum verschwand. Sie entwickelte mehr Vertrauen in die innere Führung jedes Menschen und hatte nicht mehr das Bedürfnis, alle zu heilen oder zu bemuttern. Sie rang nicht mehr damit, Grenzen zu setzen, sie setzte sie einfach. Sie war sehr erleichtert, als sie bemerkte, daß sie keine hilflose Helferin mehr war.

Mit das Wichtigste, das Kathy für ihr eigenes Wohl tat, war, ihren Perfektionisten zu akzeptieren. Sie wußte, daß sie ihn nie vollkommen los sein würde, aber lernen konnte, mit ihm zu leben. Diese Haltungsveränderung ermöglichte es ihr letztendlich, mit ihrem Perfektionismus fertig zu werden, weil der Perfektionist – wie jeder andere Teil von uns – auch Akzeptanz braucht.

In einer neuen Beziehung bestätigte sich, wie weit Kathy gekommen war. Sie benutzte ihre Beziehung als Übungsfeld, um noch mehr Autonomie zu gewinnen. Nachdem sie so lange an sich selbst gearbeitet hatte, beschloß Kathy, Therapeutin zu werden. Sie ging wieder an die Uni und absolvierte ihr Studium und ihr praktisches Jahr mit Bravour. Sie war soviel inneren Druck losgeworden, daß ihr das Lernen Freude bereitete. Kathy etablierte sich schnell in ihrem neuen Beruf, denn sie mußte das Gewicht Ihres Perfektionisten nicht mehr die Karriereleiter mit hinaufschleppen.

Florence: Märtyrertum, Selbstverachtung und Starrsinnigkeit

Florence, 50 Jahre alt und geschieden, kam mit schweren Depressionen zu mir. Jede einzelne Bewegung, sogar ein Atemzug schien eine enorme Kraftanstrengung für sie zu sein. Sie war übergewichtig und deshalb sehr wütend auf sich. Florence hatte ein Leben als Boheme geführt. Ihr Haar wallte ihr in großen, kastanienbraunen Locken über die Schultern, sie trug Kleider mit ausgefallenen, lebhaften Mustern, und verrückte Ohrringe waren ihre Markenzeichen. Ihr Lachen war herzlich und ansteckend. Florence hatte so eine gewinnende Art, daß man sich in ihrer Gegenwart einfach wohl fühlen mußte, aber sie merkte nicht, was für eine positive Ausstrahlung sie hatte, und fühlte sich nicht wohl in ihrer Haut. Auf andere wirkte sie frei und unabhängig, aber sie war von Schuld und Selbsthaß erfüllt.

Florence hatte viele wilde und verrückte Dinge in ihrem Leben getan, aber nur wenig Freude daran gehabt. Sie hatte eine innere Autorität, die es ihr verbot, ihr Leben richtig zu genießen, ein internes Gesetz, das besagte, daß sie mehr auf der Welt schaffen und mehr für andere tun und nicht an sich selbst denken sollte. Ihre Art, dieses Gesetz zu befolgen, war, anderen übermäßig viel zu geben, so daß sie selten noch genug Energie übrig hatte, um etwas für sich selbst tun zu können.

Florences Mutter war eine talentierte Frau, die nie etwas aus sich gemacht hatte. Das hatte dazu geführt, daß sie ihren Ehrgeiz auf ihre Tochter projizierte und ihr für das Opfer, das sie für ihre Familie gebracht hatte, die Schuld gab. Sie hatte immer noch große Macht über Florence. Florences Vater machte häufig depressive Phasen durch, die ihn völlig lahmlegten. Er ging seiner Frau aus dem Weg und überschüttete Florence mit Liebe, was die schon vorhandene Kluft zwischen den drei Personen nur noch vergrößerte.

Florence mußte die Eifersucht, Wut und Kritik ihrer Mutter ertragen. Ihre Mutter benutzte sie, um für ihr eigenes verpaßtes Leben zu kompensieren, aber ihr Bedürfnis, durch ihre Tochter zu leben, stand im Widerspruch zu Florences Wesen. Weiterhin dachte ihre Mutter, daß Liebe bedeute, sich um zu sie sorgen, ihr zu helfen und an ihr herumzudoktern, ob Florence das nun wollte oder nicht.

Florence war es wichtig, so, wie sie war, als gut genug angesehen zu werden – nicht als »Flickwerk« ihrer Mutter, das ständig ausgebessert werden muß. Da ihrer Mutter nichts, was sie sein oder tun konnte, gut genug war, wählte sie einen rebellischen, unkonventionellen Lebensstil. Als Ersatz für die Liebe, die sie von ihrer Mutter nicht bekam, griff sie zu Essen und Zigaretten. Essen gehörte auch zu ihrer Rebellion gegen ihre Mutter, da ihre Mutter einen Horror vor Übergewicht hatte.

Die Formen von Perfektionismus, die Florence entwickelte, sind Märtyrertum (um sich »wertvoll« fühlen zu können und sich die Liebe ihrer Mutter zu sichern, wurde sie wie ihre Mutter), Selbstverachtung (sie glaubte, was ihre Mutter ihr vermittelte – daß sie nicht gut genug war), und Starrsinnigkeit (mit ihrem rebellischen Machtkampf setzte sie sich gegen die Kontrolle ihrer Mutter zur Wehr).

Im Laufe unserer Arbeit entdeckte Florence die Verhaltensmuster, mit denen sie sich selbst schadete. Wie ihr Vater neigte sie zu Depressionen. Sobald sich ihre Stimmung hob, wirkte sie wie verwandelt. Sie verliebte sich in das Leben und die Natur, aber sie konnte das positive Lebensgefühl nicht aufrechterhalten. Ihr Perfektionist verordnete ihr ein strenges Programm zur Selbstverbesserung: Sie hörte mit dem Rauchen auf, begann mit einer strengen Diät und plante, ihr Leben zu ordnen. Der Teil von ihr, der sie verachtete, beharrte dann darauf, daß sie es eh nicht schaffen würde. Er stellte unrealistische Forderungen und half ihr nicht.

Der Märtyrer in Florence erlaubte ihr nicht, sich weniger um andere und mehr um sich selbst zu kümmern. Das hinderte sie daran, ihr Gleichgewicht zu finden, was wiederum dazu führte, daß sie ihre Änderungsversuche nicht durchhalten konnte und wütend auf sich selbst war. Ihre Versuche, an sich herumzudoktern, spiegelten das Verhalten ihrer Mutter wider, womit sie letzten Endes nur wieder ihren Starrsinnigen auf den Plan rief. Ihre Rebellion gegen sich selbst löste Schuldgefühle aus und trieb sie wieder einmal in die Depression. Ihr Starrsinniger weigerte sich, dieses Verhaltensmuster zu erkennen, weil er Angst hatte, vielleicht etwas daran ändern zu müssen.

Florence hatte sehr lebhafte Träume und wollte herausfinden, welche Botschaften sie enthielten. Ihre Träume offenbarten ihr ihren inneren Kampf, wiesen ihr den Weg in die Freiheit und sorgten für die Spiegelung, die sie benötigte, um größeres Vertrauen in ihr Wesen bekommen zu können. Um ihr wahres Selbst finden zu können, mußte Florence den freien Teil ihres Geistes von dem rebellischen trennen. Ihr Rebell war der Teil ihrer Psyche, der sich gegen die Tyrannei ihrer Mutter zur Wehr gesetzt hatte, und jetzt hinderte er sie daran, ein erfülltes Leben zu führen. Ihre übertrieben ehrgeizige Seite war ihr Perfektionist, eine Projektion der Tyrannei ihrer Mutter.

Florence hatte das Gefühl, daß das Leben an ihr vorbeigegangen war. Sie verpaßte Gelegenheiten, weil sie ständig meinte, sie müßte sich ändern, ehe sie anfangen konnte zu leben. Sie sagte immer wieder: »Sobald ich dünn bin, sobald ich organisiert bin, sobald ich mit dem Rauchen aufgehört haben werde, lebe ich mein Leben.« Nichts, was ich oder irgend jemand anders sagte, konnte dieses Glaubenssystem erschüttern. Glücklicherweise erhielt sie in ihren Träumen einige klare Botschaften, die ihr das Gegenteil bewiesen.

Die Träume halfen ihr, die Perfektionismustypen, die sie dominierten, zu erkennen und ihrem falschen Ehrgeiz auf die Spur zu kommen. Sie ermöglichten es ihr, sich in einem klaren Licht zu sehen, und machten sie auf die kleinen Schritte aufmerksam, die sie bereits gemacht hatte. Die Träume sorgten für die Spiegelung, die ihr in ihrem ganzen Leben gefehlt hatte.

Florence arbeitete mit ihrer inneren Führung und ihren heiligen Prinzipien. Sie löste sich von der Vorstellung, sich zuerst ändern zu müssen, um ein erfülltes Leben leben zu können, und beschloß, sich statt dessen etwas Gutes zu tun. Sie kündigte den Job, den sie haßte, suchte sich eine andere Arbeit und fand eine neue Wohnung im Grünen. Sie lernte, Grenzen zu setzen und nein zu sagen, und bekam so mehr Energie, für sich selbst zu sorgen. Als ihr klarwurde, daß sie anderen Menschen wirklich wichtig war, konnte sie Hilfe von Freunden und Bekannten annehmen.

Nach und nach entwickelte Florence bessere Eßgewohnheiten, sorgte besser für sich und wurde organisierter. Daß Florence ihre Gewichtsprobleme löste, hatten wir als Endziel definiert, und schließlich hatte sie es geschafft. Anstatt mit einer weiteren strikten Diät zu beginnen, wurde sie sich bewußter darüber, was und warum sie etwas aß, und begann auf natürliche Weise abzunehmen. Florence bemerkte, daß sie sich nicht mehr wie zuvor vollstopfte, wann immer sie Kummer hatte. Anstatt sich ständig ändern zu wollen, hatte sie ihre Beziehung zu sich selbst verändert, und das hatte ihre Beziehung zum Essen verändert.

Ein weiteres positives Ergebnis war ihre veränderte Beziehung zu ihrer Mutter. Sie versuchte nicht mehr, die gehorsame Tochter zu spielen und ihr alles recht zu machen, sondern sagte ihr ihre Meinung. Anstatt sie zu kritisieren, wurde ihre Mutter zugänglicher und ungezwungener. Florence war verblüfft, als ihre Mutter sagte: »Du bist die beste Tochter, die eine Mutter sich wünschen kann.« Als sie auf die Anerkennung ihrer Mutter nicht mehr angewiesen war, bekam sie sie von ihr.

Als sie anderen weniger beweisen mußte und sich selbst mehr geben konnte, machte Florence sich selbstständig und fand eine lukrative Einnahmequelle, die es ihr ermöglichte, zu Hause zu arbeiten. Eine weitere Veränderung kam eher unerwartet: Sie verliebte sich wieder in einen Mann, in den sie schon einmal verliebt gewesen war. Er war weniger ehrgeizig als sie, was sie früher nicht hatte akzeptieren können, aber er liebte sie um ihrer selbst willen. Diesmal war Florence in der Lage, ihren Perfektionisten zu ignorieren und seine Liebe anzunehmen.

Michael: Gier-Neid, Selbstzerstörung und Selbstgerechtigkeit

Michael war ein verblüffend schöner 30-Jähriger, dessen Selbstausdruck kontrolliert und aufgesetzt war – eine Selbstdarstellung, die auf einen bestimmten gewünschten Eindruck abzielte. Michael beschrieb seine Ziele klar: Er wollte sich mit seinem inneren Kind aussöhnen und so die in seiner Kindheit erlittenen Verletzungen heilen. Darüber hinaus wollte er die Ursachen für sein fehlendes sexuelles Interesse an Frauen erforschen, wissen, ob er wirklich schwul war, inwieweit sein Haß seiner Mutter gegenüber vielleicht die maßgebliche Rolle bei seinen Problemen spielte. Wie er mir erzählte, war er beim Sex mit Männern oft nicht fähig, eine Erektion aufrechtzuerhalten, und zog voyeuristische und exhibitionistische Masturbation vor. Es erforderte außergewöhnlichen Mut von ihm, diese Informationen preiszugeben.

In seiner Kindheit hatte seine Mutter, eine Alkoholikerin, ihn unter seinen Geschwistern dazu »auserkoren«, ihr die Zuwendung zu geben, die sie von ihrem Mann nicht bekam. Michaels Vater, der im Leben des Jungen nur eine unbedeutende Rolle spielte, ließ seine Frau im Haushalt das Zepter schwingen. Sie entwickelte eine symbiotische Beziehung zu Michael, sagte ihm, was er denken und fühlen sollte, und tolerierte keine Abweichungen zwischen sich und ihrem Sohn, was ihre Wünsche betraf. Unfähig, auszudrücken, wann sie glücklich oder gekränkt war, hielt sie Michael stattdessen ständig Vorträge darüber, was er richtig oder falsch machte. Da sie ihn »wohl dosiert« mit Liebe belohnte und mit Liebesentzug bestrafte, verhielt er sich immer genau ihren Vorstellungen entsprechend. Jedesmal, wenn sie ihm ihre Liebe verwehrte, fühlte er sich allein und beschämt.

Michael entwickelte die Perfektionismustypen Gier-Neid, fixiert auf Aufmerksamkeit und Anerkennung, Selbstzerstörung und Selbstgerechtigkeit. Sein Gier-Neid-Perfektionismus wurde durch das Verhalten seiner Mutter hervorgerufen. Michael wurde so abhängig von Anerkennung und hatte eine solche Angst davor, zu seinen Mitmenschen keine Nähe mehr zu verspüren, daß er ihren Reaktionen allzu viel Bedeutung beimaß. Seine Wut regte sich, wenn jemand anders gelobt oder wenn ihm nicht genug Aufmerksamkeit geschenkt wurde. Er lernte, sein Verhalten noch aufmerksamer und strenger zu überwachen, als seine Mutter es getan hatte.

Die Unfähigkeit, beim Sex eine Erektion aufrechtzuerhalten, war eine Folge von Michaels Perfektionismus. Wenn jemand ihn sexuell begehrte, führte sein Bedürfnis nach Anerkennung dazu, daß er dieses Verlangen als Forderung empfand: *Ich muß dafür sorgen, daß du das Interesse an mir nicht verlierst, also muß ich tun, was du willst*. Diese »Forderung« schränkte ihn in seiner Freiheit und in seiner Lust ein. Da er sich nicht sicher genug fühlte, nein zu sagen, war er unfähig, ja zu sagen.

Beim Erfüllen der Wünsche von Sexualpartnern gehorchte er nur seinem Bedürfnis, von ihnen begehrt zu werden, und er konnte keine Befriedigung darin finden. Er hatte beim Geschlechtsverkehr Angst davor, die Kontrolle zu verlieren und von seinem Partner, wie auch von seiner Mutter, verschlungen zu werden. Dieser Konflikt trieb ihn dazu, in heiklen Situationen zu masturbieren – ein »kontrollierbarer« Ersatz für Intimität, der ihn noch weiter in die Abhängigkeit und weg von seinem Wesen trieb.

Michael hatte die Selbstgerechtigkeit seiner Mutter verinnerlicht. Da er Normen aufstellte, denen andere nur selten gerecht werden konnten, war es ihm nicht möglich, emotionale Bindungen einzugehen. Er handelte nach einem Skript, das er für sich »geschrieben« hatte, und war verwirrt und handlungsunfähig, sobald die Umstände Flexibilität erforderten. Der Selbstgerechte in ihm befürchtete, daß er einen Fehler machen könnte – ein Vergehen, für das Selbstablehnung die Strafe sein konnte. Michaels Perfektionist trieb ihn in die Isolation und griff ihn dann an, weil er sich einsam fühlte. Sein Perfektionist ließ ihm wenig Spielraum, menschlich zu sein, und er war sich dessen voll bewußt. Glücklicherweise hatte er den großen Wunsch, ein liebevoller Erwachsener für sein inneres Kind zu werden und Freiheit zu erlangen. Und er war vollauf bereit, zu tun, was immer dazu notwendig war.

Als erstes mußte Michael seine wahren Gefühle und Bedürfnisse erkennen. Darüber hinaus mußte er Grenzen setzen, um seine Selbstwahrnehmung von den Wahrnehmungen anderer Menschen, vor allem der Wahrnehmung seiner Mutter, abgrenzen zu können. Er stellte Regeln für sich auf (eine Regel lautete, niemanden nach dem ersten

Treffen mit nach Hause zu nehmen), weil er seine eigenen Wünsche noch nicht von den Wünschen der anderen Menschen unterscheiden konnte. Er erkannte, daß seine Unfähigkeit, beim Sex eine Erektion aufrechtzuerhalten, nur eine Botschaft von seinem Körper war, daß er emotional noch nicht zu intimem Kontakt bereit war.

Michael wurde ein liebevoller Erwachsener für sein inneres Kind und beobachtete seinen Wachstumsprozeß fasziniert. Sein Leitprinzip war die Suche nach seinem Wesenskern, denn er wünschte sich mehr als andere, sein wahres Selbst zu finden. Er kam seinem Perfektionisten auf die Spur und horchte aufmerksam in sich hinein, was dazu führte, daß körperliche Empfindungen ihm Botschaften vermittelten. Er stellte Fragen und bekam Antworten, wann immer er irgendwo in seinem Körper Verspannungen, Blockaden oder Dissonanzen – oder irgendwelche Veränderungen dieser Empfindungen – verspürte.

Zen-Meditation war ein wichtiges Hilfsmittel für Michael. Beim Meditieren übte er, seine Aufmerksamkeit wieder auf seinen Atem zu lenken, sobald ihm ein Gedanke kam. Dies war eine Metapher dafür, sich den Kommentar des Perfektionisten anzuhören und dann zu seinem Selbst zurückzukehren.

Michael brauchte Selbstakzeptanz im Hinblick auf seine sexuellen Vorlieben. Er beschloß, sich selbst die Erlaubnis zu geben, schwul zu sein, ob er es nun war oder nicht. Nach einiger Selbsterforschung hatte er ein enthusiastisches Coming out bei Familie und Freunden. Wenngleich einige seiner sexuellen Aktivitäten selbstzerstörerisch waren, gab er seine Versuche auf, daran etwas zu ändern, und versuchte statt dessen, mehr darüber zu erfahren.

Als er sich mit den Faktoren auseinandersetzte, die all seinen sexuellen Erlebnissen vorausgingen, offenbarte sich die treibende Kraft hinter seiner Abhängigkeit vom Sex: tiefe Einsamkeit in Verbindung mit Selbstverachtung. Er erkannte, daß sich nichts ändern konnte, solange ihm das mit anonymen Begegnungen verbundene Prickeln wichtiger war als die Sicherheit und die Befriedigung, die intime Geschlechtsbeziehungen boten. Sein stärker werdender Kontakt zu seinem wahren Selbst half ihm, Gefühle von Einsamkeit zu ertragen. Er konnte seine Gefühle verarbeiten, anstatt sie sexuell auszuagieren. Sein bewußter Umgang mit sich ermöglichte es ihm, sich nicht mehr so auf das Sexuelle zu fixieren und ein erfüllteres Leben zu führen.

Michael war von Natur aus ein wißbegieriger Mensch. Seine Liebe zum Lernen überwog mehr und mehr seine Angst davor, etwas nicht zu wissen und einen Fehler zu machen. Er machte eine Ausbildung zum Heilpraktiker, die die Herausforderungen an ihn stellte und ihm die Struktur gab, die er benötigte, um die Wunden aus seiner Kindheit weiter heilen und Sinn und Aufgabe in seinem Leben finden zu können. Sein Perfektionist plagte ihn mit der Forderung, daß er in seinen Hausarbeiten (im Rahmen der Ausbildung) stets beste Noten erzielen müsse. Er konterte mit mutigem Verhalten: »Wage es, eine C-Note zu bekommen. Wage es, deine Hausarbeit zu spät einzureichen. Wage es, nicht zu wissen, worüber du schreibst.«

Die Gruppenaktivitäten im Rahmen seiner Ausbildung halfen ihm dabei, sein Bedürfnis, im Mittelpunkt zu stehen, zu überwinden. Er ging über seine Nabelschau hinaus und gewann Interesse an seinen Kommilitonen. Seine Selbstdarstellung wurde spontaner. Er machte erste intime und lustvolle sexuelle Erfahrungen. Gleichzeitig nahmen seine selbstzerstörerischen sexuellen Aktivitäten ab.

Eine größere Wandlung vollzog sich in bezug auf Michaels Sinn für Humor. Insbesondere konnte er mehr über sich selbst lachen, was ihm die »unerträgliche Schwere des Seins« nahm, die ihm sein Perfektionist auferlegt hatte. Sein neuer Humor spiegelte sich auch in seiner Fähigkeit wider, über die Idiosynkrasien seiner Mutter zu lachen, anstatt sich von ihnen verletzt zu fühlen.

Michael wurde ein engagierter Heilpraktiker. Sein Dienst am Menschen enthob ihn seiner Selbstzweifel und schaffte eine Verbundenheit zu anderen Menschen, die ihn zutiefst erfüllte. Er erkannte, daß nie etwas nicht mit ihm gestimmt hatte außer, daß er Angst davor gehabt hatte, mit ihm könnte etwas nicht stimmen.

Patricia: Selbstzerstörung, Selbstverachtung, Starrsinnigkeit und Image-Perfektionismus

Die 39jährige Patricia, eine anmutige und grazile Künstlerin, schlich gesenkten Blickes in mein Behandlungszimmer, als würde sie mir die Zeit stehlen. Sie sagte, sie sei unfähig, eine Beziehung einzugehen, weil Männer ihr Angst einjagten. Soweit sie sich erinnern konnte, hatte sie schon immer unter Depressionen gelitten.

Bald vertraute sie mir ein Geheimnis an, das sie jahrelang mit sich herumgeschleppt hatte: Sie konnte einfach nicht aufhören, sich selbst Schaden zuzufügen.

Patricia erzählte, daß sie streng religiös erzogen worden war. Ihr Vater hatte sie gezwungen, niederzuknien und für die Seelen im Fegefeuer zu beten, bis ihr die Knie bluteten. Man hatte ihr gesagt, daß sie blutete, sei eine Buße für ihre Sünden. Später in ihrem Leben schlug sie sich in dem Versuch, wieder rein zu werden, indem sie blutete, mit einer Peitsche auf den Rücken und zerschnitt sich die Brust. Patricia war als Jugendliche magersüchtig gewesen, ohne daß es ihre Familie bemerkt hatte. Ihre Magersucht hatte nachgelassen, als sie anfing, sich zu schlagen. Sie fand ihren Körper häßlich.

Patricias Mutter war ständig deprimiert und distanziert gewesen und hatte ihren Vater verlassen, als Patricia zehn Jahre war. Patricias Vater, der Alkoholiker war, hatte sie ignoriert, bis seine Trinkerei ihm »religiöse« Erlebnisse bescherte. Patricia war im wesentlichen allein aufgewachsen, sah aber nicht, was daran schlimm gewesen sein sollte. Sie dachte sogar, sie hätte nicht nur ohne Unterstützung ihrer Eltern heranwachsen, sondern ihrer Mutter auch über ihre Depression hinweghelfen sollen, um sie zu halten. Sie war auch davon überzeugt, daß sie nicht bestraft worden wäre, wenn sie ein gutes Kind gewesen wäre.

Patricia litt unter vier Arten von Perfektionismus: Selbstzerstörung, Selbstverachtung, Starrsinnigkeit und Image-Perfektionismus. Patricias Perfektionist war ein Saboteur, der alles an ihr schlecht fand. In seinen Augen war jede einzelne Bewegung, die sie machte, falsch, und so wurde sie ständig von ihrem selbstzerstörerischen Perfektionismustyp geplagt, der sie nach dem Bild, das er sich von ihr machte, zu formen versuchte. Der sich selbst verachtende Perfektionismustyp sammelte ständig Beweise dafür, daß sie nicht gut genug sei, ganz gleich, wie sehr sie sich anstrengte. Der Starrsinnige in ihr war nicht willens, sie als unschuldig zu betrachten. Alles war ihre Schuld. Er fürchtete sich vor jeder Veränderung ihrer Sichtweise, vor allem, wenn das bedeutete, daß ihre Eltern in einem weniger günstigen Licht erschienen wären. Patricias Image-Perfektionismus hatte einen Großteil seiner Macht über sie verloren, als sie zu mir kam, aber ihr verzerrtes Selbstbild hatte sie dazu gebracht, extreme Versuche zu unternehmen, ihren Körper durch Sport und unnötige Schönheitsoperationen zu perfektionieren.

Nachdem Patricia mir ihr Geheimnis anvertraut hatte, verspürte sie sofortige Erleichterung. Ihr selbstzerstörerisches Verhalten hatte viele Jahre lang schwer auf ihr gelastet und sie in die Isolation getrieben, und jetzt hatte sie das Bedürfnis, über ihre Scham und ihren Selbsthaß zu sprechen. Sie schlug sich, weil sie sich haßte, und sie haßte sich, weil sie sich schlug. Sie konnte mich noch nicht als Anwältin ihrer Unschuld akzeptieren. Sobald ich für sie Partei ergriff, vertrat sie ihre (vermeintlich) schlechte Seite. Als ich ihr vorschlug, sich von einem Psychiater untersuchen zu lassen, sträubte sie sich aufgrund ihres Starrsinns zunächst dagegen, aber letzten Endes ging sie doch zu einem Psychiater und bekam Medikamente. Dank der medikamentösen Behandlung nahmen ihre Selbstattacken in Häufigkeit und Schwere ab, und ihre Depression ließ etwas nach.

Patricias Perfektionismus lag fast bei zehn auf der Intensitätsskala. Ich mußte vorsichtig vorgehen, ihren Starrsinn umschiffen, denn bei einer direkten Konfrontation verstärkte er sich nur noch. Auch an ihre Selbstverachtung mußte ich mich behutsam herantasten, da andernfalls die Gefahr bestand, den Selbstzerstörerischen auf den Plan zu rufen, der sie dafür bestrafen würde, einen positiven Gedanken zu ihrer Person gehabt zu haben.

Ich durfte Patricia keinesfalls zu etwas drängen und sie so überfordern. Sie glaubte an den heiligen Geist und daran, daß ihr Glaube ihre innere Führung aktivieren würde. Schließlich erwiesen sich ihre lebhaften Träume und ihre beeindruckenden Kunstwerke als die Schlüssel zu ihrem Wesen. In ihren Träumen nahm ihr Perfektionist Gestalt an, und sie nannte ihn ihren Peiniger. Ihre Träume zeigten ihr, daß der Peiniger eine vernichtende Kraft war, der sich durch ihre Selbstverstümmelung und ihren Selbsthaß ausdrückte. Zu den Figuren, die in ihren Träumen auftauchten, zählte eine Journalistin, die die Traumerlebnisse mit einer unparteiischen Haltung protokollierte. Dies war die Personifizierung eines fairen Zeugen.

Sich um ihre eigenen Bedürfnisse zu kümmern war schwierig für Patricia, weil sie das Gefühl hatte, keine Fürsorge verdient zu haben. Zu ihren Selbstattacken kam es oft, wenn sie übermäßig müde, hungrig oder ängstlich war. Sie nahm die Signale ihres Körpers wahr, aber ignorierte sie. Es handelte sich um eine Art von Amnesie. Sie »vergaß«, daß sie weiterhin zu Selbstattacken neigte, und glaubte, es sei nicht mehr notwendig, nach Gleichgewicht zu streben.

Mit Hilfe von Zen-Meditation gelang es Patricia schließlich, eine objektivere Haltung einzunehmen. Diese Meditationsform war für sie geeignet, weil es eine unpersönliche Disziplin ist und sie sich nicht mögen mußte, um sie anwenden zu »dürfen«. Zu Anfang kamen ihr die angewandten »Heilverfahren« eher wie eine Buße vor, die sie also bereit war zu tun. Audiokassetten mit geführten Bilderreisen ließen sie ungerührt, weil sie zu liebevoll waren.

Patricia mußte ihre Selbstattacken durch etwas Heilsames ersetzen, das ihrer Vorstellung von »erlaubten« Maßnahmen nicht widersprach. So kanalisierte sie, sobald eine Attacke nahte, den Trieb, sich zu verletzen, zunächst mit Hilfe ihrer Kunst, indem sie Bilder voller Grauen und Gewalt malte. Manchmal konnte sie die Attacken so abwenden, doch mitunter zögerte sie sie nur hinaus. Patricia brachte ihre Bilder zu unseren Sitzungen mit, und wir forschten gemeinsam nach den Botschaften, die sie in sich bargen. Im Laufe der Zeit erschienen auf ihren Bildern Elemente wie heilende Wunden, aufgeschlitzte Körperteile, die genäht waren, oder ein Lichtschein vor einem ausgehobenen Grab.

Patricia hatte keine Freunde oder Bekannten – kein Hilfesystem. Sie brauchte einige Menschen in ihrem Leben, die ihr das Gefühl nehmen konnten, eine Eigenbrötlerin zu sein, und sie mußte die Ursachen für ihr Verhalten erforschen. Also nahm sie am Zwölf-Schritte-Programm für erwachsene Kinder von Alkoholikern teil. An diesem Punkt erschien in ihren Träumen eine wohlwollende Mutter Gottes, die sie durch beängstigende Traumerlebnisse hindurch geleitete. In einem Traum beteuerte sie ihrem Peiniger gegenüber ihre Unschuld. Dies war ein Meilenstein auf dem Weg zur Fähigkeit, mit ihrem wohlwollenden inneren Wesen in Kontakt zu treten.

Nach einiger Zeit war Patricia in der Lage, die Möglichkeit ins Auge zu fassen, daß ihre Eltern ihr nicht das gegeben hatten, was Kinder brauchen, um Selbstachtung zu entwickeln. Allmählich akzeptierte sie die Vorstellung, der zufolge sie sich selbst so behandelte wie sie behandelt worden war.

Patricias Innenleben und die äußeren Umstände, unter denen sie lebt, haben sich mittlerweile enorm verbessert. Sie hat Freundschaften geschlossen und ihre Fähigkeit entwickelt, für sich selbst die Stimme zu erheben. Sie hatte zwei Kunstausstellungen, durch die sie an einen gut bezahlten Job als Atelierleiterin kam. Sie ist derzeit noch nicht soweit, einen Mann in ihr Leben zu lassen, aber sie hat erkannt, daß es ihr immer leichter fällt, gute Fügungen des Schicksals anzunehmen. Sie verletzt sich immer noch gelegentlich selbst, aber sie ist fähig, sich hinterher zu trösten anstatt in ihrem Selbsthaß gefangen zu bleiben. Patricia ist dabei, mit ihrem Perfektionismus leben zu lernen. Seine Macht über sie hat sich verringert, und sie konnte in ihrem Leben, in dem es vorher nur Seelenqualen für sie gab, etwas Frieden finden.

Jennifer und Doug: Arroganz, Starrsinnigkeit und Gier-Neid verheiratet mit Selbstverachtung, Ungeduld und Gier-Neid

Jennifer und Doug machten beide eine Midlife-Crisis durch. Sie waren seit 13 Jahren verheiratet und befanden sich in Ehe und Beruf an einem Scheideweg. Die Spannungen, die zwischen ihnen herrschten, trieben sie auseinander. Sie standen beide hinter ihrer Beziehung, aber es mußte sich etwas ändern, und beide wußten es.

Jennifer war als Sozialarbeiterin tätig, obwohl ihr Herz an der Kunst hing, und schien sich nicht bewußt zu sein, wie kreativ und schön sie war. Sie hatte es sich ursprünglich zur Lebensaufgabe gemacht, gefährdeten Kindern zu helfen, aber nach 15 entmutigenden Jahren in ihrem Beruf ärgerte sie sich über die Kinder, die sie betreute, und war zornig auf sich selbst, weil sie das Gefühl hatte, versagt zu haben. Sie versuchte ständig, sich zu beweisen, indem sie sich anbot, zusätzliche Aufgaben zu übernehmen, und war dann wütend und beschämt, wenn sie ihr Arbeitspensum nicht bewältigen konnte. Weil sie so überarbeitet war, hatte sie kaum noch die Kraft, sich um ihre persönlichen Belange oder ihren Mann zu kümmern.

Doug war ein Meister der Untertreibung. Seine außergewöhnliche Intelligenz und sein bescheidenes Auftreten machten seinen Charme aus. Doug hatte wegen eines Burnout-Syndroms drei Jobs aufgegeben, wobei er jedesmal zu dem Schluß gekommen war, daß es nicht die richtige Beschäftigung für ihn war. Er erkannte nicht, daß es die Art war, wie er jede Arbeit anging, die zwangsläufig zum Burnout-Syndrom führte. Doug arbeitete lange, hart und schnell. Die Vorstellung, er könnte Zeit vergeuden und nicht genug schaffen, bereitete ihm Sorgen, und er warf Jennifer vor, sie lasse ihn nicht an ihrem emotionalen Leben teilhaben.

In ihrer Beziehung faßten sich Doug und Jennifer mit Samthandschuhen an, um die Gefühle des anderen nicht zu verletzen und Konflikte zu vermeiden. Jeder verspürte soviel Verantwortung für das Glück des anderen, daß sie sich nicht ausreichend entspannen konnten, um die Tiefe ihrer Beziehung zu verspüren. Beide hatten eine gestörte Beziehung zu Geld, und sie handelten in heimlichem Einverständnis, wenn sie zuviel Geld ausgaben. Dougs Rechtfertigung war: »Ich sorge für meine Frau«, während Jennifer sich mit »Mein Mann hat mir nicht gesagt, daß ich kein Geld ausgeben soll« rechtfertigte. Keiner von beiden war bereit, für seine Ausgaben geradezustehen, und ihr Schuldenberg wuchs. Doug investierte Zeit und Energie in Geldanlagen, was mehr zu seinem Burnout-Syndrom beitrug als zu seinem Einkommen.

Jennifer war in einer armen Familie aufgewachsen. Sie fühlte sich wie ein Habenichts und sehnte sich danach, zu den oberen Zehntausend zu zählen. Ihre Mutter hatte zu Zusammenbrüchen und unberechenbaren emotionalen Ausbrüchen geneigt und war deshalb nicht in der Lage gewesen, Jennifer ausreichend zu bemuttern. Jennifer hatte kein eigenes Zimmer gehabt. Sie hatte sich ständig wie auf dem Präsentierteller gefühlt und nicht die nötige Privatsphäre zugestanden bekommen, um ihre große Kreativität ausleben zu können.

Jennifer litt unter den Perfektionismustypen Arroganz, Starrsinnigkeit und Gier-Neid, fixiert auf körperliche und seelische Sicherheit. Sie hatte sich als Kind äußerst verletzlich gefühlt, weil sie nie gewußt hatte, wann ihre Mutter wieder eine ihrer Krisen haben würde. Sie entwickelte ihre Arroganz als Schutzpanzer und aus der Angst heraus, daß sie gewöhnlich oder so neurotisch wie ihre Mutter sein könnte. Aus Jennifers »Gelübde«, es einmal besser zu haben, entstand ihr Starrsinn, mit dem sie dieses Ziel eigensinnig verfolgte. Ihren Gier-Neid-Perfektionismus mit Fixierung auf körperliche und seelische Sicherheit entwickelte sie, um ihren Kummer lindern zu können. Die Leere, die sie verspürte, versuchte sie mit Ersatzhandlungen wie Essen, Einkaufsräuschen und Schönheitspflege auszufüllen.

Doug begriff schon im zarten Kindesalter, daß er begabt war, und aufgrund seiner religiösen Erziehung entwickelte er ein Verantwortungsgefühl dafür, seine Talente zum Wohle der Menschheit einzusetzen. Seine Intelligenz ermöglichte es ihm, in der Schule mühelos zu brillieren, aber er konnte sich nicht über seine Leistungen freuen, weil er glaubte, daß er alle an der Nase herumgeführt und sie glauben gemacht hatte, er sei ein guter Schüler. Wie konnte er gut sein, wenn er es nicht einmal versuchte? Zwei Ereignisse katapultierten Doug vorzeitig ins Erwachsenenleben: Seine Mutter starb nach langer Krankheit, und dann verlor sein Vater sein ganzes Geld, weil er sich bei einer Reihe von Investitionen verspekuliert hatte. Aufgrund seines Verantwortungsgefühls fühlte sich Doug schuldig dafür, ein Kind sein zu wollen. Er wurde ein »guter Junge«, der seine verbotene Ichbezogenheit und seine Verlustgefühle unterdrückte, doch anstatt zu verschwinden, mutierten sie zu einem Verlangen nach Geld.

Die Formen von Perfektionismus, die Doug herausbildete, sind Selbstverachtung, Ungeduld und Gier-Neid, fixiert auf finanzielle Sicherheit. Sein sich selbst verachtender Perfektionismustyp entwickelte sich, als Doug das Gefühl hatte, die in ihn gesetzten Erwartungen nie erfüllen zu können. Sein Ungeduldiger versuchte, ihm zu helfen, indem er ihn antrieb, in weniger Zeit mehr zu schaffen, so daß er vielleicht selbst davon profitieren könnte. Sein Gier-Neid-Perfektionismus im Hinblick auf finanzielle Sicherheit entstand aufgrund der Deprivation infolge des Verlusts seiner Kindheit. In Verbindung mit Selbstverachtung und Ungeduld trieb ihn sein Gier-Neid dazu an, auf der Suche nach Reichtum finanzielle Risiken einzugehen, wodurch er sich noch höher verschuldete.

Jennifers und Dougs Formen von Perfektionismus waren miteinander verwoben, so daß sie zunächst Schwierigkeiten hatten, sie auseinanderzuhalten. Doug hatte das Gefühl, Jennifer verberge ihre wahren Gefühle vor ihm. Sein sich selbst verachtender Perfektionismustyp befürchtete, sie verhalte sich so, weil er ihr nicht gut genug war, während Jennifers arroganter Typ, der sich davor fürchtete, sich bloßzustellen, ihr sagte, daß er sie für gewöhnlich oder für verrückt halten könnte, falls sie ihn an sich heranließ.

Sowohl Doug als auch Jennifer ging es um ihre Wirkung auf ihre Umgebung. Dougs Sorge war: *Halten mich die Leute für gut genug?* und Jennifers: *Wissen die Leute, daß ich etwas Besonderes und nicht verrückt bin?* Beide verstärkten beim anderen das Bedürfnis, gut dazustehen, was ihnen noch mehr Energie raubte und sie daran hinderte, sich selbst wirklich anzunehmen.

Jennifers Starrsinnigkeit prallte mit Dougs Ungeduld zusammen. Konflikte möchte der Ungeduldige so schnell wie möglich hinter sich bringen, während der Starrsinnige dem Konflikt ganz aus dem Weg gehen will. In dieser Konstellation wird der Ungeduldige noch frustrierter, womit er erreicht, daß der Starrsinnige noch sturer wird.

Gier-Neid zerrte an ihnen beiden. Jeder fühlte sich für das Glück des anderen verantwortlich, aber Gier-Neid ist ein tiefes Loch, das niemand anders stopfen kann. Ihre Verlustängste erstickten ihre emotionale Ehrlichkeit und beeinträchtigten ihre Bemühungen, die Intimität zu verspüren, die sie sich beide wünschten.

Jennifer und Doug waren aus dem Gleichgewicht geraten und glaubten nicht an sich selbst und ihre Ehe. Aus Angst, daß alles auseinanderfallen könnte, strengten sich zu sehr an, es zusammenzuhalten. Glücklicherweise waren sie bestrebt, die Bereiche, in denen sie der Selbsttäuschung erlagen, zu erforschen und Zugang zu ihrer inneren Führung zu finden. In ihrer Absicht, etwas über ihr wahres Selbst und den Geheimplan, den jeder im Hinblick auf den anderen hatte, zu erfahren, befanden sie sich auf der gleichen Wellenlänge. Gott war ihr heiliges Prinzip. Beide waren in einem Konflikt zwischen dem Perfektionisten (Gott aus ihrer Kindheit) und ihrem Wesen (der gegenwärtigen Verbindung zu Gott) gefangen. Ihre Midlife-Crisis hatte sie wachgerüttelt. Ihr beider Ziel wurde: »Laß unsere Ehe das Vehikel zum Erwecken unseres höheren Selbst sein.«

Jennifer

Es stellte sich schon bald heraus, daß Jennifer bei ihrer Arbeit mit mir gut sein wollte. Sie wollte gute Dinge berichten, um meine Anerkennung zu bekommen. Sie nannte ihren Perfektionisten »Ms. Gritch« – eine diktatorische, hexenähnliche Figur – und begann dann, Ms. Gritchs Verhaltensmuster zu untersuchen.

Wann immer sie versuchte, gut zu sein oder die schlechten Dinge zu vermeiden, begann Jennifers Bein zu pendeln, und der Teil von ihr, der auf der Suche nach der Wahrheit war, ertappte sie dabei. Ich arbeitete mit Jennifer und Doug am Telefon, weil sie in einem anderen Bundesstaat wohnten. Ich hätte also nichts von ihrem pendelnden Bein wissen können, wenn sie es mir nicht erzählt hätte.

Jennifers Bereitschaft, die Wahrheit zu sagen, war ihr eine große Hilfe, weil sie dem Arroganten in ihr damit die Angst nahm, sich zu offenbaren. Sie begann eine Sitzung oft mit der Frage: »Über was möchte ich nicht reden?« Indem sie ihren Widerstand beim Namen nannte, ging sie gegen ihre Starrsinnigkeit an.

Eines der Dinge, über die sie nicht reden wollte, waren ihre »Kaufräusche«. Das mit ihrem Gier-Neid-Perfektionismus verbundene Gefühl von Entbehrung führte dazu, daß sie impulsiv Sachen kaufte. Sie unterzog ihre Einkäufe einer ehrlichen Prüfung und stellte das Gleichgewicht wieder her, indem sie die Sachen, die sie nicht wirklich benötigte, wieder zurückbrachte, auch wenn es sie beschämte, dies zu tun. Sie setzte sich damit auseinander, wie hoch Doug und sie verschuldet waren und nahm eine aktivere Rolle dabei ein, den Schuldenberg zu verringern. Dies waren mutige Handlungen, weil sie dabei ihre Ängste vor Entbehrungen und Veränderungen und ihr Bedürfnis, gut dazustehen, überwinden mußte.

Jennifers Versuche, allen Menschen alles zu sein, erschöpften und verbitterten sie. Sie beteiligte sich an Dougs Geldgeschäften, mit denen er auf die Schnelle reich werden wollte, obwohl sie nicht daran glaubte. Beide meinten, daß etwas mit ihrer Ehe nicht in Ordnung sein könnte, falls sie nicht alles zusammen machten. Jedesmal, wenn Jennifer Doug etwas verweigerte, fühlte sie sich wie eine schlechte Ehefrau und eine selbstsüchtige Person. Doch sie konnte nicht damit weitermachen, ihm gefallen zu wollen, weil sie lernen mußte, sich selbst treu zu sein. Also gönnte sie sich eine Auszeit. Sie durchlief mehrere Zyklen: Auf eine Phase, in der sie ihr Gleichgewicht wiederfand, folgte eine Phase, in der sie sich wieder zu sehr verausgabte, was zu einem erneuten Erschöpfungszustand führte. Nach jeder Attacke von Ms. Gritch fing sie wieder von vorne an, und in jedem neuen Zyklus lernte sie mehr über ihren natürlichen Rhythmus.

Jennifer zog sich immer mehr zurück, um Zugang zu ihrer inneren Führung zu finden. Sie legte sich einen Satz von persönlichen Orakel-Karten an, mit deren Hilfe sie sich spiegelte und Botschaften empfing. Außerdem machte sie geführte Visualisierungen. Auf ihren imaginären Reisen an einen heiligen Ort kam sie mit den verschiedenen Teilen ihres Selbst in Berührung und konnte sich des

Einflusses bewußter werden, den die unterschiedlichen Teile auf sie ausübten.

Schließlich war sie soweit, wagemutiges Verhalten an den Tag zu legen. Sie hielt sich bei der Arbeit zurück und riskierte bewußt, ihren Star-Status zu verlieren. Mit dieser »Mittelmäßigkeit« forderte sie ihren arroganten Perfektionismustyp heraus. Sie zog sich aus den Geschäften ihres Mannes zurück – eine Kampfansage an das Bedürfnis ihres Gier-Neid-Perfektionisten nach körperlicher und seelischer Sicherheit. Ihr Rückzug forderte wiederum Dougs Bedürfnis, gut dazustehen, heraus. Wie konnten die Leute weiter an ihn glauben, wenn seine Frau nicht mehr an seiner Seite war? Jennifers zunehmendes Selbstvertrauen befähigte sie dazu, ihren mit ihrem wagemutigen Verhalten verbundenen Ängsten zu trotzen.

Etwa um diese Zeit beging ich in einer unserer Therapiesitzungen einen Fehler. Ich gab einen etwas voreiligen Kommentar über Jennifers verzwicktes Verhältnis zu Doug ab. Daraufhin zog sie sich zurück und sprach über Probleme, die wir bereits geklärt hatten, anstatt mich an ihrer Selbsterforschung teilnehmen zu lassen. Ich fragte sie, ob ich irgend etwas getan hätte, was ihr Vertrauen zu mir beeinträchtigt hatte.

Sie erwähnte den Kommentar, den ich abgegeben hatte, und sagte mir, wie sehr er sie verletzt habe. Ich gab zu, einen Fehler gemacht zu haben, und erklärte, daß ich ihr gerne versprechen würde, sie nie wieder vor den Kopf zu stoßen, aber auch nicht davor gefeit sei, ins Fettnäpfchen zu treten. Mit dem Wissen im Hinterkopf, daß wir weder perfekt sein müssen noch voneinander erwarten können, perfekt zu sein, kamen wir wieder auf die richtige Fährte.

Doug

Doug hatte schon immer Freude daran gehabt, Detektiv zu spielen und Rätsel zu lösen, und jetzt forschte er enthusiastisch nach seinem wahren Selbst. Nachdem er wegen seines Burnout-Syndroms drei Jobs aufgegeben hatte, stand er sich selbst recht skeptisch gegenüber. Er wünschte sich, den Botschaften aus den Tiefen seiner

Seele vertrauen zu können. Sein Körper war von Natur aus weise, und er mußte diese körperliche Weisheit mit seiner Kopflastigkeit ins Gleichgewicht bringen. Er wußte, daß sein scharfer Intellekt ihn jahrelang gefoppt hatte. Über eine Interpretation der Signale seines Körpers stellte er eine Verbindung zu seiner inneren Führung her, und sein Perfektionismus begann sich zu offenbaren.

Doug nannte seinen Perfektionisten »dieses System«. Er kam ihm auf die Spur, indem er sich bei all seinen Aktivitäten selbst beobachtete. Nachdem er seinen letzten Job aufgegeben hatte, kehrte er wieder in seinen ursprünglichen Beruf zurück und hielt nach seinen Burnout-Tendenzen Ausschau. Sie traten sofort wieder zu Tage, und er forschte nach den Ursachen dafür. Er horchte in sich hinein, um ein Gefühl dafür entwickeln zu können, inwiefern er von Selbstverachtung und Ungeduld angetrieben wurde, und verfolgte die Schachzüge seines Perfektionisten, ohne sich ihm völlig auszuliefern.

Doug ließ sich wieder auf finanzielle Spekulationen ein (Jennifer sagte gleich, daß sie sich diesmal nicht daran beteiligen würde), weil er seine Beziehung zu Geld und zur Arbeit klären wollte. Er ließ dabei Achtsamkeit walten, etwa, indem er über all seine Ausgaben Buch führte. Er beobachtete »dieses System« ganz genau bei seinen Handlungen.

Er erkannte, daß »dieses System« Angst hatte, den Hungertod zu sterben (Gier-Neid fixiert auf finanzielle Sicherheit). Die Überzeugung, daß er nie genug Geld haben würde, führte bei ihm dazu, sich zu verbiegen und risikoreiche Spekulationen zu machen, um schnell zu Geld zu kommen. Faktisch verlor er aber dadurch nur Geld. Hatte er tatsächlich einmal Geld verdient, konnte er es nicht behalten, weil er das Gefühl hatte, es nicht zu »verdienen« (Selbstverachtung): Schließlich gab es ja andere Menschen, die weniger Glück hatten als er. Er suchte schnell nach Mitteln, um das Geld wieder loszuwerden, oft durch impulsive Käufe für seine Frau.

Als er einmal entdeckt hatte, was er wirklich tat, forderte der ungeduldige Teil von ihm, sofort aus seinen Geldgeschäften auszusteigen. Doch Doug wußte, daß ein zu schneller Ausstieg nur wieder zu neuen, riskanten Spekulationen führen würde. Er sah, wie gut es letztlich für ihn war, nicht auf die Forderungen des Ungeduldigen einzugehen. Er ließ sich darauf ein, seine Frustration zu durchleben, während er auf innere Führung wartete. Doug beschloß, mit jeder Entscheidung mindesten 24 Stunden lang zu warten. Er lachte, als er mir erzählte: »Meine Güte, das hat den Ungeduldigen echt frustriert.«

Doug nahm seine Finanzberater unter die Lupe. Sie hatten das Image, das er schätzte, aber bei genauerem Hinsehen stellte er fest, wie sehr es ihnen doch an »Substanz« fehlte, und das konnte er nicht gutheißen. Daraufhin ließ Doug seine finanziellen Spekulationen sein: Er hatte seine Lektion gelernt.

Seine nächste Lektion betraf sein Verhalten bei der Arbeit. Er hatte seine Verhaltensmuster im Hinblick auf Geld und sein Burnout-Syndrom durchbrochen, seine Schulden abbezahlt und verdiente mehr Geld in weniger Arbeitsstunden. Davor mußte sein sich selbst verachtender Perfektionismustyp den Hut ziehen. Doug bekam jedoch keine Punkte dafür, das er sich nicht zu sehr verausgabte, weil er jetzt eine andere Sünde beging: Er verdiente Geld, das er nicht verdiente, weil er nicht hart genug arbeitete. Er sagte: »Ich habe langsam die Nase voll. ›Dieses System‹ hat eine verrückte Logik und wird nie zufrieden sein. Ich könnte es mir genauso gut gutgehen lassen.«

Gärtnern war Dougs Art zu meditieren. Er verbrachte vor jedem Arbeitstag bis zu zwei Stunden im Garten. Obwohl sich das Leben jetzt »zu leicht« für ihn ausnahm, ließ er sich nicht von seinen Schuldgefühlen beirren.

Die Ehe

Über die Arbeit, die Jennifer und Doug unabhängig voneinander geleistet hatten, kamen sie zwangsläufig an einen Punkt, an dem sie sich mit ihrer Ehe auseinandersetzen mußten. Sie konnten keine autonomen Individuen sein, ohne eine autonome Ehe zu führen. Sie legten ein Konfliktvermeidungsverhalten an den Tag, für das die Angst der Gier-Neid-Teilpersönlichkeit, den Partner zu verlieren, verantwortlich war. Jennifer versuchte zu vermeiden, was unvermeidlich war (Starrsinnigkeit), und Doug akzeptierte, was inakzeptabel war (Selbstverachtung), bis seine Ungeduld dazu führte, daß ihm der Kragen platzte.

Jennifer und Doug riskierten es schließlich, natürlich und ehrlich miteinander zu sein, wo sie sich zuvor mit Samthandschuhen angefaßt hatten. Sie machten in einer Zeit, in der beide bewußt weniger arbeiteten, um mehr Zeit miteinander verbringen zu können, eine Phase durch, in der sie öfter stritten. Dies führte zu einer Diskussion um die Frage »Sollten wir zusammen sein?« Sie sprachen über ihre Zweifel, klärten ihre Differenzen und verspürten die Intimität, die ihre Ehrlichkeit mit sich brachte, und ein starkes Gefühl von Verbundenheit.

Jennifer und Doug entschieden sich erneut für ihre Ehe. Sie wiesen den romantischen Perfektionisten in seine Schranken und waren erleichtert, als sie erkannten, daß die Bande zwischen ihnen schon immer stärker gewesen waren, als sie angenommen hatten. Ihr stärkerer Glaube an sich selbst als Individuen half ihnen dabei, das herauszufinden.

Die Entscheidung, ein Haus zu kaufen, war für sie beide eine Herausforderung, aber sie waren soweit, diesen Schritt tun zu können. Bei der Suche nach einem Haus kamen Jennifers verletzte Gefühle, die mit der fehlenden Privatsphäre in ihrer Kindheit zusammenhingen und ihren Gier-Neid ursprünglich erzeugt hatten, wieder hoch. Sie hatte ihr verzweifeltes Bedürfnis, ihre eigenen vier Wände zu haben, so lange unterdrückt, daß es jetzt mit aller Wucht hervorbrach.

Doug mußte seine Neigung in den Griff bekommen, aus einem Impuls heraus einen unüberlegten, finanziell riskanten Hauskauf zu tätigen, nur um seiner Frau ihren Wunsch so schnell wie irgend möglich zu erfüllen. Das Vertrauen, das sie zu sich selbst und zueinander entwickelt hatten, ermöglichte es ihnen jedoch, ihr Unbehagen »auszuhalten«, bis sie das Haus gefunden hatten, das richtig für sie war. Da sie genug Vertrauen hatten, um sich Zeit zu nehmen, fanden sie ein schönes Haus, das sie sich leisten konnten.

Doug und Jennifer widerstanden ihrem ständigen Drang, ihre Jobs aufzugeben. Beide hatten legitime Gründe dafür, und doch hielten sie dem Drängen ihres Perfektionisten stand und warteten auf innere Führung.

Jennifer erkannte im Rahmen der Fürsorge, die sie sich selbst angedeihen ließ, daß sie im Grunde ihres Herzens Künstlerin sein wollte. Sie wagte es, dazu zu stehen, und setzte den Wunsch in die Tat um. Sie entwickelte ein modernes Kunstprojekt in ihrer Gemeinde, das es ihr ermöglichte, ihre künstlerische Ader auszuleben. Anstatt zu versuchen, Kinder zu retten, hatte Jennifer beschlossen, sich selbst zu retten.

Ihr neues Projekt ermöglichte es ihr, Kinder zu inspirieren. Heute weiß sie, wenn sie das Staunen in ihren Gesichtern sieht, daß sie sie auf eine Weise erreicht, wie sie es vorher nicht konnte. Jennifer spürt, daß noch weitere Veränderungen bevorstehen. Und jetzt hat sie nicht nur keine Angst davor, sie freut sich sogar darauf.

Während ich dies schreibe, weiß Doug noch nicht, was als nächstes kommen wird. Er sucht nach einem tieferen Lebenssinn und einer Aufgabe, die nicht von seiner Selbstverachtung motiviert ist, und er läßt sich nicht von seiner Ungeduld verleiten, einen Schritt zu tun, ehe seine innere Führung ihm den Weg gewiesen hat. Eines Tages sagte er spontan, was er vorhatte: »Ich erkläre, daß ich offen für neue Perspektiven, Gelegenheiten und Richtungsanweisungen bin. Ich gebe die Bilder auf, die ich mir gemacht habe. Ich akzeptiere das, was aus meinem Innersten kommt, wie es auch kommt, auch wenn es mich schockiert.« Das ist in der Tat ein großer Vertrauensbeweis.

Epilog: Ein Versprechen

Ich möchte Ihnen ein großes Versprechen geben – daß Sie einen Wandlungsprozeß durchmachen werden, der dem gleichkommt, was ich erlebt habe: »vorher« und »nachher« in meiner Haut zu stecken (nicht, daß ich das »Nachher« je ganz erreichen werde, denn die Reise ist nie zu Ende).

Ich will sagen, daß Ihr Leben magisch wird und all Ihre Träume in Erfüllung gehen, wenn Sie die in diesem Buch vorgestellten Prinzipien anwenden. Sie werden der Mensch werden, der Sie immer sein wollten.

Doch nichts von alledem ist garantiert.

Es kommt der Wahrheit näher, zu sagen, daß Ihre Lebenslust erwachen wird, wenn Sie die Prinzipien, die ich Ihnen ans Herz lege, verinnerlichen und es zulassen können, daß ihr Leben anders ist, als sie es sich gedacht haben. Das Leben wird wahrscheinlich weitaus strahlender sein, als es Ihnen in Ihren dunklen, angstvollen Momenten erschienen ist. Und doch wird es höchstwahrscheinlich weit hinter Ihren höchsten Erwartungen zurückbleiben. Dies wird für den Perfektionisten in Ihnen eine Enttäuschung sein, aber genau dabei zeigt sich, daß Sie menschlich sind – was an sich ein guter Grund zum Feiern ist.

Manchmal lache ich laut über mich selbst wegen all meiner dummen Ideen in der Vergangenheit und wegen der närrischen Gedanken, die mir noch kommen werden. Und dann weine ich vor Erleichterung, wenn ich von meinem Bedürfnis, das Leben zu kontrollieren und in den Augen von anderen »etwas Besonderes« zu sein, dankbar noch etwas mehr Abstand nehmen kann.

Vor Jahren hörte ich, wie eine Frau sich als »nur eine weitere Witzfigur auf der Welt« bezeichnete. Damals dachte ich bei mir: »Was für eine selbsterniedrigende Bemerkung.« Mittlerweile ist dieser Ausspruch jedoch mein Mantra geworden, das mir hilft, wenn mein Perfektionist außer Kontrolle zu geraten droht.

Es gibt eine Feststellung, die ich nie zuvor machen konnte und heute machen kann. Sie ist das direkte Ergebnis der Arbeit mit meiner inneren Führung und meinem Wesen.

Ich liebe das Leben.

Ich würde gerne hören, was mit Ihnen passiert.

Innere Führung – ein Kursprogramm

In diesem Kursprogramm bekommen Sie eine Landkarte in die Hand, die Sie durch noch nicht erschlossenes Gelände führt. Suchen Sie sich als Begleitung einen Freund oder eine Freundin oder einen Therapeuten, oder gründen Sie eine Gruppe, mit der Sie dieses Kursprogramm durchführen. Ihre Mitreisenden werden Ihnen auf Ihrem Weg Kraft geben und Sie ermutigen.

Bauen Sie vor dem ersten Treffen Ihren Altar auf (siehe Seite 229 f.), und führen Sie die auf Seite 230 beschriebene Spiegel-Übung durch. Diese Vorbereitungen sollten Sie allein und nicht mit Ihren Mitreisenden treffen. Führen Sie ein Tagebuch, in dem Sie Ihre Erfahrungen mit der inneren Führung schriftlich festhalten.

Richtlinien für Gruppen

1. Die Sitzungen finden einmal pro Woche statt. Bei zwei Teilnehmern sollte man mindestens eine Stunde dafür einplanen. Bei einer Gruppe sollte man bis zu zweieinhalb Stunden veranschlagen.
2. Die Gruppenmitglieder verpflichten sich, alle persönlichen Informationen vertraulich zu behandeln.
3. Mit dem Wissen, daß Alkohol und andere Drogen den Geist vernebeln, was zu einer verzerrten Wahrnehmung der inneren Führung führt, verpflichten die Mitglieder sich, vor und nach den Gruppentreffen und bei den Übungen zu Hause auf Drogen aller Art zu verzichten.

4. Es fördert den Selbstausdruck und verringert die Anfälligkeit für Gegenreaktionen, die empfohlenen Zeiten für die Übungen und Gruppentreffen einzuhalten. Geben Sie jemandem, dessen Gefühle aufgewallt sind, mehr Zeit, und bleiben Sie innerhalb des Zeitlimits, wenn die Teilnehmer ihre Geschichten erzählen und andere Erfahrungen austauschen.
5. Beginnen Sie jede Gruppensitzung mit einer kurzen einführenden Meditation in stiller Einkehr oder mit Meditationsmusik im Hintergrund. Beenden Sie jede Gruppensitzung mit einem kurzen Ritual Ihrer Wahl, das die Gruppe verbindet (z. B. im Kreis sitzen und sich an den Händen halten).
6. Hören Sie zu, wenn andere reden, anstatt Ihren Perfektionisten geistig proben zu lassen, was Sie sagen werden.
7. Ehe Sie einer Person Feedback geben, fragen Sie, ob sie es möchte. Die Gruppenmitglieder müssen sich sicher genug fühlen, sich zu offenbaren. Sparen Sie sich Feedback für offene Diskussionen auf.
8. Gehen Sie »als Mensch« und nicht perfektionistisch an dieses Programm heran. Wenn es einige Übungen gibt, die Sie einfach nicht machen wollen, dann zwingen Sie sich nicht dazu. Falls Mitglieder mittendrin aussteigen, dann nehmen Sie sich etwas Zeit, um zu analysieren, welche Wirkung das auf die Gruppe hat. Der Verlust kann die Gruppe stärken oder schwächen.

Das Kursprogramm

Erste Woche

In Ihrer Gruppe oder mit Ihrem Partner: Jeder Teilnehmer sollte schriftlich seine Absicht zum Ausdruck bringen, Zugang zu seiner inneren Führung zu finden. Schreiben Sie Ihre Absichtserklärung mit Ihren eigenen Worten, die aus dem Herzen kommen, in Ihr Tagebuch. Sprechen Sie das, was Sie geschrieben haben, laut aus, nehmen Sie wahr, was Sie dabei empfinden, und hören Sie sich dabei zu, wie Sie es aussprechen. Der Perfektionist wird versuchen, sich in diesen Prozeß hineinzudrängen. Er kann sich bemerkbar machen, indem er Sie zu einem größeren Engagement zwingen will, als Ihnen recht ist. Versuchen Sie ihre Empfindungen nicht zu unterdrücken, nehmen Sie sie einfach nur wahr.

Spüren Sie, wie offen und empfänglich Sie sind. Nehmen Sie die verschiedenen Gefühle wahr, die in Ihnen hochkommen. Dies sind die ersten Anzeichen, die auf Ihren speziellen Perfektionisten verweisen. Hören Sie den anderen Gruppenmitgliedern bei der Formulierung ihrer Absichtserklärungen zu. Achten Sie darauf, ob »die Worte und die Musik übereinstimmen«. Ist da ein Widerspruch oder ein erzwungenes Gefühl? Vergleichen Sie sich mit den anderen?

Führen Sie anschließend eine offene Diskussion über das, was Sie an sich selbst bemerkt haben. Teilen Sie den anderen nur das mit, was Sie Ihnen offenbaren wollen, und nur, wenn es für Sie von Bedeutung ist. Ihre Verbindung zu sich selbst ist wichtiger als Ihr Wunsch, dazuzugehören, gut auszusehen oder es richtig zu machen.

Zu Hause: Lesen Sie sich die Abschnitte dieses Buches, die Sie angesprochen haben, noch einmal durch, und machen Sie eine schriftliche Innere-Führung-Übung (siehe Seite 233). Stellen Sie sich die folgenden Fragen.

Welche Beziehung habe ich zu:
- Ehrgeiz
- Idealismus
- Rebellion
- Verantwortung
- Schuld
- Kampf
- Leiden

Beziehen Sie jede Antwort auf Ihre realen Lebensumstände.

Zweite Woche

In Ihrer Gruppe oder mit Ihrem Partner: Berichten Sie sich gegenseitig, welche Erkenntnisse Sie mit Hilfe der schriftlichen Übung gewonnen haben (fünf bis zehn Minuten pro Person). Besprechen Sie die Probleme, die dabei aufgetaucht sind, und überlegen Sie auch, wie Sie sich gegenseitig helfen können.

Zu Hause: Üben Sie, achtsam zu sein. Nehmen Sie Ihre Haltung, Ihren inneren Dialog und Körpersignale wahr. Versuchen Sie herauszufinden, wann der Perfektionist seine Stimme erhebt oder Empfindungen bei Ihnen verursacht und wann Ihr wahres Selbst zu Ihnen spricht. Machen Sie sich Gedanken darüber, welche Form von Meditation Sie gerne ausüben würden.

Dritte Woche

In Ihrer Gruppe oder mit Ihrem Partner: Erzählen Sie sich gegenseitig, was Sie an sich beobachtet und über sich gelernt haben (fünf bis zehn Minuten pro Person). Haben Sie versucht, etwas an sich zu ändern? Für Veränderungen ist es an diesem Punkt noch zu früh. Sie werden gewöhnlich vom Perfektionisten initiiert und führen zu einer Gegenreaktion. Nutzen Sie die restliche Zeit für eine offene Diskussion und gegenseitige Unterstützung.

Zu Hause: Machen Sie eine schriftliche Innere-Führung-Übung. Stellen Sie sich die folgenden Fragen.

Wie steht es um mein Gleichgewicht im Hinblick auf:
- Arbeit
- Studium
- Ruhe
- Spiel

Beziehen Sie jede Antwort auf Ihre realen Lebensumstände.

Vierte Woche

In Ihrer Gruppe oder mit Ihrem Partner: Berichten Sie sich gegenseitig, welche Erkenntnisse Sie in der letzten Woche gewonnen haben (fünf bis zehn Minuten pro Person). Wählen Sie eine Meditationsform, mit deren Hilfe Sie Ihre Erfahrungen mit der inneren Führung vertiefen wollen, und sagen Sie, für welche Sie sich entschieden haben. Üben Sie drei- bis sechsmal wöchentlich mindestens zehn Minuten lang, und dehnen Sie die Übungszeit aus, bis Sie eine Zeitspanne gefunden haben, die Ihnen angemessen erscheint.

Sagen Sie der Gruppe oder Ihrem Partner, was Ihnen helfen könnte. Berichten Sie von jetzt an bei jeder wöchentlichen Sitzung, wie Sie mit Ihren Meditationsübungen vorankommen. Denken Sie daran, da zu beginnen, wo Sie stehen, und nicht da, wo Sie meinen, stehen zu müssen. Wenn es Ihnen schwerfällt, bei der Sache zu bleiben, dann formulieren Sie dies, und bitten Sie um Rat im Hinblick auf eine eventuell geeignetere Übung. Sollten Sie vielleicht eine andere Meditationsform wählen oder die Übungszeit verkürzen? Blockiert Sie ein innerer Widerstand?

Zu Hause: Lesen Sie sich den Abschnitt »Erfolgsmenschen» (Seite 181 f.) noch einmal durch. Fragen Sie sich bei einer schriftlichen Innere-Führung-Übung, inwieweit die genannten Erfolgskriterien in Ihrem Leben zum Tragen kommen.

Fünfte Woche

In Ihrer Gruppe oder mit Ihrem Partner: Berichten Sie, was Sie bei Ihrer Schreibübung herausgefunden haben. Gehen Sie dabei auch darauf ein, wie Sie sich selbst einschätzen und welche Veränderungen Sie gerne vornehmen würden (fünf bis zehn Minuten pro Person). Nutzen Sie die verbleibende Zeit für eine offene Diskussion und gegenseitige Unterstützung.

Zu Hause: Schreiben Sie auf, was Ihnen zu der folgenden Liste von Ängsten einfällt. Achten Sie darauf, welche Ängste zu verspüren Sie ertragen können und welche Sie nicht verspüren wollen.

- Angst davor, schwach, verletzlich, mit Makeln behaftet, verrückt usw. zu sein.
- Angst davor, nicht gut genug zu sein.
- Angst davor, als nicht gut genug eingeschätzt zu werden.
- Angst vor Veränderungen.
- Angst davor, nichts wert zu sein.
- Angst davor, etwas zu verpassen.
- Angst davor, im Unrecht zu sein oder einen Fehler zu machen.
- Angst vor Entbehrungen, Mangelzuständen oder Verlusten.
- Angst davor, die Kontrolle zu verlieren.

Sechste Woche

In Ihrer Gruppe oder mit Ihrem Partner: Sprechen Sie darüber, welche wichtigen Erkenntnisse Sie gewonnen haben (fünf bis zehn Minuten pro Person). Nutzen Sie die verbleibende Zeit für eine offene Diskussion und gegenseitige Unterstützung.

Zu Hause: Führen Sie sich das vierte Kapitel, »Neun Arten von Perfektionismus», noch einmal zu Gemüte. Zerbrechen Sie sich nicht den Kopf darüber, welche Formen von Perfektionismus bei Ihnen vorliegen. Nehmen Sie einfach nur die verschiedenen Gefühle wahr, die Sie bei der Lektüre haben. Vergessen Sie nicht, der Perfektionist will sich nicht offenbaren, und er kann sich sehr gut verstecken.

Siebte Woche

In Ihrer Gruppe oder mit Ihrem Partner: Sprechen Sie über die Erkenntnisse, die Sie gewonnen haben, und sagen Sie, welche Perfektionismustypen Sie sich am wenigsten bei sich selbst wünschen (fünf bis zehn Minuten pro Person). Nutzen Sie die verbleibende Zeit für eine offene Diskussion und gegenseitige Unterstützung.

Zu Hause: Lesen Sie das zwölfte Kapitel, »Wahre Geschichten meiner Klienten«, noch einmal. Schreiben Sie Ihre eigene Geschichte nieder, und gehen Sie auch darauf ein, was Sie in Zukunft anders machen wollen als in der Vergangenheit. Nehmen Sie sich soviel Zeit, wie Sie wollen, um Ihre Geschichte niederzuschreiben, und kürzen Sie sie dann auf maximal vier Seiten.

Achte Woche

In Ihrer Gruppe oder mit Ihrem Partner: Erzählen Sie Ihre Geschichte ohne Vorlage (zehn bis 15 Minuten pro Person). Planen Sie zusätzliche Zeit dafür ein, eventuell aufwallende Gefühle zu verarbeiten, aber nicht für das Erzählen der Geschichten. Bei diesem Treffen fällt die Gruppendiskussion weg.

Zu Hause: Denken Sie über die Geschichten jedes Teilnehmers und Ihre damit verbundenen Gefühle nach. Bereiten Sie sich darauf vor, den Gruppenmitgliedern oder Ihrem Partner Feedback zu geben.

Neunte Woche

In Ihrer Gruppe oder mit Ihrem Partner: Geben Sie jedem Teilnehmer Feedback darüber, wie seine Geschichte Ihnen geholfen hat, ihn besser zu verstehen. Sagen Sie, wo Sie sich wohl und sicher mit ihm fühlen und wo Sie noch mehr Wohlbefinden und Sicherheit brauchen (jeweils zwei bis drei Minuten Feedback pro Person).

Zu Hause: Machen Sie eine schriftliche Innere-Führung-Übung. Schreiben Sie über die Gefühle, die durch das Treffen bei Ihnen ausgelöst wurden. Bitten Sie um Selbsterkenntnis.

Zehnte Woche

In Ihrer Gruppe oder mit Ihrem Partner: Beginnen Sie wieder von vorn. Erklären Sie Ihre Absicht, Zugang zu Ihrer inneren Führung zu finden. Schreiben Sie diese Absichtserklärung in Ihrem Tagebuch nieder, und sprechen Sie sie anschließend laut aus. Spüren Sie, was im Augenblick für Sie wahr ist. Hat Ihr Engagement zu- oder abgenommen? Haben Sie ein besseres Verständnis dafür entwickelt, was in Ihnen abläuft? Vielleicht verläuft Ihr Engagement in Zyklen oder schwankt natürlich mit Ihrer Stimmung. Achten Sie darauf, welche Faktoren ihr Engagement beeinflussen. Hören Sie den anderen oder Ihrem Partner zu. Vergleichen Sie Ihr gegenwärtiges Engagement mit dem, das Sie zu Anfang gehabt haben, aber nicht mit dem der anderen. Nutzen Sie die verbleibende Zeit für eine offene Diskussion über das, was Sie bemerkt haben. Bieten Sie den anderen Hilfe an, und nehmen Sie Hilfe an.

Zu Hause: Bringen Sie frischen Wind in Ihre Meditationsübungen, indem Sie jede Sitzung so angehen, als sei es Ihre erste. Befreien Sie sich von Erwartungen oder Urteilen über das, was Sie erfahren, während Sie meditieren. Bestimmen Sie eine Zeit, in der Sie sitzen wollen. In dieser Zeit dazubleiben – ganz gleich, was passiert oder nicht passiert – ist das einzige, was Sie beim Meditieren kontrollieren können.

Elfte Woche

In Ihrer Gruppe oder mit Ihrem Partner: Machen Sie zur Einstimmung eine längere Gruppenmeditation. Führen Sie danach eine Spiegelungsübung mit Partnern durch (siehe Seite 233 f.). Bei diesem Treffen fällt die Gruppendiskussion weg.

Zu Hause: Machen Sie eine schriftliche Innere-Führung-Übung, und schreiben Sie über die Fragen oder Gefühle, die Sie bei der Partnerspiegelung beschäftigt haben. Nehmen Sie Ihre Empfindungen wahr, und verarbeiten Sie Ihre Reaktionen auf die Übung.

Zwölfte Woche

In Ihrer Gruppe oder mit Ihrem Partner: Geben Sie sich gegenseitig Feedback zum Spiegelungsprozeß von letzter Woche. Nutzen Sie die verbleibende Zeit für eine offene Diskussion und gegenseitige Unterstützung.

Zu Hause: Beschreiben Sie die Charakteristika Ihres Perfektionisten und geben Sie ihm einen Namen.

Dreizehnte Woche

In Ihrer Gruppe oder mit Ihrem Partner: Erzählen Sie, welchen Namen Sie Ihrem Perfektionisten gegeben haben, und erklären Sie, warum Sie diesen Namen gewählt haben. Nutzen Sie die verbleibende Zeit für eine offene Diskussion darüber, was jede Person über ihren Perfektionisten herausgefunden hat.

Zu Hause: Denken Sie über Ihre Art von Hilflosigkeit nach. Ist Ihr Hilfloser deprimiert, ausgebrannt, beschämt, gelähmt, in Phantasievorstellungen gefangen? Möchte er wegrennen? Wartet er darauf, gerettet zu werden? Wie fühlen Sie sich wegen Ihrer Hilflosigkeit? Machen Sie eine schriftliche Innere-Führung-Übung. Stellen Sie sich die folgenden Fragen: »Wie äußert sich meine Hilflosigkeit? Was für einen ersten kleinen Schritt kann ich tun? Was kann mir dabei helfen?«

Vierzehnte Woche

In Ihrer Gruppe oder mit Ihrem Partner: Erzählen Sie, was Sie über Ihren Hilflosen in Erfahrung gebracht haben. Welchen ersten Schritt können Sie tun? Welche Hindernisse müssen Sie dabei überwinden? Welche Art von Unterstützung benötigen Sie von den anderen Gruppenmitgliedern oder Ihrem Partner? (Veranschlagen Sie fünf bis zehn Minuten pro Person.)

Das Kursprogramm ist hiermit beendet. Die Gruppe kann sich nun auflösen oder die Arbeit als Innere-Führung-Selbsthilfegruppe fortführen. Vergessen Sie nicht: Die Schritte, die Sie unternehmen, müssen so klein sein, daß der Hilflose sie bewältigen kann. Sind sie zu groß, bricht der Hilflose zusammen, oder der Perfektionist nimmt das Zepter in die Hand und treibt Sie an. Bestätigen Sie sich zum Abschluß dieses Treffens gegenseitig, daß Sie sich selbst und die anderen Gruppenmitglieder achten und wertschätzen.

Zu Hause: Führen Sie die Spiegel-Übung, die Sie zu Beginn des Kursprogramms gemacht haben, noch einmal durch. Dies ist, wie gesagt, eine Übung, die man allein machen sollte. Achten Sie darauf, was sich im Vergleich zum ersten Mal, als Sie diese Übung gemacht haben, geändert hat.

Methoden zur Aktivierung der inneren Führung

Einen Altar für Ihr wahres, inneres Wesen herrichten

Wenn wir unsere Aufmerksamkeit auf die Prinzipien richten, die uns heilig sind, können wir sie intensiver erfahren. Ob Ihr Leitprinzip nun Gott, die Liebe, das Leben oder die Natur ist – bauen Sie zu dessen Huldigung einen Altar und laden Sie so Ihr höheres Wesen dazu ein, Ihr ganzes Leben zu durchdringen. Sie können eine ruhige Ecke eines beliebigen Zimmers dafür wählen. Schmücken Sie Ihren Altar mit Objekten, die als Symbole für Ihr heiliges Prinzip dienen: Bilder, Kerzen, Blumen und was immer die Natur sonst noch Schönes zu bieten hat.

Mein Altar ist ein niedriger Tisch mit einer Tischdecke darauf. Ich sitze auf einem Meditationskissen mit Rückenpolster, während ich meinen Altar anblicke und Dankbarkeit für das Leben empfinde. In der Zeit, die Sie jeden Morgen oder zu einer anderen beliebigen Tageszeit hier verbringen, dringt Ihr heiliges Prinzip in Ihr Herz und Ihren Geist ein, so daß Ihre täglichen Handlungen davon geprägt werden. Dies ist eine Zeit, die Sie sinnvoll verbringen.

Falls Ihr Perfektionist sich in diese Übung einschleicht, sollten Sie auch für ihn ein Symbol auf dem Altar aufstellen. Er wird sich besser benehmen, sobald Sie ihm auch Ehre erweisen und ihn mit einbeziehen.

Die Spiegel-Übung

Mit dieser Übung komme ich meinem Perfektionisten sofort auf die Schliche, weil sie mir den derzeitigen Zustand meiner Beziehung zu mir selbst aufzeigt. Ich mache diese Übung von Zeit zu Zeit, um herauszufinden, wie es mir wirklich geht.

Stellen Sie sich vor einen Spiegel, sehen Sie sich an, und sagen Sie: »Ich nehme mich bedingungslos an, in diesem Augenblick.«

Wenn Sie diese Worte laut aussprechen, während Sie sich im Spiegel ansehen, offenbart sich Ihr Perfektionist – der Teil von Ihnen, der Ihre Makel sieht und Sie aufgrund dessen inakzeptabel findet.

Ihre wachsende Selbstakzeptanz wird sich in dieser Übung widerspiegeln, wenn Sie sie von Zeit zu Zeit durchführen. Sich selbst anzunehmen bedeutet nicht, blind für Ihre Makel zu werden. Es bedeutet lediglich, daß Sie Ihr Wissen um sich selbst nicht dazu mißbrauchen, sich in Ihrem Wert zu mindern. Sie mögen Dinge an sich und an Ihrem Aussehen ändern wollen, aber das ist eben keine Bedingung dafür, sich selbst annehmen zu können. Veränderungen sind vielmehr Geschenke, die Sie sich selbst machen können.

Eine Innere-Führung-Befragungssitzung

Ich habe mir angewöhnt, im Laufe des Tages immer wieder um innere Führung zu bitten. Doch verpasse ich die im folgenden beschriebene Übung von Zeit zu Zeit zu machen, dann kann es passieren, daß ich auf die Richtungsanweisungen meines Perfektionisten höre, ohne mir dessen bewußt zu sein. Eine Befragungssitzung hilft mir vor allem in Situationen, in denen ich mit einer wichtigen Herausforderung konfrontiert bin oder die Fragen, die ich habe, auf den Punkt bringen muß.

Es ist wichtig, sich für die Befragungssitzung ein ruhiges Plätzchen zu suchen, an dem man ungestört ist. Ich sitze aufrecht da, vielleicht durch Kissen im Rücken unterstützt, und habe Stift und Tagebuch auf meinem Schoß liegen. Manchmal schafft es mehr Klarheit, wenn man zunächst festlegt, welche Antwort man nicht hören möchte. Nichtsdestotrotz kann es genau diese Antwort sein, die Sie bekommen. Um Botschaften aus den Tiefen Ihrer Seele empfangen zu können, müssen Sie gewillt sein, auch eine Antwort anzunehmen, die Ihnen nicht unbedingt gefällt.

Vergessen Sie nicht, daß es sich um zwei getrennte Prozesse handelt, Zugang zur inneren Führung zu finden und die Richtung, die Sie Ihnen weist, einzuschlagen. Auch wenn Sie bereits Zugang zu Ihrer inneren Führung gefunden haben, dauert es oft noch einige Zeit, bis Sie ihr vertrauen und die Botschaften, die Sie erhalten haben, beherzigen können. Ich habe früher nur Ratschläge annehmen können, sofern es sich um bittere Medizin handelte. Manchmal habe ich immer noch Schwierigkeiten, Botschaften zu empfangen, die mir gefallen. Ich glaube, ich spiele mich dann immer noch selbst aus, auf daß ich höre, was ich hören will. Es braucht Zeit, die speziellen Formen von Widerstand gegen die innere Führung, die in direktem Zusammenhang mit den vorhandenen Formen von Perfektionismus stehen, bei sich zu erkennen.

Erklären Sie zunächst Ihre Absicht, Zugang zu Ihrer inneren Führung zu finden. Stellen Sie sich, während Sie langsam und tief atmen, vor, daß Sie sich mit jedem Atemzug ein bißchen mehr öffnen. Spüren Sie Ihre Bereitschaft, zu Ihrer tieferen Weisheit vorzudringen. Aufmerksam in sich hineinzuhorchen, nachdem Sie Ihre Frage formuliert haben, ist am wichtigsten. Wir haben keine Kontrolle darüber, wie oder wann die Antwort kommen oder wie sie ausfallen wird. Wir haben allerdings Kontrolle über unsere Bereitschaft und unsere Absicht, etwas zu erfahren.

Leiten Sie den Prozeß ein, indem Sie die Frage niederschreiben, zum Beispiel: »Ich brauche Einsichten zu meiner derzeitigen Schwierigkeit/Beziehung/Krankheit. Bitte korrigiere jegliche Fehleinschätzungen. Hilf mir aber bitte auch, mir selbst zu vertrauen, wenn ich klar sehen kann. Ich bin willens, meine blinden Flecken zu erkennen.«

Leeren Sie als nächstes Ihren Geist, um zu verhindern, daß Ihr Perfektionist gleich wieder auf den Plan tritt, um Ihre Frage zu beantworten. Mit den Antworten hat es keine Eile. Der denkende Geist formuliert die Frage nur und registriert die Antwort. Er spielt keine Rolle bei der Formulierung der Antwort.

Stellen Sie sich Ihren Geist als ein mit Wasser gefülltes Becken vor. Sehen Sie sich dabei zu, wie Sie an Ihrem Bauchnabel den Stöpsel herausziehen, und beobachten Sie jedesmal, wenn Sie ausatmen, wie der Wasserspiegel sinkt. Dadurch bewegen Sie sich von Ihrem Kopf weg und zu Ihrem Wesen hin. Wenn Sie Ihren Geist leeren, werden Sie merken, wie Sie Ihre Frage, all Ihre Gedanken zu dieser Frage und sogar Botschaften, die Sie früher zu Ihrer Frage erhalten haben, loslassen. So schaffen Sie einen »Anfängergeist« und einen Leerraum für neue Botschaften.

Sitzen Sie in der Zeit, die Sie für die Übung veranschlagt haben (mindestens fünf Minuten) still da. Wenn Sie etwas verspüren oder eine Antwort erhalten, dann spüren Sie der Empfindung oder der Antwort eine Minute lang nach, ehe Sie sie niederschreiben, damit Sie nicht wieder kopflastig werden und den Kontakt verlieren.

Haben Sie Geduld, falls Sie in der Zeit, die Sie sich gesetzt haben, keine Antwort bekommen. Fahren Sie mit Ihrem Tagwerk fort, und rufen Sie sich Ihre Frage von Zeit zu Zeit ins Gedächtnis. Damit bezeugen Sie Ihre Absicht, wertvolle Erkenntnisse zu gewinnen, und kommen näher an Ihre innere Weisheit heran. Bitten Sie vor dem Schlafengehen um einen Traum, falls Sie noch keine Botschaft aus Ihrer Seele empfangen haben. Legen Sie sich Stift und Tagebuch ans Bett.

Schreiben Sie Ihren Traum sofort nach dem Aufwachen auf. Bitten Sie Ihre innere Führung anschließend, zu erklären, wie der Traum mit Ihrer Frage zusammenhängt. Machen Sie noch eine Befragungssitzung, und beziehen Sie dabei Ihren Traum mit ein. Können Sie sich an keinen Traum erinnern, dann prüfen Sie (dennoch), ob Sie zu Ihrer Frage eine neue Sichtweise gewonnen haben. Möglicherweise haben Sie in der Nacht doch eine Lösung gefunden.

Wichtig ist, bei der Suche nach innerer Führung eine demutsvolle Haltung einzunehmen. Ich erinnere mich gerne an einen buddhistischen Sinnspruch: »Mögest du Deinem Unwissen mit Demut begegnen.« Es kann einige Zeit in Anspruch nehmen, eine Verbindung zwischen unserem Bewußtsein und dem Unbewußten herzustellen, auf daß uns die Botschaften aus unserer Seele ins Bewußtsein dringen können. Wir wissen nicht, welche inneren Veränderungen die Voraussetzung für eine derartige Verbindung sind. Was wir jedoch wissen, ist, daß wir für unsere Geduld in jedem Fall belohnt werden.

Eine schriftliche Innere-Führung-Übung

Man macht bei dieser Übung auch eine Innere-Führung-Befragungssitzung, plant aber anschließend zusätzliche Zeit dafür ein, die Antworten, die man erhalten hat, niederzuschreiben. Zensieren, bearbeiten oder beurteilen Sie das, was Sie niederschreiben, nicht. Es spielt noch keine Rolle, ob die Antwort von Ihrer inneren Führung kommt. Betrachten Sie die Übung zu Anfang als »Abflußreinigung«. Je mehr Sie üben, desto klarer werden die Antworten, die Sie erhalten. Zu Beginn einer Schreibübung fließen meist nur Platitüden oder Phrasen aus mir heraus. Es ist wichtig, die Unbeholfenheit oder Befangenheit, die man bei jedem neuen Unterfangen verspürt, zu überwinden, bis eine tiefere Verbindung hergestellt ist.

Partnerspiegelung

Tun Sie sich mit einem Partner zusammen, und suchen Sie sich einen Platz, an dem Sie ungestört sind. Jeder Partner soll das wahre, innere Wesen, den Perfektionisten und den Hilflosen des anderen spiegeln. Es ist wichtig, die Anweisungen genau zu befolgen und jegliche Diskussion darüber zu vermeiden.

Die Partner sitzen sich von Angesicht zu Angesicht gegenüber. Einer spricht, und der andere hört zu und wiederholt, was gesagt wurde. Diese Übung erfordert Mut und die Bereitschaft, sowohl Komplimente als auch konstruktive Kritik entgegenzunehmen. Seien Sie darauf gefaßt, emotionale Reaktionen zu verspüren, und halten Sie die Übung trotzdem durch. Ihre ersten Reaktionen müssen nicht unbedingt Ihrem wahren, inneren Wesen entstammen. Sagen Sie, was Sie als wahr empfinden, und seien Sie mitfühlend, ob Sie nun der Spiegelnde oder der Gespiegelte sind, denn nur so läßt sich die Beteiligung des Perfektionisten minimieren.

Atmen Sie dreimal tief in den Bauch hinein.

Der Spiegelnde: Sagen Sie: »So sehe ich dein Wesen«, und sagen Sie, was Sie sehen.

Der Gespiegelte: Hören Sie einfach nur zu, und wiederholen Sie dann, was Sie gehört haben.

Der Spiegelnde: Bestätigen oder korrigieren Sie, was der Gespiegelte gesagt hat.

Atmen Sie wieder dreimal tief in den Bauch hinein.

Der Spiegelnde: Sagen Sie: »So sehe ich deinen Perfektionisten», und sagen Sie, was Sie sehen.

Der Gespiegelte: Wiederholen Sie, was Sie gehört haben, ohne etwas zu erklären oder zu verneinen.

Der Spiegelnde: Bestätigen oder korrigieren Sie, was der Gespiegelte gesagt hat.

Atmen Sie wieder dreimal tief in den Bauch hinein.

Der Spiegelnde: Sagen Sie: »So sehe ich deinen Hilflosen«, und sagen Sie, was Sie sehen (etwa Depression, Lähmung, Ausschauhalten nach Rettung).

Der Gespiegelte: Wiederholen Sie, was Sie gehört haben. Falls Sie anderer Meinung sind, widersprechen Sie stumm.

Der Spiegelnde: Bestätigen oder korrigieren Sie, was der Gespiegelte gesagt hat.

Atmen Sie wieder dreimal tief in den Bauch hinein.

Wechseln Sie die Seiten, und wiederholen Sie den Vorgang (es sei denn, Sie arbeiten mit einem Therapeuten).

Feedback-Sitzung nach der Partnerspiegelung

Der Gespiegelte eine Woche später zum Spiegelnden: Sagen Sie: »Einen Teil dessen, was du über mein Wesen gesagt hast, halte ich für wahr, und in den folgenden Punkten stimme ich nicht mit dir überein«, und erklären Sie, in welchen Punkten Sie zustimmen und in welchen nicht.

Fahren Sie fort: »Einen Teil dessen, was du über meinen Perfektionisten gesagt hast, halte ich für wahr, und in den folgenden Punkten stimme ich nicht mit dir überein«, und erklären Sie, in welchen Punkten Sie zustimmen und in welchen nicht.

Fahren Sie fort: »Einen Teil dessen, was du über meinen Hilflosen gesagt hast, halte ich für wahr, und in den folgenden Punkten stimme ich nicht mit dir überein«, und erklären Sie, in welchen Punkten Sie zustimmen und in welchen nicht.

Während der ganzen Prozedur hört der Partner nur zu.

Falls Sie (der Gespiegelte) mehr über Ihr wahres, inneres Wesen, Ihren Perfektionisten und/oder Ihren Hilflosen erfahren haben, reden Sie darüber.

Atmen Sie dreimal tief in den Bauch hinein. Wechseln Sie anschließend die Seiten, und wiederholen Sie den Vorgang.

Diese Partnerübungen, sei es mit einem Therapeuten oder mit verschiedenen Partnern in einer Gruppe, können zu tiefgreifenden Veränderungen in Ihrem Leben führen. Der Therapeut oder die Gruppe kann Ihnen soviel Sicherheit geben, daß Sie nach innen schauen und Ihre Gefühle dann ausdrücken und sich öffnen können, ohne Angst vor sozialen Konsequenzen haben zu müssen.

Mögen diese Übungen in Verbindung mit dem, was Ihnen in diesem Buch vermittelt wurde, dazu beitragen, daß Sie zu sich selbst finden, ein selbstbestimmtes Leben führen und eine neue Beziehung zu sich selbst entwickeln.

Glossar

Arroganz: Einer der neun Perfektionismustypen. Arroganz ist eine Fassade, hinter der Menschen ihre Angst davor, verletzlich zu sein, verbergen. Sie entwickeln diese Fassade, um damit das Gefühl, schwach oder unzulänglich zu sein oder im sozialen Umfeld nicht dazuzugehören, zu kompensieren. Arroganz ist ein Schutzpanzer, und das Bedürfnis, sich diesen Schutzpanzer anzulegen, wird von einem Ereignis oder einer Reihe von Ereignissen, die ein unerträgliches Gefühl von Verletzlichkeit verursachen, erzeugt.

Aussöhnung mit dem inneren Kind: Ein Ansatz, bei dem man sich seinem inneren Kind, das man bisher lieblos behandelt hat, als liebevoller Erwachsener zuwendet. Man wird sein eigener, weiser, wohlwollender, hilfreicher Elternteil.

Autonomie: Der Grad von Selbstbestimmung, der von einem Menschen aufrechterhalten werden kann, vor allem in Gegenwart von Autoritätspersonen. Sowohl Unterwürfigkeit als auch rebellisches Verhalten weisen auf einen geringen Grad an Autonomie hin. Souveränität beim Denken, bei Entscheidungen und im Verhalten sind Merkmale für eine hochentwickelte Autonomie.

Ehrgeiz: Der Wunsch, ein bestimmtes Ziel zu erreichen. Ehrgeiz muß mit Vertrauen in und Respekt für den Prozeß, den man durchlaufen muß, um dieses Ziel zu erreichen, gemäßigt werden, damit die Angst davor, zu versagen, das Unterfangen nicht übermäßig beeinflußt. Ist der Prozeß, der zum Ziel führt, von Gleichgewicht und Integrität geprägt, kann man sich über die erzielte Leistung freuen.

Gegenreaktion: Eine Manifestation extrem hilflosen Verhaltens; ein Kollaps oder Zusammenbruch, der auf extremen Perfektionismus folgt. Die Gegenreaktion entspricht in ihrer Intensität der Aktion, die sie provoziert hat (eine zu strikte Diät resultiert zum Beispiel in Überessen und Gewichtszunahme als Reaktion auf die starken Entbehrungen).

Gier-Neid: Einer der neun Perfektionismustypen. Er wird durch Angst vor Verlust, Mangel oder Entbehrung von etwas, das man speziell braucht, hervorgerufen. Verantwortlich dafür sind reale Verlusterfahrungen, die man durch ein Ereignis oder eine Reihe von Ereignissen gemacht hat. Die Verlustängste sind speziell auf etwas fixiert, das mit der Art der ursprünglichen Verletzung zu tun hat, und nicht allgemeiner Art. Beispiele: die Angst vor Verlust von Liebe, Wissen, Geld, Erfolg, Anerkennung oder Schönheit.

Herzarbeit: Dem Leben mit einer liebevollen, herzlichen Haltung begegnen. Mitgefühl, Selbstakzeptanz, ein offenes Herz und ein gesunder Respekt vor den Herausforderungen, die sich uns stellen, sind wesentlich, wenn wir Veränderungen vornehmen oder etwas Neues lernen wollen.

Hilfloser: Ein Archetyp für Machtlosigkeit, der in der Psyche aller Menschen existiert; das Gefühl, keine innere Unterstützung oder persönliche Macht zu haben und einer Herausforderung, was immer es ist, nicht Herr werden zu können. Der hilflose Teil der Persönlichkeit manifestiert sich bei jedem Menschen auf unterschiedliche Weise (Depression, Zusammenbruch, Gefühl von Wehrlosigkeit) und reicht von seiner Ausprägung von milden Phasen von Hilflosigkeit bis hin zu schweren Funktionsstörungen. In seiner Extremform entspricht der Hilflose in uns der Klassifikation der Borderline-Persönlichkeitsstörung der American Psychiatric Association.

Idealismus: Eine Tugend, die oft durch Perfektionismus verzerrt wird. Der Wunsch, herausragend zu sein, der uns, wenn wir uns von ihm inspirieren lassen, hilft, außergewöhnliche Leistungen zu erzielen. Der Perfektionist mißbraucht Idealismus, um uns eine Mindestnorm für akzeptable Leistungen zu oktroyieren. Alles, was dieser Norm nicht gerecht werden kann, sieht er als Versagen an.

Image-Perfektionismus: Einer der neun Perfektionismustypen. Ursache für seine Entstehung ist die Angst, nicht gut genug zu sein. Der Image-Perfektionist strebt danach, auf »die, auf die es ankommt« einen guten Eindruck zu machen. Er bemüht sich um den richtigen »Look« oder Ruf, was auf Kosten der Substanz geht.

Innere Führung: Eine innere Quelle mitfühlender Weisheit, die uns Klarheit vermittelt und den Weg weist. Die Botschaften aus den Tiefen unserer Seele können uns als Gedanken, Inspiration oder blitzartige Einsichten kommen. Wir können sie hören, sehen oder verspüren. Die innere Führung offenbart uns immer die Wahrheit, und doch halten wir die Ratschläge des Perfektionisten, die uns in die Irre führen und Kraft rauben, oft fälschlich für innere Führung.

Märtyrertum: Einer der neun Perfektionismustypen. Ursache für Märtyrertum ist die Angst davor, nichts wert zu sein, was aufgrund einer Überkompensation zum Helfersyndrom führt. Man will seinen Wert dadurch beweisen, daß man anderen »hilft«. Märtyrertum ist durch eine Überbetonung dessen, was man für andere tut, gekennzeichnet, was auf Kosten der Auseinandersetzung mit der eigenen Identität geht. Märtyrer haben große Schwierigkeiten, von anderen etwas anzunehmen, es sei denn, sie bekommen Anerkennung für das, was sie für andere getan haben.

Obsession: Zwang. Quälende Zwangsgedanken – oft fälschlich als innere Führung interpretiert – rufen ein Gefühl von Dringlichkeit hervor und gehen gewöhnlich mit unkontrollierbarem Zwangsverhalten einher.

Perfektionismus: Eine Disposition, alles, was nicht perfekt ist, als inakzeptabel anzusehen. Dieser Persönlichkeitszug manifestiert sich in der Regel, wenn Menschen an sich selbst zweifeln und darauf mit Überkompensation reagieren.

Perfektionist: Der Teil der persönlichen Psyche jedes Menschen, der alles, was nicht perfekt ist, als inakzeptabel ansieht. Der innere Perfektionist jedes Menschen, der tief in der Psyche verwurzelt ist, zwingt uns bei seinem Streben nach Perfektion zu bestimmten Verhaltensmustern. Ursache dafür sind spezifische persönliche Verletzungen, die ausgeprägte Selbstzweifel hervorgerufen haben.

Psychoneuroimmunologie: Ein neuer Wissenschaftsbereich, der sich mit dem Zusammenhang zwischen der Psyche und der Gesundheit beschäftigt. Dabei wird davon ausgegangen, daß Gedanken und Gefühle das Nervensystem direkt beeinflussen. Die im Nervensystem ablaufenden Reaktionen beeinflussen wiederum das Immunsystem, das für die Erhaltung des allgemeinen Gesundheitszustands verantwortlich ist. Diese Zusammenhänge kann man sich zunutze machen, um die Gesundheit zu fördern und das Fortschreiten von Krankheiten aufzuhalten oder umzukehren.

Rebell: Ein Archetyp für den Teil der kollektiven Psyche, der notwendig ist, um Autonomie von Autoritätspersonen zu erlangen. Man muß in der Lage sein, zu wichtigen Bezugspersonen nein zu sagen, um seine eigene Identität zu finden. Der Rebell wird in der Psyche zum Problem, wenn das Individuum ihn mit Freiheit verwechselt. Echte Freiheit entsteht durch die Fähigkeit, zunächst zu Autoritätspersonen nein zu sagen und dann ja zu sich zu sagen.

Schatten: Der verborgene Teil des Selbst, der Teil der Identität, der nicht gelebt, abgelehnt oder verdrängt wird. Unser Schatten, der auch als die dunkle Seite eines Menschen bezeichnet wird, beeinflußt unsere Entscheidungen und unser Verhalten solange, ohne daß es uns bewußt ist, bis ein Bewußtmachen der Schatteneigenschaften erfolgt.

Schuld: Das Gefühl, einen Fauxpas begangen oder sich falsch verhalten zu haben. Der Perfektionist benutzt Schuld als eine seiner Verkleidungen und vermittelt uns fälschlich das Gefühl, einen Fehler gemacht zu haben (oder kurz davor zu stehen, einen zu begehen). Unsere Schuldgefühle hängen oft mit einer Handlung zusammen, die der Befriedigung unserer eigenen Bedürfnisse dient, vor allem einer, die es erfordert, zu den Bedürfnissen von anderen nein zu sagen.

Schwindler: Ein Archetyp des Teils der kollektiven Psyche, der einem etwas deutlich als Wahrheit vorgaukelt, obwohl es sich eigentlich um etwas ganz anderes handelt. Der innere Schwindler bewirkt, daß wir mitunter peinliche Fehler machen müssen, um dann die Wahrheit erkennen zu können.

Selbstachtung: Synonym: Selbstwertgefühl. Das Wohlwollen, das man sich selbst gegenüber hat oder die Selbstakzeptanz, die abhängig von der Spiegelung in der frühen Kindheit hoch oder niedrig sein kann. Die Selbstachtung läßt sich durch genaue Spiegelung im Erwachsenenalter erhöhen.

Selbstbild: Das Bild, das wir uns von uns selbst machen. Es kann recht genau sein, sofern wir als Kind angemessen gespiegelt wurden, oder stark verzerrt, wenn eine Spiegelungsverletzung vorliegt.

Selbstgerechtigkeit: Einer der neun Perfektionismustypen. Ursache für die Entwicklung dieser Form von Perfektionismus ist die Angst, etwas falsch zu machen. Diese Angst führt dazu, daß der Betroffene streng über sich und andere urteilt, wenn er der Meinung ist, jemand habe einen Fehler begangen. Selbstgerechtigkeit entsteht bei Menschen, die mit vielen Regeln aufwachsen und immer auf das hingewiesen werden, was »falsch« und was »richtig« ist.

Selbsttäuschung: Ein Zustand, in dem man sich in irgendeiner Form selbst betrügt, um die Wahrheit vor sich zu verbergen. Zur Selbsttäuschung kommt es selten absichtlich. Man neigt dazu, die Tatsachen unbewußt zu verfälschen, bis sie mit dem übereinstimmen, was man glauben möchte.

Selbstverachtung: Einer der neun Perfektionismustypen. Die dahinterstehende Angst ist die Angst, nicht gut genug zu sein. Selbstverachtung führt dazu, daß man überkompensiert und sich mehr anstrengt, um sich zu beweisen, vor allem vor wichtigen Bezugspersonen, die in den Augen des sich selbst verachtenden Perfektionisten bessere Menschen sind. Selbstverachtung rührt von einer Atmosphäre in der Kindheit her, die von Kritik und mangelnder Wertschätzung der Stärken und Leistungen des Kindes geprägt war.

Selbstzerstörung: Einer der neun Perfektionismustypen. Er entsteht aus der Angst heraus, die Kontrolle zu verlieren. Die Betroffenen entwickeln Verhaltensmuster, die ihnen unmittelbar das Gefühl geben, mehr Kontrolle über sich zu haben, aber letzten Endes einen Zusammenbruch irgendeiner Art provozieren. Bei Menschen, deren Form von Perfektionismus Selbstzerstörung ist, grassieren Süchte.

Spiegelung: Die eigene Identität wird von einer anderen Person widergespiegelt, so als würde man in einen Spiegel schauen. Die Spiegelung setzt bei der Geburt ein, wenn die Eltern auf das Kind reagieren, und formt bald die Identität des Menschen. Wenn der Spiegelungsprozeß im Kindesalter gestört ist, entsteht eine Spiegelungsverletzung, und das Kind entwickelt ein verzerrtes Selbstbild.

Starrsinnigkeit: Einer der neun Perfektionismustypen. Er hat seine Wurzeln in der Angst vor Veränderungen. Starrsinnigkeit führt dazu, daß das Individuum sich weigert, andere Gesichtspunkte in Betracht zu ziehen und überkompensiert, indem es eigensinnig am Status quo festhält. Starrsinnigkeit wird durch den Glauben erzeugt, daß Veränderungen, wenn man sie zuließe, im Desaster enden würden.

Ungeduld: Einer der neun Perfektionismustypen. Ursache für die Entwicklung dieses Typs ist die Angst, etwas zu verpassen. Ungeduldige streben in die Zukunft, so daß ihnen die Gegenwart entgeht und sie nicht im Augenblick leben. Ungeduld rührt von der Erinnerung an erlebte Enttäuschungen und von dem Gefühl her, daß man nicht genug Zeit hat, das Gewünschte, was immer es sein mag, zu erfahren oder zu erreichen.

Verkleidung: Eine falsche, aufgesetzte Erscheinung oder Identität. Der Perfektionist kommt in vielen Verkleidungen daher, um uns etwas vorzugaukeln, das in Wirklichkeit ganz anders ist.

Wesen: Die reine Natur von allem, in diesem Sinne unsere Kernpersönlichkeit. Das Wesen ist ein Archetyp, der allen Menschen gemein ist und auch als die Seele oder das höhere Selbst bezeichnet wird. Es ist der reinste Teil jedes Menschen, der Teil, der gut, weise, frei von Persönlichkeitswunden und tief mit dem Leben, der Liebe, Gott und der Wahrheit verbunden ist.

Widerstand: Ein natürlicher Widerstand, den wir bei jedem Wachstumsprozeß einkalkulieren müssen. Der Perfektionist hat nichtsdestotrotz so viel Angst davor, daß er uns antreibt, härter zu arbeiten oder schneller zu sein, damit wir die Ziele, die er uns gesetzt hat, erreichen. Je nachdem, welche Form der Angst dem gegebenen Perfektionismustyp zugrunde liegt, hat man das Gefühl, einer Sache oder einem Wert hinterherzujagen, den man sehr nötig braucht (Zeit, Erfolg, Macht, Kontrolle). Es läßt sich nicht vermeiden, daß wir bei jedem Wachstumsprozeß inneren Widerstand empfinden, aber wir können ihn in den Griff bekommen, indem wir akzeptieren, daß wir ihn einkalkulieren müssen. Versuchen wir, uns mit Händen und Füßen gegen unseren inneren Widerstand zu wehren und Druck zu machen, erreichen wir das Gegenteil: Wir neigen dazu, wieder in alte Verhaltensmuster zurückzufallen, und sind blockiert.

Literatur

Abrams, Jeremiah, Schmidt, Michael: *Die Befreiung des inneren Kindes*. München 1996.

Bowen, Murray: *Family Therapy in Clinical Practice*. New York, London 1978.

Cameron, Julia: *Der Weg des Künstlers*. München 1996.

Castaneda, Carlos: *Das Feuer von innen*. Frankfurt am Main 1998.

Castaneda, Carlos: *Die Kunst des Träumens*. Frankfurt am Main 1994.

Chopich, Erika, Paul, Margaret: *Aussöhnung mit dem inneren Kind*. Berlin 1998.

Chopra, Deepak: *Die heilende Kraft*. München 1995.

Dallet, Janet O.: *Saturday's Child*. Toronto 1991.

Elliot, M., Meltsner S.: *The Perfectionist Predicament*. New York 1991.

Erikson, Erik H.: *Identität und Lebenszyklus*. Frankfurt am Main 1995.

Erickson, Milton H., Rossi, Ernest L., Rossi, Sheila L.: *Hypnose. Induktion. Psychotherapeutische Anwendung. Beispiele*. Stuttgart 1994.

Estés, Clarissa Pinkola: *Die Wolfsfrau*. München 1997.

Gandhi, Mahatma: *Eine Autobiographie oder die Geschichte meiner Experimente mit der Wahrheit*. Gladbach 1995.

Garfield, Charles: *Peak Performers*. New York 1986.

Gendlin, Eugine T.: *Focusing*. Reinbek bei Hamburg 1998.

Hardin, Paula Payne: *Vielleicht die besten Jahre überhaupt*. Lebenschancen ab 40. München 1995.

Jampolski, Gerald, Cirincione, Diane, V.: *Change your Mind, Change Your Life*. New York 1994.

Jung, Carl Gustav: *Psychologie und Religion*. München 1997.

Jung, Carl Gustav: *Erinnerungen, Träume, Gedanken von C.G. Jung*. Düsseldorf 1995.

Jung, Carl Gustav: *The Undiscovered Self*. New York 1974.

Kabat-Zinn, Jon: *Stark aus eigener Kraft*. Bern, München, Wien 1995.

Keyes, Margaret Frings: *Enneagramm und Partnerschaft*. Ein Arbeitsbuch für Einzelne, Paare und Gruppen. München 1993.

Klein, Melanie: *Envy and Gratitude*. New York 1975.

Kohut, Heinz: *The Analysis of the Self*. New York 1971.

Leadbeater, Charles W.: *Die Chakras*. Freiburg 1996.

Maslow, Abraham, A.: *Psychologie des Seins*. Frankfurt am Main 1988.

Maslow, Abraham, A.: *The Further Reaches of Human Nature*. New York 1972.

Masters, A.: *The Way of The Lover*. Kanada 1988.
Masterson, James F.: *Psychotherapie bei Borderline-Patienten*. Stuttgart 1992.
Masterson, James F.: *The Narcissistic and Borderline Disorders*. New York 1981.
Masterson, James F.: *Die Sehnsucht nach dem wahren Selbst*. Stuttgart 1993.
Masterson, James F.: *Blick hinter den Vorhang*. Köln 1993.
Masterson, James F.: *Countertransference and Psychotherapeutic Technique*. New York 1983.
Miller, Alice: *Das Drama des begabten Kindes und die Suche nach dem wahren Selbst*. Frankfurt am Main 1995.
Moore, Thomas: *Der Seele Flügel geben. Das Geheimnis von Liebe und Freundschaft*. München 1995.
Moyers, Bill: *Die Kunst des Heilens. Vom Einfluß der Psyche auf die Gesundheit*. München 1996.
Naranjo, Claudio: *Erkenne dich selbst im Enneagramm. Die 9 Typen der Persönlichkeit*. München 1994.
Oldham, J., Morris, L.: *Personality Self-Portrait*. New York 1990.
Pagels, Elaine: *Versuchung durch Erkenntnis. Die gnostischen Evangelien*. Frankfurt am Main 1987.
Palmer, Helen: *Das Enneagramm*. München 1991.
Poole, William: *Heilen durch Hoffnung*. Köln 1994.
Riso, Don Richard: *Personality Types*. Boston 1987.
Riso, Don Richard: *Das Enneagramm-Handbuch*. München 1993.
Riso, Don Richard: *Discovering Your Personality Type*. Boston 1992.
Riso, Don Richard: *Enneagram Transformation*. Boston 1994.
Robinson, J.: *Nag Hamadi Library*. San Francisco 1978.
Rossi, Ernest L.: *Die Psychobiologie der Seele-Körper-Heilung. Neue Ansätze der therapeutischen Hypnose*. Essen 1991.
Shapiro, David: *Neurotische Stile*. Göttingen 1991.
Slipp, Samuel: *Object Relations*. New York 1984.
Snelling, John: *The Buddhist Handbook*. London 1989.
Solomon, Marion F.: *Narcissism and Intimacy*. New York 1989.
Stettbacher, J. Konrad: *Wenn Leiden einen Sinn haben soll. Die heilende Begegnung mit der eigenen Geschichte*. Hamburg 1995.
Stone, Hal, Stone, Sidra: *Du bist viele*. München 1994.
Stone, Hal, Stone, Sidra: *Du bist richtig*. München 1995.
Stone, Sidra: *Es ist Zeit, daß du gehst*. München 1997.
Suzuki, Shunryo: *Zen-Geist, Anfänger-Geist*. Berlin 1996.
Sylvester, David: *Gespräche mit Francis Bacon*. München 1997.
Vaughn, Frances E.: *Intuitiver leben*. Frankfurt am Main 1991.
Watts, Alan: *Die Illusion des Ich*. München 1985.
Whitfield, Charles. L.: *Heilen des inneren Kindes*. Hilfe für erwachsene Kinder aus gestörten Familien. Wessobrunn 1993.

Winnicott, Donald Woods: *Der Anfang ist unsere Heimat*. Essays zur gesellschaftlichen Entwicklung des Individuums. Stuttgart 1990.
Woodman, Marion: *Addiction to Perfection*. Toronto 1982.
Yarbro, Chelsea Quinn: *Messages from Michael*. New York 1980.
Yarbro, Chelsea Quinn: *More Messages from Michael*. New York 1986.
Yarbro, Chelsea Quinn: *Michael's People*. New York 1988.

Register

Danksagung

Um mich für die Entstehung dieses Buches angemessen bedanken zu können, muß ich weit ausholen. Marshall Summers war der erste Mensch, der mich etwas über meinen Perfektionismus lehrte und mir vermittelte, daß ich trotz meiner Unzulänglichkeiten eine achtbare Person war. Er lehrte mich, Zugang zu meiner inneren Führung zu finden. Er vermittelte mir die Fähigkeit, mich klarer als je zuvor zu sehen, und ich werde ihm ewig dankbar sein. Dr. Al und Marcia Ross, Direktoren des Ryokan Colleges, glaubten an einem kritischen, lebensbestimmenden Punkt in meinem Leben an mich. Dr. Ronald Alexander und Dr. Bruce Gregory halfen mir auf unvergleichliche Weise sowohl bei der Analyse als auch der Bewältigung meines Perfektionismus. Ich erwähne sie gemeinsam, weil ich sie als »Boten der Tiefen« ansehe. Sie regten mich dazu an, tief in meinem Inneren vom Perfektionismus loszulassen, was ich als befreiend und wohltuend empfand.

Im Rahmen ihrer Arbeit vermittelten Dru Simms und Chelsea Quinn Yarbro mir ein tiefes Wissen und öffneten mir die Augen dafür, auf wie viele Arten sich Angst als Wahrheit maskieren kann. Mit ihren Seminaren und mit ihrer Unterstützung ermöglichten sie mir, mein Herz für mich und alle anderen Menschen weiter zu öffnen. Mein Dank gilt Dr. Susan Flynn für die Betreuung meiner Doktorarbeit und das Vertrauen, das sie mir dabei entgegenbrachte. Weiterhin danke ich ihr für die Spiegelung in den ersten Jahren meines Studiums, die für mich von unschätzbarem Wert war. Für Phyllis Shankman empfinde ich Liebe und Dankbarkeit, weil sie auf meiner Selbstentdeckungsreise so viele wichtige Funktionen erfüllt hat. Im Laufe der Jahre war sie meine Lehrerin, »Tante Mame«, Kollegin und liebe Freundin. Ihr größter Verdienst besteht vielleicht darin, daß sie mich lehrte, was persönliche Macht ist.

Dafür, daß er mich in meinem Wagnis unterstützte, geht mein Dank an »Emmanuel«, der uns Amnesiegeschädigte lehrt, daß nichts falsch ist, ganz gleich, wie viele Stürme wir im Laufe des Lebens durchschiffen (und verursachen). Ich danke Ram Dass von tiefstem Herzen für seine Botschaften, die die Wirkung einer »Chinesischen Wasserfolter« auf mich hatten. Seit 1975 sind seine Worte, seine Stimme und seine Präsenz tropfenweise in mich eingedrungen, um ein Teil meines Wesens zu werden. Ich danke auch meiner Lektorin Sonia Nordenson dafür, daß sie diesem Buch eigenhändig den letzten Schliff verliehen hat. Und schließlich danke ich meinem geliebten Lebensgefährten, der nicht namentlich genannt werden möchte, dafür, daß er mein Geschenk, die Belohnung für all meine harte Arbeit ist, derjenige, der mir die Schönheit des Lebens jenseits des Perfektionismus zeigt und mit mir teilt.

Zur Autorin

Cynthia Curnan, Ph.D., ist Psychotherapeutin mit einer privaten Praxis in Los Angeles. Sie machte ihren Doktor in Psychologie am Ryokan College und befaßte sich insbesondere mit innerer Führung und den Problemen im Zusammenhang mit Perfektionismus. Sie beschäftigt sich auch heute noch intensiv mit dieser Thematik und hat sich darauf spezialisiert, mit kreativen Menschen zu arbeiten, die ein höchst streßreiches Leben führen. Sie hat Klienten im ganzen Land, organisiert Innere-Führung-Seminare und leitet Selbsterfahrungsreisen für Frauen. Daneben ist sie Künstlerin, Lektorin und Weltreisende – eine Frau, die sich selbst als »genesende Perfektionistin« bezeichnet. Zu ihren Lieben, so Cynthia, zählen »ein wundervoller Mann, mein Sohn Chris, mein Enkel Hoku, die Natur, Schönheit, Tiere und Lachen«.

Leser, die mehr über Cynthia und ihre Arbeit erfahren wollen, können sie gerne im World Wide Web besuchen. Ihre Adresse lautet http://www.ccurnan.com.

Weitere Titel bei Ariston

Thomas Scherz

Das Praxisbuch der Mentaltechniken

Seinem Leben eine positive Wendung zu geben – gesundheitlich, beruflich oder im Umgang mit sich selbst und anderen –, mentale Techniken helfen dabei. Der Autor führt in alle wichtigen Mentaltechniken ein: Selbsthypnose, positives Denken, autogenes Training, Imagination und Visualisierung, Suggestion und Meditation. Außerdem bietet er viele praxiserprobte Übungen für alle Bereiche des Lebens.

272 Seiten, gebunden, ISBN 3-7205-1953-8

Claus Gaedemann

Ich habe immer Zeit

Zeitökologie: Zeit nutzen – Zeit sparen – Zeit haben

Wie gehen wir eigentlich um mit unserer Zeit? Verplempern wir nicht viel zuviel davon mit unwichtigen oder unsinnigen Dingen? Die Ressourcen unserer Lebenszeit sind jedoch nicht unerschöpflich – höchste Zeit, etwas zu ändern. Dieses Buch zeigt, wie sich durch einen bewußteren Umgang mit jeder Stunde unseres Lebens mehr Zeit zum Leben gewinnen läßt – mehr Lebensqualität durch Zeitökologie.

238 Seiten, kartoniert, ISBN 3-7205-1734-9

Donald Norfolk

Nie mehr müde und erschöpft

Frisch und vital in 28 Schritten

Praxisnah und in 28 Schritten erläutert dieser bewährte Ratgeber des britischen Therapeuten und Heilpraktikers die vielfältigen Ursachen der verbreiteten Volkskrankheit ›Chronische Müdigkeit‹. Wer mit Hilfe dieses Buches die persönlichen Ursachen aufspürt und angeht, wird sich rasch als ›neuer Mensch‹ fühlen.

208 Seiten, kartoniert, ISBN 3-7205-1432-3

ARISTON

Colene Sawyer

Warum gerade Du?

Die verborgene Logik der Partnerwahl

Die Wahl des Partners ist nicht vom Zufall bestimmt. Colene Sawyer bringt Licht in den mystischen Prozeß des Verliebens und enttarnt die unbewußten Mechanismen, die hinter der Partnersuche stehen. Systematisch zeigt sie, wie Fehler vermeidbar sind, wie und wo Mr. Right und Mrs. Wonderful zu finden sind und wie die optimale Beziehung aussehen kann. Den richtigen Partner zu finden und der beste Partner von allen zu sein, muß kein Traum sein.

184 Seiten, kartoniert, ISBN 3-7205-2099-4

Annelie Keil

Wird Zeit, daß wir leben

Wenn Körper und Seele streiken

Das Leben in all seinen Facetten anzunehmen und intensiv zu leben, lautet der Aufruf von Annelie Keil. Es erfordert Mut und Bereitschaft, auf die Signale von Körper und Seele zu achten. Was passiert, wenn wir an unserer eigenen Wahrheit vorbeileben, zeigt die hohe Zahl psychosomatischer Krankheiten: Körper und Seele treten in den Streik. Nur, wenn wir das Wagnis eingehen, auch in schwierigen Situationen zu uns selbst zu stehen, haben wir Zugang zu einem Leben voller Kraft, Vertrauen und Offenheit.

216 Seiten, kartoniert, ISBN 3-7205-2095-1

Charles und Caroline Muir

Tantra – Tanz der Liebe

Die Kunst des Liebens ist für jede und jeden erlernbar. Mit leicht nachvollziehbaren Übungen werden Paare von heute an die alten Geheimnisse des Tantra herangeführt, für mehr Nähe, Intimität und Leidenschaft. Ein Buch, dem sich selbst der ganz skeptische Partner nicht entziehen kann.

176 Seiten, kartoniert, ISBN 3-7205-2075-7

ARISTON